나라를 세웠으면 역사를 고쳐야지

조선사회사 총서 ❷⓪

# 나라를 세웠으면 역사를 고쳐야지

초판 1쇄 펴낸 날  2006. 8. 25

지은이 신봉승 ㅣ 펴낸이 이광식
편집 곽종구 · 김지연 ㅣ 디자인 오경화 ㅣ 영업 박원용 · 조경자
펴낸곳 도서출판 가람기획 ㅣ 등록 제13-241(1990. 3. 24)
주소 (121-130)서울시 마포구 구수동 68-8 진영빌딩 4층
전화 (02)3275-2915∼7 ㅣ 팩스 (02)3275-2918
홈페이지 www.garambooks.co.kr ㅣ 전자우편 garam815@chollian.net

ISBN 89-8435-256-X (03910)
ⓒ 신봉승, 2006

서점에서 책을 살 수 없는 독자들을 위해 우편판매를 하고 있습니다.
수    협 093-62-112061 (예금주:이광식)
농    협 374-02-045616 (예금주:이광식)
국민은행 822-21-0090-623 (예금주:이광식)

흐름으로 읽는 조선의 역사

나라를 세웠으면
역사를 고쳐야지

조선왕조 500년의 작가 신봉승 지음

가람
기획

# 흐름으로 읽는 조선의 역사

사람이 사는 곳에는 반드시 역사가 있다.

역사는 시대의 흐름에 지배된다. 시대의 흐름이 소용돌이치면 사람의 삶이 바뀌는 것은 당연하다. 역사를 흐름으로 읽으면 그런 일들을 어렵지 않게 배우고 익히게 된다.

역사를 학문으로 공부하는 사람들은 역사적 사실을 금욕적인 방법으로 탐구하지만, 나와 같이 학문적인 탐구와 상관이 없는 사람은 역사의 행간을 읽게 된다. 행간이란 문자로 씌어진 부분이 아닌, 다시 말하면 '역사의 의미'를 새겨볼 수 있는 공간이다. 결단코 말하지만 '역사의 의미'를 살피는 일이 학문보다 훨씬 더 재미있고, 실용적이며, 역사를 읽는 보람을 만끽하게 한다.

내가 대하드라마 〈조선왕조 500년〉을 쓸 때 태종 이방원이 아들인 세종을 불러놓고 이렇게 당부한다.

"천하의 악명은 모두 내가 짊어지고 갈 것이니, 주상은 만세에 성군의 이름을 남기도록 하라!"

이 다이얼로그가 마음에 들었는지 방송이 나가자 많은 사람들이 그 말이 어느 책에 적혀 있느냐고 물어왔다. 이 다이얼로그에 태종시대의 흐름과 의미가 담겨 있기 때문이겠지만, 이 말은 내가 쓴 순수한 창작이다. 역사를 흐름으로 읽고, 행간으로 읽어야 하는 의미가 바로 이런 것이 아닌가 한다.

나는 저 방대한 《조선왕조실록》을 행간으로 독파하면서 역사는 흐름으로 읽어야 한다는 사실을 뼈아프게 체험하였다. 역사책에 적힌 것처럼 몇 월 며칠에 무슨 일이 있었다는 식의 역사 공부는 학습에는 도움이 될지 몰라도 역사 인식에는 아무 도움이 되지 않는다. 다시 말하면 우리가 살아가는 일에도 역사 인식은 큰 도움으로 작용하지만, 역사 학습은 크게 쓸모가 없다는 뜻이 된다.

《신봉승의 조선사 나들이》는 1996년에 처음 출간되었으니까 벌써 10년 세월이 흐른 셈이지만, 그때도 흐름으로 조선사를 보고자 하였던 까닭으로 꽤 많이 팔렸다. 더 쉽게 말하면 김옥균, 박영효, 홍영식 등 조선의 개화세력들이 누구에게서 그런 사상을 물려받았는가, 하는 것이 무엇보다도 중요한 것이지만 우리의 교과서나 역사책에는 어디에도 그런 내용이 씌어져 있지 않다. 역사를 흐름으로 보지 않고 결과만을 보려는 학자들의 편견이 빚어낸 결과다. 그 편견이 마침내 자라나는 청소년들의 꿈을 앗아냈다는 점에서는 큰 죄악이라고 나는 확신한다.

마찬가지로 정암 조광조는 첫 관직에 발을 들여놓은 지 4년 만에 대사헌의 자리에 오른다. 그것도 36세의 젊은 나이로. 지금 식으로 말하면 말단 공무원이 된 지 4년 만에 검찰총장의 자리에 올랐다는 뜻이 된다. 이 말도 되지 않은 일이 실제로 있었다면, 역사는 앞뒤의 흐름으로 살펴볼 수밖에 다른 방도가 없음을 알게 된다.

도서출판 가람기획에서 《신봉승의 조선사 나들이》의 증보 개정판을 내자고 한 것도 따지고 보면 역사를 흐름으로 읽게 하자는 진취적인 뜻이기에 나는 흔쾌히 응하였다. 따라서 조선왕조를 관통하는 역사의 흐름에 시각을 맞추고, 특히 그 흐름을 이끌어가는 지식인들의 모습을 생생하게 그려간다는 생각으로 초판본에서 미진했던 점을 보완하였음을 아울러 밝혀둔다. 편집진의 노고에 감사드린다.

2006년 6월

艸堂書室에서 辛奉承 합장

# 채찍으로 읽는 역사,
# 길잡이로 읽는 역사

나라에 정도正道가 서 있을 때 녹을 받는 것은
영광스러운 일이지만 나라에 정도가 서 있지 않을 때
녹을 받는 것은 수치스러운 일이다. ─공자

조선왕조가 우리에게 남겨준 가장 자랑스러운 문화유산을 한 가지만 예로 들라고 하면 나는 서슴지 않고 《조선왕조실록朝鮮王朝實錄》을 택한다. 그 이유는 너무도 자명하다.

한 왕조가 5백 년이라는 장구한 세월 동안 그 왕통을 이어갈 수 있다는 것은 결단코 쉬운 일은 아니며, 또한 그 5백 년 동안 왕실과 조정에서 일어났던 크고 작은 일들은 말할 나위도 없고, 천재지변으로 인한 재해·풍속·지리 등 후세에 전할 만한 모든 사안들을 하루도 빠짐없이 편년체의 일기로 기록하여 남겼다는 것은 세계사적인 관점에서도 그 유례를 찾아볼 수 없기 때문이다.

조선왕조가 그 엄청난 분량(1,886권 887책)에 달하는 《조선왕조실록》을 남길 수 있었던 것은 역사를 존중하는 우리 민족 특유의 선비 정신(역사 인식)이 실행되고 있었음을 보여주는 일이지만 거기에는 다음과 같은 세 가지 규범이 지켜지고 있었다는 사실에 주목해야 한다.

첫째, 사관史官으로 지명된 30여 명의 젊은 관원들이 금력과 권력에 굴하지 않았다는 사실이다. 가령 정승들이나 판서判書들이 자신의 비행이 사초史草에 적혔다는 사실을 알면, 해당 사관들을 찾아가서 금력으로 자신의 비위 사실을 지우거나 고쳐 써주기를 간청하고, 그래도 듣지 않으면 권력으로 협박하였다.

그러나 직급이 낮은 사관들이 결단코 이에 응하지 않았음은 무엇을 의미하는가? 사관들은 자신들이 적은 사초를 목숨보다 소중히 여겼다. 즉, 부정과 비리를 적어야 하는 자신들의 소임을 철저하게 지킴으로써 후세의 사람들을 경계하려 하였다. 그 소임의 실행은 상부와의 갈등을 불러일으키기도 했다.

연산군 4년(1498)에 있었던 무오사화가 바로 그것이다. 광원군廣原君 이극돈李克墩이 김일손金馹孫의 사초에 자신의 허물이 적혀 있음을 알고 그를 탄핵함으로써 빚어진 일대 참사로 수많은 사림들의 희생이 따랐다. 여기서 우리는 사초를 지키기 위해 목숨을 초개와 같이 버린 사관들의 역사 인식을 읽을 수가 있다.

둘째, 《조선왕조실록》은 〈태조강헌대왕실록〉, 〈정종실록〉, 〈태종공정대왕실록〉 등과 같이 각 왕조별로 다시 세분된다. 그러므로 실록의 편찬은 세분된 왕조별로 진행되지만, 반드시 해당 임금이 죽은 다음에 착수되었던 까닭으로 임금의 비정秕政(비행)을 낱낱이 적어서 남길 수가 있었다.

"임금이 사냥을 가면서 사관은 따라오지 못하게 하였다." 혹은 "적군이 국경을 침범하는 것은 손톱 밑에 긴 가시와 같은 것이나, 임금이 여인의 치마폭에서 헤어나지 못하는 것은 심장에 든 병과 같아서 고치

10

기 어렵습니다"와 같은 기록이 가감 없이 실록에 등재되기에 임금은 사관을 싫어하였고, 사관은 그 싫어하는 임금의 모습까지를 가차없이 기록하는 것으로 자신들에게 주어진 소임을 다했다.

임금이 승하하면, 새 임금은 춘추관春秋館에 명하여 실록의 편찬을 서두르게 한다. 춘추관은 실록청實錄廳으로 개편되어 운영되고, 사관들은 비로소 자신들이 목숨보다 소중히 여겼던 사초를 제출하게 된다.

새롭게 임명된, 직급이 높은 사관들은 같은 날짜로 된 많은 사초 가운데서 가장 공정하게 기록된(최대공약수) 사초를 엄격히 선별하여, 이를 '제1초第1草'로 삼는다. 다시 그것을 정밀하게 검토·선별하여 '재초再草'로 하고, 또 그것을 실록청의 당상堂上들이 엄정히 선별하여 '삼초三草'로 삼는다.

이같이 엄격한 과정을 거쳐 채택된 '삼초'는 실록청의 관원(사관) 중에서도 문장과 필치에 능한 사람들에 의해 통일된 문장으로 정리되어 인쇄의 과정으로 넘어가게 된다.

이러한 선별 과정에서 채택되지 않은 나머지 사초들은 물에 불려서 먹물을 없앤다. 이를 '세초洗草'라고 하는데, 그것은 쓸모없게 된 사초로 인해 불미한 일이 생길 수 있는 분쟁의 여지를 아예 없애기 위해서다.

그러나 아무리 엄정하게 선별된 사초에 의해 완성된《왕조실록》이라고 하더라도 잘못된 기록이 발견된다면 수정을 해야 마땅하다. 그 수정의 과정 또한 엄정하고 신중하였다.

실록의 수정을 자주 하면 특정 정파의 이권을 수용할 가능성이 있기에 조정의 최고기관인 의정부에서 상당 기간 동안 점검과 토론에 임하게 되고, 이는 또 새롭게 임명된 사관들의 감시를 받게 된다. 이렇게 하여 수정할 사초가 마련되면 임금의 재가를 얻어 수정 작업을 진행하지만, 참으로 놀라운 것은 먼저 씌어진 기록을 찢거나 지워 없애는 것이 아니라, 반드시 주서朱書(붉은 글씨)로 수정을 하였다는 점이다. 다시 말하면, 오늘 불가피한 사정으로 실록을 고쳐 쓰게 되었으나, 원본의 기록은 이러했다는 것을 남겨두기 위해 그 옆에 붉은 글씨로 수정된 부분을 적어넣었다. 또 수정될 부분이 아주 많아서 거의 전부를 새롭게 고쳐 쓰거나 별권別卷으로 간행할 경우에는 반드시 '개수실록改修實錄'이라는 제명을 명시하였다. 여기서 우리는 우리의 선현들이 사실史實을 얼마나 중요시했는지, 또 역사에 대한 외경심이 어느 정도였는지를 알게 된다.

셋째, 어떠한 경우에도 임금은 《왕조실록》을 열람할 수가 없었다는 사실에 주목해야 한다. 이는 절대 권력에 의해 역사가 왜곡되고 훼손되는 것을 근본적으로 방지하려는 제도적인 장치가 아닐 수 없다.

임금이 선대의 《왕조실록》을 읽고 싶어하는 것은 인지상정이다. 대개는 부왕父王에 관한 기록이기 때문이다. 세종대왕도 부왕의 실록을 열람해보고 싶어하였다. 그 까닭은 이러하였다.

부왕 태종(이방원)은 아버지 이성계(태조)를 도와 조선왕조의 창업을 이끌어낸 역성혁명易姓革命의 제2인자였으므로 누구보다도 혁명의 완성을 소망하게 된다. 혁명의 완성을 위한 계책은 예나 지금이나 다를 바가 없어서 먼저 정적政敵을 제거하고, 그 다음에는 부정부패를 척결한다는 구실로 살아 있는 반대 세력의 재산을 강탈하며, 이로 인한 민심의 동요를 줄이기 위해서는 화려한 미래의 비전을 제시하는 것으로서 집권의 시나리오로 삼는다.

태종 이방원은 다음 시대의 태평성대(혁명의 완성)를 뇌리에 그리면서 장자인 양녕대군讓寧大君을 세자의 자리에서 쫓아내고, 후사後嗣가 된 세종에게 방해가 될 세력을 지목하고 그들을 제거할 궁리를 한다. 그 과정에서 자신의 처남이자 세종의 외숙들인 민무구閔無咎, 민무질閔無疾 등 4형제에게 원지 유배를 명하였다가, 그래도 마음이 놓이질 않아서 마침내 사사賜死케 하였다.

또 세종의 장인이자 자신의 사돈인 심온沈溫에게 자진自盡을 명하면서, "외척이 성하면 나라가 망한다"라는 통치이념을 세우기도 하였다.

사정이 이와 같았고 보면, 세종이 부왕의 실록을 열람하고자 하는 것은 인지상정이고도 남는다. 그리하여 세종은 신하들을 불러놓고 부왕의 실록을 열람하게 해줄 것을 간청하면서 어떠한 경우에도 "실록의 내용을 고치지 않겠다"라고 확약까지 하였지만, 신하들은 이를 용납하지 않았다.

"신 등은 전하의 하교(고치지 않겠다는)를 믿고 있지만, 전하께서 실록을 열람하셨다는 사실을 전하의 실록에 적어야 하는 까닭으로, 후일에 이르러 다른 임금이 전하께서 실록을 열람하셨다는 기록을 보고, 그때에 이르러 실록을 고치는 경우도 있을 것이므로 전하께서는 실록을 열람하실 수가 없사옵니다."

고불 맹사성孟思誠의 진언이다. 조선시대의 임금은 오늘날과 같이 국민이 선출한 대통령도 아니며, 또 임기가 정해져 있는 것이 아닌 그야말로 종신토록 보위를 차지하는 절대 권력자임에도 불구하고 이 같은 규범이 지켜지고 있었다는 사실에 우리는 다시 한번 놀라게 된다.

넷째, 《조선왕조실록》을 보존하여 후대에 전하려고 한 노심초사를 간과할 수가 없다. 선별된 사초가 통일된 문장으로 정리되고, 인쇄가 끝나면 전국 각지의 사고史庫로 보내진다. 이를테면 강원도 오대산, 평안도 묘향산, 강화의 정족산 등에 사고를 두고 승병들로 하여금 철통같이 경비하게 하였다.

사고를 산간벽지에 두었던 것은 사람의 왕래가 적어서 화재의 염려가 없고, 아무리 큰 전화가 있어도 어느 한 곳은 무사할 수 있을 것이라고 믿었기 때문이다. 그러므로 임진왜란, 병자호란, 일제 36년, 6·25 전쟁이라는 미증유의 전란을 겪으면서도 우리는 물론 북한도 《조선왕조실록》을 온전하게 보존할 수가 있었으며, 지금은 남북한 공히 국역본國譯本까지 간직할 수가 있게 되지 않았는가.

이 엄연한 역사 인식을 외면하고, 사이비 역사 인식으로 무장된 오늘날의 정치집단과 지식인들의 실상을 살펴보고 있노라면 한심하다는 생각을 넘어서서 앞으로의 일이 참으로 걱정스러워진다. 제 나라의 역사를 훼손하면서까지 권력을 연장하고, 제 나라의 역사를 비하하는 것으로 지식인의 대열에 설 수 있었던 시절이 있었다면, 그것은 수치스럽고 비극적인 일이 아닐 수 없다.

《조선왕조실록》이 관찬사료官撰史料라 하여 믿을 바가 못 된다고 비방하며, 심지어 민초들의 삶을 적지 않았다 하여 가치가 없는 기록으로 매도하는 얼뱅이 부류들이 스스로 민중을 대변한다는 착각에 빠지거나, 때로는 대학의 교단을 어지럽히기도 하였지만, 그 모두가 《조선왕조실록》을 읽어보지 않은 데서 기인된 것이라면 이 얼마나 우스꽝스러운 일인가.

*

1997년은 성왕 세종대왕께서 탄신하신 지 6백돌이 되는 해다.

이 뜻 깊은 해의 10월 1일, 세계기록유산 국제자문위원회에서는 우리나라의 《조선왕조실록》(국보 151호)과 《훈민정음》(국보 70호)을 '세계기록유산'으로 선정하였다.

따라서 세계의 모든 인종들은 말할 나위도 없고, 또 어떤 오지에서도 인터넷의 유네스코 홈페이지(www. unesco. org. webworld) 중에서 'memory' 란으로 찾아 들어가면 《조선왕조실록》은 물론 《훈민정음》과도 만날 수가 있게 되었다.

'세계기록유산'은 각종 문서나 책, 사진, 그림, 영상물, 구전 등 인류의 기억과 관련된 문화유산 가운데 세계적인 보존가치가 있는 것을 지정한다. 이 얼마나 기쁘고 자랑스러운 일인가.

나는 《조선왕조실록》을 바탕으로 수많은 드라마를 집필한 바가 있는데, 악역으로 그려지는 인물들의 후손들이 찾아와서 선조의 수치스러운 악행을 아예 빼주거나 순화해주는 조건으로 수천만 원의 금품을 제공하겠다고 제의하는가 하면, 때로는 시멘트 바닥에 꿇어앉아 눈물로 애원하는 것을 지켜보기도 하였다. 반대의 경우에는 평가 절하되어 있던 선조들의 행적이 새로운 사료에 따라서 재평가되기라도 하는 날이면 문중(종친회)의 대표들이 대거 몰려와서 은혜를 갚겠다고 아우성치는 광경도 여러 차례 경험해보았다.

선조들의 행적을 아름답게 간직하려는 이 엄연한 현실을 다른 말로 바꾸면, 우리의 답답하고 암울했던 근대사나 현대사가 드라마로 만들어질 때 역사 왜곡의 주역들이나 훼손에 협조한 사람들의 행적이 적나라하게 영상으로 옮겨질 것이며, 5·16이나 5·17 등의 쿠데타를 찬양했던 문장이 교과서에 등재되었다가 설혹 삭제되었다고 해도 그 문장은 전문이 다시 살아나면서 이미 세상을 떠났을 당사자의 명성은 고사하고, 아무 잘못도 없는 그들의 후손들에게 얼굴을 들고 다닐 수 없는 수치심에 시달리게 할 것임은 불을 보듯 뻔한 일일 것이다.

*

우리가 역사를 화제로 삼을 때면 누구라고 할 것 없이 사마천司馬遷의 《사기史記》를 연상하게 되지만, 막상 사마천의 《사기》에 대하여 소상히 아는 사람은 그리 많지 않다. 그러한 맥락에서 보면 《사기》보다 3백여 년이나 앞서 기술된 그리스의 역사가 헤로도토스의 《역사》에 대해서 소상하지 못한 것은 오히려 당연하다고 할 수밖에 없다.

사마천의 《사기》나 헤로도토스의 《역사》는 그 내용이 방대하여 쉽게 접근하기 어렵지만, 그것을 기술하게 된 동기에 관해서는 한번쯤 곱씹어볼 필요가 있다.

사마천은 《사기》를 쓰게 된 동기를 스스로, "나는 궁형宮刑(중국에서 시행되었던 다섯 가지 형벌의 하나로, 남녀의 불의를 벌하는 것으로 그 자손을 끊어버리기 위해 남자는 불알을 까버리고 여자는 감방에 유폐시킴. 일설에는 여자의 경우 그 근筋을 제거해버린다고 함)에 항거하여 이 책을 쓴다"라고 피력하였다.

한나라 장군 이릉李陵이 흉노와의 전쟁에서 포로가 되는 사건이 일어나자, 사마천은 무제武帝의 면전에서 그를 구하기 위한 직간을 서슴지 않았다. 이 용기 있는 직간이 무제를 격노하게 하였고, 급기야 사마천의 남근을 거세하는 궁형에 처한다.

형벌은 여기서 끝나지 않았다. 무제는 사마천에게 남근이 없다 하여 비빈들의 거처를 출입하게 시켰다. 사마천은 죽음보다 더한 수치심의 늪에서 헤어나지 못했다. 그의 수치심은 곧 분노로 변했다. 마침내 그 분노가 사마천으로 하여금 역사를 기술하게 하였다.

사마천의 《사기》에 〈열전列傳〉의 분량이 많다는 사실은 그가 역사를 기술하면서 인간의 양식이 빚어내는 영광과 오만이 불러들이는 패망의 이치를 소중히 하였음을 알 수가 있다.

또 헤로도토스는 《역사》를 기술하면서, "신은 인간의 오만에 대해서 보복할 것이라는 것을 믿었다"라고 자신의 역사 인식을 명확하게 밝혀 놓고 있다.

헤로도토스의 《역사》도 동서 분쟁이라는 관점에서 클라이맥스라고 볼 수 있는 페르시아 전쟁이 주된 내용으로 되어 있는데, 그 또한 페르시아가 패망하게 된 원인을 크세록스의 오만 때문이라는 결론을 내리기 위해서다. 신은 인간의 오만에 대하여 보복할 것이라는 헤로도토스의 신념은 장구한 세월이 흐르면서 사실로 입증되었고, 우리의 현대사에서도 그런 유형을 체험하게 하였다.

여기서 우리는 사마천, 헤로도토스의 삶을 떠올리게 된다. 그들은 권부의 정상에 있지도 않았고 어떤 집단이나 세력의 핵심에 있지도 않았지만, 두 사람 모두가 자신의 실익보다 세계사적인 흐름을 주도할 진실된 삶을 몸소 실행하고 있었다는 사실에서 우리는 비로소 호도되지 않은 역사 인식과 만날 수 있게 된다.

＊

역사를 잘못 읽으면 민족의 자긍심을 손상하게 되는 것처럼, 역사를 왜곡하고 훼손하면 국민의 정서를 해치게 된다. 불행하게도 우리는 스스로 그런 환경을 만들고, 그런 여건에 살면서도 수치심을 전혀 느끼지 못하고 있다.

한 집안(家門)에는 그 나름의 가통家統이라는 것이 있다. 비근한 예로 30대에 백발이 성성해진다든가, 소주 한 잔도 입에 대지 못하는 등의 특징을 '집안의 내력'이라고 말한다면 누구도 그것을 트집 잡거나 나무라지 못할 것이다. 왜냐하면 역사를 존중해온 우리 민족의 정서가 가문의 내력을 함부로 하지 않기 때문이다. 그러므로 김동인金東仁의 단편소설 〈발가락이 닮았다〉에서 우리의 국민적인 정서를 재삼 확인하게 된다.

어떤 집안의 핏줄에 흐르는 가통을 가문의 내력이라고 하듯, 국가나 민족의 가슴에 면면히 이어져 내려오는 내력을 역사라고 한다. 나라의 역사든 가문의 내력이든 간에 역사에는 반드시 영광스러운 부분과 수치스러운 부분이 공존하게 마련이다. 그러므로 자랑스러운 부분과 수치스러운 부분은 똑같은 무게의 사료적 가치를 지녔다는 사실에 특히 유념해야 한다.

우리가 접하는 역사에서 수치스러운 부분이 자주 반복되는 것은, 그 수치스러운 부분을 숨기거나 미화하려고 하는 파렴치에서 시작된다는 사실도 교훈으로 삼아야 한다. 따라서 역사는 비하될 수도, 거부될 수도 없는 것이며, 또 그것이 긍정적이든 부정적이든 똑같은 사료史料, 혹은 결과로 평가되어진다.

"역사에서 배울 것이 없으면, 버릴 것을 배우라!"라는 경구가 옷깃을 여미게 하는 것은 그 때문이 아니겠는가.

그러나 우리의 현대사에는 절대 권력자의 때 묻고 구겨진 곳을 가리기 위해 역사를 왜곡하고 훼손한 일이 비일비재하였다. 쿠데타나 유신을 찬양하는 문장이 구국이라는 이름으로 교과서에 등재되기도 하였고, 정변이 정당화되어 교과서에 오르는 일도 있었다. 이와 같이 터무니없고 경박하기까지 한 역사 왜곡이나 국민 정서의 훼손은 언제나 절대 권력에 의해 추진되었고, 놀랍게도 역사를 바로 인식해야 할 지식인들과 후학들에게 모범을 보여주어야 할 학자들이 거기에 동조했다는 사실은 비극이 아닐 수 없다.

역사학자는 아니지만, 인도의 양심이며 인도 독립의 아버지로 추앙받고 있는 마하트마 간디의 말에서도 역사가 얼마나 준엄한 것인가를 찾아볼 수가 있다.

"역사를 보면, 폭군이나 살인광의 위정자도 있었다. 한때는 그들이 무적無敵으로 보이지만 결국은 멸망하였다."

그렇다면 우리의 현대사를 이끌었던 수많은 위정자들이 이 같은 역사 인식을 어떻게 받아들였을까?

자신들이 겪어야 할 비극적인 종말을 정말 모르고 있었다면 위정자로서의 자질을 의심받아야 할 무지의 소치일 것이고, 알고 있으면서도 민초들을 핍박하면서까지 권력을 장악하거나 연장을 기도하였다면 '신의 보복'을 받아 마땅한 짓거리를 저지른 것이 된다.

역사의 왜곡도 서슴지 않았던 사이비 지식인들에게는 불행하게도 자신들의 패덕을 미화하기를 강요한 권력의 주체가 무적일 것이라고 믿었겠지만, 결국은 멸망했다는 간디의 명언을 실감하면서 자신들이 역사를 왜곡하면서까지 찬양했던 정권이 무너지는 것을 몸소 지켜보지를 않는가. 그리고 자신이 쓴 글이 교과서에서 삭제되는 수모도 겪었을 것이지만, 아이러니하게도 그 수모는 또다시 역사에 소상하게 기록되어 앞으로 더 많은 세월 동안 자신과 후손들에게 악몽으로 밀어닥친다는 사실을 모르고 있다면 그보다 더 큰 불행은 없다.

*

얼마 전 중국에서 사람을 태운 인공위성이 발사되어 지구를 몇 바퀴

돌고 무사히 기지로 귀환하였다는 뉴스에 접하면서 크게 감동했던 기억이 아직도 생생하다. 감동의 원인은 아주 간단하다. 1인당 GNP가 1천 달러를 조금 넘었다면 후진국으로 분류되어야 마땅한 중국이 그와 같은 우주과학을 과시하고 있다면, 국가경영이 꼭 경제논리만으로 평가되고 설명되는 것이 아니라는 사실을 명백하게 입증해준 셈이다.

중국정부는 자신들이 당면한 가장 시급한 과제를 다음 네 가지로 공식발표한 일이 있다. 첫째 13억 인구가 밥 먹고 사는 일이며, 둘째 빈부의 격차를 해소하는 일이며, 셋째 부정과 부패를 척결해야 하는 일이며, 넷째 모든 규제를 철폐해야 하는 일이라고 천명하였다. 그러면서도 중국정부가 천문학적인 예산을 들여서 추진하고 있는 프로젝트는 그 시급한 네 가지 과제와는 아무 상관이 없는 우주산업과 동북공정이다.

중국이 우주산업에 박차를 가하는 것은 미국과 함께 세계의 초강대국이 되어야 하는 기본조건을 갖추고자 하는 일이며, 고구려의 역사가 중국의 변방사임을 강조하는 '동북공정'에 열을 올리는 것은 적어도 30년, 50년 뒤를 내다보는 국가비전을 설정하고, 그 목표를 달성하기 위해 프로젝트를 운영하고 있다는 뜻이 된다.

일본의 경우도 다를 바가 없다. 일본정부는 자국의 청소년들에게 그들의 정체성을 확립하게 하기 위한 역사교육을 강화하고 있다. 그런 역사인식으로 씌어진 역사교과서(비록 검인정이지만)를 우리는 왜곡된 교과서라고 비난하면서 개정해주기를 강력히 요구한다. 그러나 일본이 우리 입맛에 맞추어 왜곡된 교과서를 고쳐주기를 기대한다면 그 또한 망상에 불과하다.

이런 주변국가의 역사인식에 비한다면 우리는 나라의 정체성을 확보하고, 적어도 30년 내지 50년 앞을 내다보는 국가비전이 무엇인지, 곧 찾아올 21세기의 격동기를 어떻게 헤쳐나갈 것인지에 대한 프로젝트의 운영은 고사하고 당장 시급한 국사교육까지 소홀히 하는 정신적 공황에 허덕이고 있다.

우리 나라의 초등학교에서는 국사를 가르치지 않는다. 대체 세계의 어느 나라가 자국의 초등학생들에게 역사를 가르치지 않고 있는지 물어보고 싶다. 세계에서 유일하게 자기 나라의 역사를 가르치지 않는 한심한 지경을 연출하고 있는 것이 우리의 교육인적자원부라는 곳이다. 그렇다면 중학교에 진학하면 국사를 가르치는가. 놀랍게도 우리는 중학교 1학년 학생들에게도 국사를 가르치지 않는다. 이 무슨 황당한 노릇인지 정말 알 수가 없다.

우리 청소년들이 국사교과서와 처음 만나게 되는 것은 중학교 2학년부터다. 그로부터 중 2, 중 3, 고 1까지 배우면 또다시 국사교육은 흐지부지되고 만다. 고등학교 2학년이 되면 문과와 이과로 갈라지면서 이과에서는 아예 국사를 가르치지 않게 되고, 문과에서는 국사가 선택과목이 되어 배우고 싶지 않으면 안 배우면 되기 때문이다.

더 놀라운 것은 중학교를 졸업하고 특목고(외국어학교 등)를 지원해야 하는 학생들은 영어학원에 가서 미국의 역사를 영어로 배워야 한다. 이 무슨 한심한 작태란 말인가. 공교육에서 국사를 소홀히 하게 되면서 우리의 청소년들은 국사를 한 줄도 읽지 않아도 대학에 진학할 수 있게 되었다.

나라의 엘리트를 선발하는 사법고시는 어떤가. 여기도 국사는 선택과목으로 밀려나 있어서 국사를 모르고서도 판사가 되고, 검사가 되고 변호사가 될 수 있다. 그렇다면 행정고시는 어떤가. 행정고시에서의 국사과목은 B과목이 되어 있는 탓으로 예컨대 "연개소문이 신라 사람이다"라는 식의 문제에 O·X로 대답하면 된다. 정말 어처구니없는 노릇이 아닐 수 없다.

세계에서 자기 나라의 국사를 모르는 사람들에게 법원을 맡기고, 정부를 맡기고, 또 지식인의 대열에 끼워주는 나라가 우리 말고 또 있는지를 교육인적자원부에 물어보고 싶다. 물어본다 해도 잘 가르치고 있다는 대답이 나올 것이 뻔하다.

이 어처구니없고 한심한 현실에 대한 정부 고위인사의 해명은 우리를 더욱 참담하게 한다. "수능시험에 시달리는 고등학교 학생들에게 짐을 덜어주기 위해서는 한 과목이라도 더 줄여주어야 하기 때문이라"고 한다. 더 기막힌 대답도 있다. "국사를 가르치면 국수주의적인 사고방식을 길러주게 되어 세계화에 역행한다"는 말도 거침없이 토해낸다. 그런 터무니없는 대답은 또 있다. "국사는 세계사의 한 부분이므로 꼭 세분하여 가르칠 필요성을 느끼지 않는다"고 서양사를 가르치는 교수들이 우겨대고 있다.

국사교육을 소홀히 하면 나라의 정체성이 무너진다. 정체성을 확보하지 못한 나라는 생활이 풍족하다 해도 선진국이 되지를 못한다. 지금 우리의 경우가 그렇다.

세계은행의 예측에 따르면 2020년이면 중국의 경제가 미국을 추월할 것이라고 한다. 그때 한국은 세계 최강인 중국과 일본 사이에 긴 샌드위치가 될 것이라는 불길한 예측도 이미 나와 있다.

2020년 무렵의 한국은 누가 이끌어갈 것인가. 두 말할 것도 없이 그때의 30대가 주도하게 된다. 21세기의 격동기인 2020년경의 한국을 이끌어갈 30대의 핵심적인 인재들은 지금 어디에 있는가. 그들이 바로 초등학교 상급반 어린이들이다.

그 어린이들에게 국사를 가르치지 않고, 민족의 정체성이 무엇인지를 깨닫게 하지 않고서도 살아남을 수 있는 방도가 있다고 생각한다면 이만저만한 착각이 아니다. 정부가 지금 당장 서둘러야 할 것은 우리의 정체성을 바탕으로 한 정신적 근대화에 나서는 일이다. 오직 그 하나로 피폐할 대로 피폐해진 이 정신적 공항에서 헤어날 수가 있을 뿐이다.

지금까지는 우리 것을 내다버리는 것을 자랑으로 삼았을 뿐, 우리의 본바탕에 흐르는 정체성이 무엇인지를 논증하는 일에 너무도 소홀했다. 이른바 세계화라는 외형에만 요란을 떨었지 국가의 웅비에 대비하는 프로젝트를 운영할 궁리도 하지 않았다는 뜻이다.

역사는 예언자의 구실도 한다. 그 예언은 이미 있었던 일과 그 결과를 기술한 것이므로 진실성을 동반하게 된다. 그 진실성과 예언적인 내용이 담겨진 한 편의 시를 읽어보기로 한다.

아시아 인으로는 최초로 노벨 문학상을 받은 인도의 시인 타고르가 1929년에 일본을 방문하였다. 그때 조선의 지식인들은 그에게 일제의 식민지하에서 신음하는 조선 땅을 방문해주기를 간청했으나 어떤 이유에서인지 뜻을 이루지 못했다.

이를 민망하게 여긴 타고르는 한 편의 헌시獻詩를 써서 전하는 것으로 압제에 시달리는 조선 민초들에게 자긍심을 심어주었다. 오늘 우리가 그 시를 읽으면서 감동하게 되는 것은 시의 내용이 조선의 역사를 꿰뚫고 있기 때문이다.


일찍이 아시아의 황금 시기에

빛나던 등촉의 하나인 코리아

그 등불 한 번 다시 켜지는 날에

너는 동방의 밝은 빛이 되리라.

마음엔 두려움이 없고

머리는 높이 쳐들린 곳

지식은 자유스럽고

좁다란 담벽으로 세계가 조각조각 갈라지지 않는 곳

진실의 깊은 속에서 말씀이 솟아나는 곳

끊임없는 노력이 완성을 향해 판을 벌리는 곳

지성의 맑은 흐름이

굳어진 습관의 모래벌판에 길 잃지 않는 곳

무한히 퍼져나가는 생각과 행동으로

우리들의 마음이 인도되는 곳

그러한 자유의 천당으로

나의 마음의 조국

코리아여, 깨어나소서.

# 나라를 세웠으면 역사를 고쳐야지

백성(民)이 가장 무겁고 중하며, 나라(社稷)는 그
다음이며, 임금(君)이 제일 가벼우니라. — 맹자

우왕 14년(1388) 5월, 요동정벌에 나섰던 이성계가 저 유명한 '4대 불
가론'을 외치면서 위화도 회군을 단행하자, 개경(개성) 거리에는 '목자
득국木子得國'이라는 풍설이 난무하였다. 목木자와 자子자를 합치면 이
李가 된다. 즉 이씨 성을 가진 사람이 나라를 얻어 임금이 된다는 뜻이
었다.

쿠데타의 시나리오가 그러한 것처럼 이성계도 이미 권력형 부정부
패의 원흉인 염홍방廉興邦, 임견미林堅味 등을 극형에 처하고 그들의 재
산을 몰수하는 것으로 민심을 등에 업어둔 바가 있었으므로, 이번에는
자신의 쿠데타를 지지하지 않을 반대세력들인 이른바 정적의 제거에
나선다.

기울어가는 고려왕조의 마지막 버팀목이나 다를 바가 없는 당대의
명장이자 수구세력의 두령 격인 최영催瑩과 높은 학덕으로 그 명성을

일세에 풍미한 석학 우현보禹玄寶 등을 제거하더니 끝내는 정몽주鄭夢周마저 선죽교에서 주살하는 것으로 쿠데타의 장애요소를 모두 없애는 데 성공한다.

이젠 누구도 이성계의 명을 거역할 수가 없을 것이라고 판단되었을 때, 쿠데타의 완성이 그러하듯 그는 혁명의 실세들에게 등을 떠밀려 수상(문하시중)의 자리에 오른다.

오늘을 살아가는 우리도 이미 경험한 바와 같이 쿠데타의 실세가 수상의 자리에 오르면 임금은 허수아비가 되게 마련이다. 우왕禑王은 강화도에 부처付處(옛 벼슬아치에게 내려진 형벌의 하나로, 어느 곳을 지정하여 머물게 한 것)되었다가 강원도 강릉으로 옮겨지는 비극적인 종말을 맞았고, 그의 뒤를 이어 왕위에 올랐던 창왕昌王 또한 강화도로 추방되면서 서인庶人으로 강등되는 수모를 겪었으며, 창왕에 이어 임금으로 추대된 공양왕恭讓王은 스스로 목숨을 보전하기 위해 신하인 이성계와 다음과 같은 문안으로 동맹을 맺기까지 하였다.

경이 없었던들 내 어찌 이에 이르렀으랴. 경의 공과 덕을 내 어찌 잊으랴. 황천皇天과 후토后土가 내 위에 있고 내 곁에 있으니, 대대의 자손들은 서로 해하지 않을 것이다. 내가 경에게 저버림이 있으면 이 맹세와 같을 것이다.

그러나 쿠데타의 실세들에게 이 같은 동맹 약조문은 휴지 조각이나 다를 바가 없다. 그들은 약조문의 먹물이 채 마르기도 전에 "금상今上(지금의 왕)이 혼암하여 군도君道를 이미 잃었고, 인심이 이미 그에게서 떠났으니 사직과 생령의 주主가 될 수 없으므로…"라는 구실을 붙여서

26

강원도 땅 원주에 부처하였다. 장장 34대, 475년 동안 왕권을 이어온 고려왕조는 이렇게 종말을 고했다.

쿠데타의 실세들은 이성계에게 왕위에 오를 것을 간청하였지만, 이성계는 '학덕을 갖추지 못한 자질로 어찌 왕위에 오를 수가 있는가'를 되풀이 강조하며 짐짓 사양하다가, 마침내 7월 17일 또다시 실세들에게 등을 떠밀려 용상에 오른다는 모양새를 꾸미면서 수창궁 화평전에서 스스로 임금의 자리에 올라 새 나라의 창업을 선언하였지만, 실상은 나라의 이름(국호)도 없는 어정쩡한 상태였다.

그로부터 두 달 뒤인 11월 27일에 이르러 비로소 새 나라의 국호를 거론하게 하였더니, 여러 의논으로 분분하다가 마침내 '조선朝鮮'과 '화령和寧' 두 가지로 압축되었다. '조선'이야 예로부터 동이東夷의 나라로 불려왔으니 당연히 거론되어 마땅하지만, '화령'이라는 지명이 국호로 등장했다는 것은 대단히 흥미로운 일이다.

화령은 영흥부이니, 지금의 함흥이다. 영흥부는 태조 이성계가 태어난 곳, 그때나 지금이나 권력의 주변에는 아첨하기를 좋아하고, 줄 서기에 능한 위인들이 있게 마련이어서, "전하, 화령은 전하께서 탄신하신 성스러운 곳이오니, '화령'으로 새 나라의 국호를 삼으심이 옳은 줄로 아옵니다"라는 주장도 만만치 않았던 모양으로 '조선'과 '화령' 두 가지 국호가 끝까지 남아서 경합하게 되었다.

이에 태조 이성계는 '조선'과 '화령' 중에서 국호를 정하기로 하고 명나라 황제에게 재가를 청하는 사신을 보내게 된다. 쿠데타로 나라를 세웠으니 국호를 묻는 것은 무례할 수도 있다. 그래서 두 가지 중에서 하나를 택해주기를 청하는 편법을 쓰면서, 자신이 가장 신임하고 있던 한상질韓尙質(칠삭둥이 한명회의 조부)을 주청사로 선임하여 명나라로 보냈다.

이 같은 와중에서 이성계는 천도를 서두르게 되었다. 새 나라의 수도를 새로운 곳으로 정한다는 당위성은 있었지만, 그것보다는 고려의 유민들이 뿜어내는 따갑고 원한에 찬 눈초리를 견딜 수가 없어서다.

*

새 수도의 후보지로는 단연 한양이 거론될 수밖에 없었다. 한양은 이미 고려조의 문종 22년(1068)에 이궁離宮을 짓고 남경이라 했고, 숙종 9년(1104)에는 남경의 도심 지역에 새 궁궐을 짓기까지 했다. 충렬왕 2년(1278)에는 한양부로 승격되었고, 공민왕 6년(1357)에는 옛 궁을 수리하여 천도하려 하였으며, 우왕 8년(1382)에는 잠시나마 천도한 일까지 있었다. 이는 모두가 '도참설'(풍수지리설)에 한양이 명당으로 기록되어 있었기 때문이다. 그러나 이때에 이르러 충청도 계룡산이 길지라는 의견이 강력하게 대두되면서 새 도읍지로 유력시되었다.

이에 이성계는 양주땅 회암사에 머물고 있던 왕사王師 무학대사無學大師와 신료들을 거느리고 몸소 계룡산으로 행차하여 그곳 신도안新都內을 세세히 답사하고 새 도읍지로 확정하였다. 이성계는 새 도읍지의 축성을 구상하면서 계룡산 신도안에 머무르는 동안 새해를 맞는다. 그리고 2월 13일에 명나라로 갔던 한상질이 귀국하여 국호가 '조선'으로 정해졌음을 고했다.

명나라 황제의 조칙은 이러하였다.

동이東夷의 국호에 다만 '조선'의 칭호가 아름답고, 또 그것이 전래된 지가 오래 되었으니, 그 명칭을 근본하여 본받을 것이며, 하늘을 본받아 백성을 다스려서 후사後嗣를 영구히 번성케 하라.

이성계의 기쁨과 감격이 얼마나 컸는지는 사신으로 갔던 한상질에게 전지田地 30결結(조세를 계산하기 위한 논밭의 면적 단위. 약 1만 파把)을 내려준 것만으로도 짐작할 수 있다.

태조는 새 나라의 국호가 '조선'임을 널리 선포하고 계룡산 신도안 역사에 박차를 가했다. 기와를 굽는 사람, 철물을 만드는 대장장이, 목재를 다듬는 목수 등의 공장工匠을 불러들여 공사에 박차를 가하고 있을 때, 경기좌우도의 도관찰사인 하륜河崙이 계룡산 정도가 잘못되었음을 고했다. 연유는 계룡산이 국토의 남쪽에 치우쳐 있으며, '물이 장생長生을 피하여 곧 쇠퇴'할 땅이라는 것이었다. 당대의 석학이면서도 도참설에 능했던 하륜의 진언이었지만, 그가 왕조 창업의 실세인 이방원의 계열임을 감안한다면 무게가 실린 주청이 아닐 수가 없다.

태조가 이를 흔쾌히 가납하게 되자, 계룡산 신도안은 조선왕조의 수도로 정해진 지 불과 10개월여 만에, 그것도 토목공사가 한참 진행되던 중에 취소되었다.

＊

계룡산 신도안 다음으로 거론된 새 도읍지는 단연 지금의 서울인 한양이었다. 한양 또한 '무악'과 '북악'을 두고 극심한 논란이 있었으나, 역시 왕사인 무학대사와 대소 신료들 간의 이견을 조정한 연후에 지금의 터전인 인왕산을 진산鎭山(주산主山으로 삼아 제사 지내던 큰 산)으로 삼게 되었고, 천도 두 달 전에 '신도궁궐조성도감'을 설치하면서 도성의 축조와 궁궐의 역사를 시작하게 되었다.

태조 3년(1394) 10월 28일. 조선왕조는 새 도읍지인 한양으로 천도하고, 다음해 6월 6일 한양부를 한성부로 고쳤으니, 이 한성부가 이후

519년 동안 도성의 공식 명칭으로 사용된다.

새 도읍이 정해지면 서둘러 건설해야 하는 것이 종묘宗廟와 사직단社稷壇이다. 종묘는 역대 왕실의 임금과 왕비의 위패를 모시는 곳이라 나라에서 가장 성스러운 곳이며, 사직단은 사단社壇과 직단稷壇의 두 단으로 나뉘어지고, 나라의 국토신國土神은 사단에 모시고, 농사의 오곡신五穀神은 직단에 모신다.

종묘와 사직단의 위치는 예로부터 정해진 법도에 따라야 했으니 예컨대 좌묘우사左廟右社가 그것이다. 조선왕조의 주궁인 경복궁의 왼쪽(지금의 종로 4가 훈정동)에 종묘를 지어야 하고, 오른쪽(지금의 사직동)에 사직단을 지어야 도리에 맞다.

조상을 섬기는 숭조사상은 도덕의 근간이며, 국토신과 오곡신을 섬겨서 세세연년 풍년을 기원하는 것이 백성들의 안락한 삶을 위한 것이라면, 종묘와 사직단을 먼저 마련해야 하는 것은 농경국가가 갖추어야 하는 규범이나 다를 바가 없다.

종묘의 위치가 정해지면 지체 없이 건물을 지어야 한다. 태조 이성계는 아직 살아 있지만 그의 선조들의 위패를 모셔야 하기 때문이다.

*

임금에게는 세 가지 호칭이 있다. 첫번째 호칭은 어렸을 때의 이름인 초휘初諱를 비롯하여 호號 혹은 자字이다. 태조 이성계의 경우는 초휘가 성계成桂이고, 호는 송헌松軒이며, 자는 중결仲潔이었다.

두번째의 호칭이 살아서 경사스러울 때나 죽으면 올려지는 시호諡號이다. 그러므로 왕이나 왕비에게는 여러 가지 아름다운 문자로 된 시호가 올려지지만, 그중에서도 대표적인 것 하나만 통용되는 것이 보통이다.

생전의 업적이 찬란했던 세종대왕의 시호를 보자.

**英文叡武仁聖明孝大王** 영문예무인성명효대왕

여기에 명나라 호아제가 '장헌莊憲'이라는 시호를 지어서 보냈으므로, 그의 실록을 《세종장헌대왕실록世宗莊憲大王實錄》이라고 부른다.

세번째의 호칭은 우리에게 가장 친근하게 느껴지는 태조太祖, 세조世祖, 혹은 단종端宗, 성종成宗과 같은 묘호廟號이다. 묘호는 문자 그대로 종묘에 봉안하게 될 위패에 새기기 위한 호칭이므로 죽은 다음에 올려진다.

사정이 이와 같았다면 살아 있는 임금은 어떻게 불렸을까. 임금의 초휘나 호를 불렀다가는 불충을 저질렀다 하여 중벌을 면치 못할 것이며, 그렇다고 죽은 다음에 올려진 시호나 묘호를 부를 수는 더욱 없었을 것이기에 '전하', '주상전하', '상감마마' 등으로 불릴 수밖에 없다.

역사를 온전하게 이해하기 위해서는 역사를 가르치는 사람들의 역사 인식이 온전해야 하고, 지도층 인사들의 잘못된 역사 상식을 바로잡는 일이 시급하다. 말은 이렇게 하지만 이게 보통 일이 아니다.

실록 대하드라마 〈조선왕조 500년〉을 8년간이나 집필하는 동안 각계각층으로부터 여러 종류의 질문을 받았지만, 아무리 설명을 해도 잘 기억하지 못하는 대목이 있었다. 그 질문은 아주 간단한 것이었지만 대단히 중요한 내용이었다.

"선생님, 조祖가 높습니까, 종宗이 높습니까?"

조선왕조 보위를 지켰던 임금의 묘호에는 태조·세조·선조와 같이 조로 된 묘호가 있고, 세종·성종·고종과 같이 종으로 된 묘호가 있으며, 폭정이나 난정으로 인해 보위에서 쫓겨난 임금은 묘호와 달리 연산군燕山君·광해군光海君과 같이 군으로 강등하여 부른다.

이 세 가지 호칭 중에서 타의에 의해 강제로 퇴위한 군에 대해서는 모두들 정확하게 이해하고 있었지만, '조'와 '종'에 대해서는 그러하지 못하다. 공교롭게도 왕조 초기에 태조나 세조와 같은 '조'가 자리잡고 있는데다가 그들이 모두 쿠데타와 같은 정변으로 왕권을 장악했던 임금이었으므로 '조'의 개념에 투쟁적인 의미를 부여하고 있는 것으로 알고 있다. 내가 그렇게 단정하는 데는 그럴듯한 실례가 있기 때문이다. 중·고등학교의 교장과 교감 선생님들에게 역사교육에 대한 교양 강좌를 하게 되었을 때의 일이다. 수강하는 선생님들의 수는 무려 2백여 명이었다. 나는 그들에게 다음과 같은 질문을 했다.

"여러분의 무지를 테스트하겠습니다. '조'와 '종'을 구별할 수 있는 선생님은 일어서서 말씀해주세요."

예상대로 약간의 술렁거림이 있은 다음에야 한 분이 일어섰다.

"'조'는 무력이나 불법으로 정권을 탈취한 임금에게 붙여지는 것이며, '종'은 그렇지 않은 임금에게 붙여집니다."

틀린 대답이라는 나의 지적에 또 다른 여러 선생님들의 경쟁적인 발언이 있었지만, 설명하는 용어만 다를 뿐 대답의 요지는 모두 같았다. 교사로 출발하여 교감이나 교장의 지위에 오르기 위해서는 적어도 20여 년 간의 경력이 필요할 것이며, 그간 길러낸 제자의 수는 헤아릴 수가 없을 게다. 사정이 이와 같다면 일반 지식인들의 경우에는 어떻겠는가.

조선왕조가 창업된 직후인 태조 원년(1392) 11월 6일에 이성계의 4대

선조의 존호尊號를 책봉해 올렸다. 그러자니 '묘호'를 정하는 규정이 있어야 했다.

이날의 《태조강헌대왕실록》에 적힌 내용은 이러하다.

황조실皇祖室의 책호문은 이러하였다.

"공功이 있는 이는 조祖로 하고, 덕德이 있는 이는 종宗으로 하니, 효는 어버이를 높이는 것보다 큰 것이 없으며, 시호로써 이름을 바꾸게 하니 예의는 마땅히 왕으로 추존함을 먼저 해야 할 것입니다."

이로부터 모든 임금의 묘호는 이것을 규범으로 짓게 되었음은 말할 나위가 없다. 그 실례를 한 가지 들자면, 임진왜란으로 큰 고초를 겪었던 선조宣祖의 경우가 흥미롭다. 처음에는 전란을 당했다는 점에서 공을 인정받지 못했던 탓으로 그의 첫 묘호는 선종宣宗으로 올려졌지만, 세월이 많이 흘러서야 왜란 중의 공로가 인정되어 다시 선조로 개칭되었다. 그러므로 지금 우리가 읽고 있는 그의 실록은 《선종실록》으로 되어 있다.

우리가 역사 드라마나 소설을 보면 간혹 "조종의 영혼들께서도 진노할 것이오"라는 대화문을 접하게 되는데, 이는 '조'와 '종'의 영혼들께서 진노했으니까 세상을 떠난 모든 임금들이 진노할 것이라는 의미이므로 뭔가가 잘못되어도 크게 잘못되었다는 뜻이다.

장황한 설명이 되었지만, 이제부터라도 '조'와 '종'을 마치 계급적인 개념이나 적서適庶(적자와 서자)의 개념인 것처럼 멋대로 해석할 것이 아니라, 《왕조실록》에 등재된 규범에 따라서 공과 덕의 개념으로 구분된다는 사실에 유념해주었으면 하는 마음 간절하다.

*

쿠데타에 성공한 정권이나 그와 유사한 방법으로 정권을 탈취한 집단은 반드시 자신들이 무너뜨린 정권을 부도덕한 정부였다고 매도하고, 그 사실을 기록으로 남기려고 안간힘을 쓴다. 일본제국이 조선을 강점하여 식민지로 통치한 36년 동안 일관되게 자행했던 가장 악랄한 행위는 단연 우리의 역사를 왜곡·훼손하기 위해 식민지 사관이라는 틀을 만들어놓은 일이다. 그것이 얼마나 무섭고 참혹한 것이면 주권을 회복한 지가 60년이 되어도 아직 우리는 그 식민지 사관의 어두운 그늘에서 헤어나지 못하고 있겠는가.

그후에도 군사 쿠데타나 그와 유사한 정변으로 수립된 정권은 예외 없이 자신들이 무너뜨린 정부를 무능하고 부도덕하며 부패한 정권으로 매도하면서 그 당위성을 중고등학교의 교과서에 등재하였던 일들은 아직도 뇌리에 생생하지만, 이러한 역사 왜곡은 부당한 방법으로 정권을 수립한 집단이면 반드시 자행하는 집권 시나리오나 다를 바가 없다.

잘 다스리게 되면 반드시 흥하였고, 어지럽게 되면 반드시 망하는 것이니, 어찌 전대前代의 역사를 보지 않겠는가.

《태조실록》에 적혀 있는 구절이다. 이는 이성계의 역사 인식일 수도 있으나, 발설하게 된 계기가 《고려사》의 개수改修를 명한 때이므로 그 순수성은 떨어진다고 보아야 마땅하다. 이성계도 집권과 동시에 자신이 무너뜨린 왕부인 고려왕조의 역사를 왜곡·훼손해서라도 자신들의 역성혁명이 정당하고 불가피하였음을 기록으로 남겨 후세에 전할 필요가 있었다.

고려시대의 역사를 살펴볼 수 있는 현존하는 사서史書는 《고려사高麗史》와 《고려사절요高麗史節要》뿐이지만, 바로 이들 사서가 조선시대 초기에 자행되었던 '고려사 개수' 작업의 일환으로 씌어진 것인데, 《고려사》와 《고려사절요》의 사수관史修官인 김종서金宗瑞가 임금에게 올린 전문箋文에 다음과 같은 대목이 보인다.

> 태조강헌대왕께서 먼저 보필하는 신하에게 명하여 《고려사》를 찬수하게 하였으며, 태종공정대왕께서 명하여 그릇된 것을 교정하게 하였으나, 마침내 완성하지 못하였습니다. 세종장헌대왕께서는 신성하신 자질로 문명의 교화를 밝히시와 신 등에게 요속僚屬을 선임하여 사국史局을 열어 편찬하게 하시면서 '전사全史를 먼저 편수하고, 편년編年을 편수하라' 하셨습니다.

이 전문이 올려진 날이 문종文宗 원년(1451) 3월 2일이요, 태조 이성계가 《고려사》의 찬수를 정도전鄭道傳, 정총鄭摠 등에게 명한 것이 즉위 초의 일이었다면 개수의 시작에서 완성에 이르기까지 장장 59년의 세월이 걸렸음을 알 수가 있다. 그 내용을 좀더 소상히 살펴보면, 정도전과 정총 등에 의해서 새로 씌어진 《고려사》가 태조에게 올려진 것은 동왕 4년(1396) 1월이었다.

이성계의 트집으로 이 《고려사》는 거듭 수난을 당하였다. 태종 이방원도 다시 쓸 것을 명하였고 성군 세종 또한 다시 쓸 것을 명하였지만, 그들이 모두 세상을 떠난 다음인 문종 원년에야 비로소 완성되었으니,

《고려사》의 집필에는 조선 초기의 석학들이 모두 동원되었고 거기에 투입된 노고는 헤아릴 길이 없다.

그 어처구니없는 노고의 산물인 《고려사》와 《고려사절요》를 읽으면서 우리가 고소를 금치 못하는 것은 그 문장에 기막힌 대목이 있기 때문이다.

우리 태조가 해주로부터 벽란도碧瀾渡에 이르러 유숙하니, 태종이 달려가서 아뢰기를, "몽주가 반드시 우리 집안을 헤칠 것입니다" 하였으나, 태조는 답하지 않았다. …태종이 또 화和 등과 의논하여 공정왕恭靖王을 보내어 아뢰기를, "만약 몽주의 당을 심문하지 않으면 신 등을 죄주기를 바란다"고 하였다.

이 구절은 《고려사절요》〈공양왕〉 조에 실려 있지만 여기서 말하는 태조란 물론 이성계를 말하는 것이며, 태종은 이방원, 공정왕은 정종定宗인 방과芳果를 말한다.

전조前朝의 역사를 기술하면서 후조後朝의 임금에게 왕칭을 하는 것은 기록하는 사람들의 역사 인식에도 문제가 있지만, 읽는 사람들에게도 즐거운 일일 수가 없다. 바로 이런 일이 역사를 고쳐 쓰면서 빠지게 되는 딜레마가 아니고 무엇인가.

*

역사를 기술하는 사람들을 사관이라 하고, 그들이 선비의 대명사가 되는 것은 직필해야 하는 소임을 목숨보다 소중히 여겼기 때문이다.

춘추시대, 진나라에 동호董狐라는 사관이 있었다. 당시 영공靈公은 포악무도하기로 유명하였다. 백성들의 고혈을 짜서 궁중의 담장을 호화롭게 장식하는가 하면, 누대에 올라가 사람들을 던져서 죽이는 일도 서슴지 않았다. 뿐만 아니라 곰 발바닥을 덜 삶았다 하여 주방장을 죽여서 난도질하고 그 시체를 삼태기에 담아 궁녀로 하여금 머리에 이고 온 궐내를 돌아다니게 하였다.

정승 조순趙盾이 이를 만류하는 직간을 올리자 영공은 자객을 보내 그를 죽이려 하였으나, 자객은 차마 죽이지 못하고 스스로 나무에 머리를 받아 자결하였다. 이 소식을 전해들은 조순의 사촌동생 조천趙穿은 분노를 참지 못하다가 마침내 영공을 죽이고 말았다. 이 시해 사건을 짐작하고 있었던 조순은 잠시 국경 근처로 몸을 숨겼다가 영공이 죽은 다음에 조정으로 돌아왔으나, 자신은 이미 살인자로 기록되어 있었다. 사관 동호가 '조순이 국군國君을 시해하였다'고 사서에 적어놓았기 때문이다. 조순은 극구 변명하려 하였으나 동호는 당당하게 말했다.

"국난 중에 정승의 몸으로 도망간 것만도 잘못된 일인데 돌아와 역적을 다스리지도 않았으니 시해의 장본인은 바로 당신이 아니고 누구란 말인가."

사관의 소임이 무엇인지를 알리는 서릿발 같은 책망이 아닐 수 없다. 이때부터 동호는 사관의 대명사가 되었고, '춘추필법春秋筆法'이라는 말과 함께 '동호직필董狐直筆'이라는 고사까지 생겨나게 되었다.

역사가 정론正論이어야 하는 까닭을 여기서 다시 설명할 필요가 없듯이 역사를 왜곡하고 훼손하면 국민 정서를 해치게 된다는 사실도 재론할 필요가 없다.

특히 치란治亂의 역사는 후세의 귀감이 되기 때문에 역사를 기술한 책인《자치통감資治通鑑》이나, 삶의 귀감이 되는 내용을 담은《명심보감明心寶鑑》 등의 책 이름에 거울 감鑑자를 쓰고 있음을 상기한다면 역사가 전대를 살피는 거울임을 쉽게 이해할 수가 있으리라.

# 정도전의 줄서기와 문민독재

맑은 거울을 보는 것은 모양을 살피기 위해서요,
지나간 일을 돌이켜보는 것은 지금을 알기 위해서이다. ─ 공자

새 나라가 창업되거나 새 정권이 수립되기 위해서는 그 창업의 기틀이 되는 이념과 강령을 만들어낼 수 있는 석학碩學이 있어야 한다. 조선왕조를 창업한 이성계의 곁에는 삼봉三峰 정도전鄭道傳이라는 걸출한 석학이 있었기에 고려 말에는 전제田制의 개혁안을 만들어 백성들을 열광케 하였고, 새 왕조가 창업된 다음에는 재빨리 《조선경국전朝鮮徑國典》을 완성할 수 있었다.

《조선경국전》은 조선 개국의 이념이자 강령이지만, 석학 정도전의 정치철학을 집대성한 것이라고 할 수가 있다. 정보위正寶位, 국호國號, 안국본安國本, 세계世系, 교서敎書 등으로 나누고 국가 형성의 기본을 논하여 조선왕조의 합당성을 설명하고 왕업의 지침을 거기에 적었으며, 동양의 전통적 관제에 따라서 육전六典의 관할 사무를 규정하였으니, 비로소 이吏, 호戶, 예禮, 병兵, 형刑, 공工 등의 6조를 확정하게 되었다.

뿐만 아니라, 정도전은 이성계의 명을 받아 새로 준공된 대궐의 이름을 비롯하여 무수히 많은 전각과 문루의 이름을 지어 올렸는데, 그 문장의 도도함과 박식의 깊이는 헤아릴 수 없을 정도다.

신이 살펴보건대, 궁궐이라는 것은 임금이 정사를 하는 곳이요, 사방에서 우러러보는 곳입니다. 신민臣民들이 다 조성한 바이므로 그 제도를 장엄하게 하여 존엄성을 보이게 하고, 그 명칭을 아름답게 하여 보고 감동하게 하여야 합니다. 한나라와 당나라 이래로 궁전의 이름은 그대로 하기도 하고 혹은 개혁되기도 하였으나, 그 존엄성을 보이고 감상을 일으키게 한 뜻에는 변함이 없습니다.

전하께서 즉위하신 지 3년 만에 도읍을 한양에 정하여 먼저 종묘를 세우고 다음에 궁궐을 경영하시더니, 한 해 건너 올해에는 곤룡포와 면류관을 쓰시고 선대의 왕과 신묘神廟에 재향을 올리며, 여러 신하들에게 새 궁궐에서 잔치를 베푸셨으니 대개 신神의 혜택을 넓히시고 뒷사람에게 복록을 주심이옵니다.

신 정도전에게 분부하시기를 "궁전의 이름을 지어서 나라와 더불어 한없이 아름답게 하라" 하셨으므로 신이 분부를 받자와 삼가 손을 모으고 머리를 조아려 《시경詩經》〈주아周雅〉의 "이미 술에 취하고 덕에 배가 불러서 군자의 만년을, 빛나는 복을 빈다"라는 시를 외우며 새 궁궐의 이름을 경복궁景福宮이라고 짓기를 청하오니, 전하와 자손께서 만년 태평의 업을 누리시옵고 사방의 신민으로 하여금 길이 보고 느끼게 하옵니다.

여기까지는 궁궐의 존엄성과 이름을 짓게 된 연유와 궁궐이 '경복궁'이 되어야 하는 의미와 출전을 밝히고 있다.

《시경》〈주아〉편에 있는 원시는 이렇다.

**旣醉以酒旣飽以德** 기취이주기포이덕
**君子萬年介爾景福** 군자만년개이경복

오늘 우리가 경복궁을 입에 담을 수 있는 근거는 여기에서 연유하고 있다. 정도전의 도도한 문장은 다시 이어진다.

근정전勤政殿과 근정문勤政門에 대하여 말하오면, 천하의 일은 부지런하면 다스려지고 부지런하지 못하면 폐하게 됨은 필연적 이치입니다. 작은 일도 그러하온데 하물며 정사와 같은 큰일이겠습니까?

《서경書經》에 이르기를, "경계하면 걱정이 없고 법도를 잃지 않는다"라고 하였고, 또 "편안한 것만 가르쳐서 나라를 유지하려고 하지 말라. 조심하고 두려워하면 하루 이틀 사이에 1만 가지 기틀이 마련된다. 여러 관원들이 직책을 저버리게 하지 말라. 하늘의 일을 사람들이 대신하는 것이다"라고 하였으니 순 임금과 우 임금의 부지런한 바이며, 또 말하기를 "아침부터 날이 기울어질 때까지 밥 먹을 시간을 갖지 못해 만백성을 다 즐겁게 한다" 하였으니 문왕文王의 부지런한 바입니다.

임금이 부지런하지 않을 수 없음이 이러하나 편안하게 봉양하기를 오래 하면 교만하고 안일한 마음이 쉽게 생기게 됩니다. 또 아첨하고 아양 떠는 사람이 있어 이에 따라서 말하기를 "천하에 나랏일로 자신의 정력을 소모하고 수명을 손상시킬 까닭이 없다" 하고, 또 말하기를 "이미 높은 자리에 있어서 어찌 혼자 비굴하게 노고를 하겠는가" 했으니 이에 혹 여악女樂으로 혹은 사냥으로 혹은 구경거리로 혹은 토목일 같은 것으로써 무릇

황음무도荒淫無道한 일을 하지 않음이 없으니, 임금은 "이것이 나를 사랑함이 두렵다" 하여 자연으로 태만해지고 거칠어지게 되는 것을 알지 못하게 되니 한나라와 당나라의 임금들이 예전 삼대 때만 못 하다는 것이 이것입니다. 그렇다면 임금으로서 하루라도 부지런하지 않고서야 되겠습니까. 그러나 임금이 부지런한 것만 알고 그 부지런한 바를 알지 못한다면, 그 부지런한 것이 너무 복잡하고 너무 세밀한 데에만 홀려서 볼 만한 것이 없을 것입니다.

선유先儒들이 말하기를, "아침에는 정사를 보고, 낮에는 어진 이를 찾아보고, 저녁에는 법령을 닦고, 밤에는 몸을 편안케 한다"는 것이 임금의 부지런한 바입니다. 또 말하기를 '어진 이를 구하는 데에 부지런하고 어진 이를 쓰는 데 빨리 한다' 했으니, 신은 이로써 근정전과 근정문이라 이름하기를 청하옵니다.


삼봉 정도전은 수많은 문루와 여러 전각의 이름을 지을 때마다 위와 같은 글로 세세만년 왕도를 깨우치려 했으니, 그의 학문이 어느 경지에 이르렀는지를 짐작하고도 남는다. 그러니 이성계의 감동은 또 얼마나 컸겠는가.

*

정도전이 남긴 전각과 문루의 이름 중에서 우리를 놀라게 하는 것은 뭐니뭐니해도 종묘宗廟의 대문을 '창엽문蒼葉門'이라고 명명한 것이리라. 한자는 표의문자이므로 해자解字(글자를 풀어서 해석하는 것)를 하여 그 뜻을 살피게 되는 경우가 많다. 가령 난초 난蘭자를 해자로 풀어서 살피면, 동東쪽 문門 가에 놓고 보는 풀(艸)이라는 뜻이 된다. 그러므로 난초를 잘 키워서 탐스러운 꽃을 보고자 한다면 동쪽 창가에 화분을 놓아두어야 한다는 의미를 내포하고 있다. 동쪽 창에는 햇볕이 두 시간 정도밖에 들지 않는다는 자연의 섭리를 읽고 있음이 아니겠는가.

창엽문의 창蒼자를 해자하면 卄·八·君의 합자이므로 '스물여덟 임금'이라는 뜻이 된다. 또 엽葉자를 해자하면 卄·世·十·八이 되므로 이는 '28세世'라는 뜻이 된다. 참으로 놀라운 사실이 아니고 무엇인가.

조선왕조의 마지막 세자빈으로 간택(실상은 강제결혼이지만)되었던 이방자李方子 여사가 세상을 떠나고 그녀의 위패가 종묘에 봉안됨으로써 위패의 봉안은 모두 끝났는데, 거기에 봉안된 임금이 28위요(왕위에 오르지는 않았지만 영왕英王 이은李垠을 포함하여), 28세로 조선왕조의 세계世系가 끝났다면 문의 이름을 지은 정도전은 이미 6백여 년 전에 그 사실을 알고 있었을지도 모른다. 그러나 이 사실을 입증할 수 있는 방법은 그 누구에게도 없다. 설령 그렇다고 하더라도 오랜 세월을 역사 읽기에 매달려온 나로서는 우연의 일치라고 일소에 부칠 수도 없다. 그 연유는 이러하다.

역사상 학덕을 두루 갖춘 인물들을 소개하는 문장을 보면, 그들이 읽은 전적의 법위를 거론하면서 행적을 극구 찬양하고 난 다음에는 유불선濡佛仙에 통달했다고 적은 구절과 자주 접하게 된다. 여기서 말하는 선仙은 도학의 개념이다. 다시 말하여 사서오경에 통달하고 나면 고금의 역사에도 밝아진다. 그것은 곧 역사의 흐름으로 국가나 개인의 흥망성쇠를 가늠하는 능력을 가지게 된다는 뜻이다.

그런 연후에 주역周易에 매달리게 되면 더 구체적으로 세상의 이치에 눈을 뜨게 된다. 이미 지난날에 겪었던 일을 적은 역사의 기록에 소상하면 더욱더 오늘의 일들이 확연하게 되고, 따라서 미래를 예견(정확하지는 않더라도)하는 안목이 트이게 된다.

17세기, 동양 3국(한·중·일)에서 으뜸가는 여류 시인으로 추앙받았던 난설헌蘭雪軒, 허초희許楚姬의 시에는 선仙의 세계가 그려지고 있는 것이 많은데, 그녀 자신의 마지막을 노래한 듯한 〈꿈에 노닐던 광상산의 노래(夢遊廣桑山詩)〉가 특히 그렇다.

碧海侵搖海

青鸞奇採鸞

芙蓉三九朶

紅墮月霜寒

푸른 바닷물이 구슬 바다에 스며들고

푸른 난새는 채색 난새에 어울렸구나.

연꽃 스물일곱 송이 붉게 떨어져

달빛 서리 위에서 차갑기만 하여라.


참으로 아름답고 환상적이다. 광상산은 그녀가 꿈에서 본 환상의 산인데, 그 산에 오르면 구슬물이 손에 잡힐 듯하였고, 새 중의 새라고 하는 난새(봉황새의 일종)가 현란한 색채를 뿜어내는 무릉도원이다. 여기가 바로 난설헌이 그토록 살아보기를 소망하였던 이상세계라면 선계가 아니고 그 무엇이겠는가.

그중 주목되는 대목은 '부용삼구타芙蓉三九朶'라는 원시의 구절이다. '부용'은 연꽃을 말하는 것이지만, '삼구타'는 구구단으로 해석하는 것이기에 '스물일곱 송이가 늘어졌다'는 뜻이다. 스물일곱이라는 수는 난설헌의 짧은 생애와 같은 27이기에, 이로 미루어본다면 난설헌은 자신의 죽음을 예견하고 있었던 것이나 다름이 없다.

연꽃 스물일곱 송이 붉게 떨어져
달빛 서리 위에서 차갑기만 하여라.

결국 난설헌은 이 넉 줄로 살아서 자신의 생애와 종말을 함께 노래하였으니, 그녀의 선도사상仙道思想의 깊이를 극명하게 보여주는 것이 아니고 무엇이랴. 그러므로 선현들이 말한 여러 형태의 예언들은 모두 참언讖言이나 미신으로만 몰아갈 수는 없다.

*

옛날에는 눈을 아주 잘게 떠서 만든 그물을 못에 넣지 못하게 하였고, 초목의 잎이 다 떨어진 뒤에야 도끼를 들고 산에 들어가게 하였다. 이것은 천지 자연이 주는 이익을 아껴서 쓰고 사랑으로 기르기 위한 것이다. 이야 말로 재목과 물고기를 이용하는 근본이 되는 것이다.

6백 년 전에 씌어진 정도전의 글이지만, 오늘을 사는 우리가 자연보호헌장의 한 구절로 인용한다 하여도 손색이 없을 만큼 깊은 철학을 담고 있다. 이렇게 가이없는 학덕과 도학의 사상으로 세상일을 내다보면서 살았음직한 삼봉 정도전도 정치적인 줄서기에 실패하여 비극적인 종말을 맞게 된다.

쿠데타에 의해 수립된 정권은 후계 구도를 짜기 위한 암투를 벌이는 것이 통례지만, 조선 초기의 사정은 좀 특이하였다.

고려조의 지배계급들은 대개 두 사람의 아내를 거느리고 있었다. 출신 지역에 홀로 있는 조강지처를 향처鄕妻라고 하였고, 도성인 개경에서 동거하는 아내를 경처京妻라 불렀다. 이성계도 경기도 포천 농장에 조강지처인 향처(한씨, 신의황후)를 두고 있었고, 그녀와의 사이에 6남 1녀의 소생을 두었으나 불행하게도 한씨는 조선왕조의 창업을 보지 못하고 세상을 떠났다. 따라서 개경에 있었던 경처(강씨, 신덕황후)가 곤위坤位(중전의 자리)에 오를 수밖에 없었고, 그녀와의 사이에는 2남 2녀가 있었다.

이성계는 왕위에 오르면서 향처(적실) 소생의 장자인 방우芳雨를 후사로 정하려 하였으나, 진안대군鎭安大君으로 봉해진 방우는 불법으로 세워진 나라의 세자 자리를 끝내 마다한 채 아버지의 곁으로 돌아오지 않았다. 조선왕조의 후사는 여기서부터 뒤틀리기 시작하였다.

조선왕조의 창업을 열었던 쿠데타의 주체 세력 중에서 제2인자는 말할 것도 없이 이성계의 다섯째 아들인 방원芳遠이다. 장자가 상속을 거부하면 차자가 후사가 되어야 마땅하고 그 또한 여의치 못하다면 힘의 서열, 다시 말하면 쿠데타의 제2인자인 이방원이 세자로 책봉되어야 하는 것이 상식이다. 그러나 이성계는 중전 강씨 소생의 둘째 아들이자 순서로는 여덟번째 아들인 의안대군宜安大君 방석芳碩을 세자로 책봉하였다. 이때 방석의 나이 겨우 열두 살이었다.

일이 이 지경으로 뒤틀린 데는 중전 강씨의 강력한 요청과 베갯밑 송사가 큰 역할을 했을 것임은 말할 나위가 없겠지만, 이성계의 총신이나 다름없는 봉화백奉化伯 정도전, 의성군宜城君 남은南誾, 부성군富城君 심효생沈孝生 등의 의지가 있었기에 가능했던 일이다. 물론 이 일은 이방원과 그 일당에 대한 견제를 예고하는 것이었지만, 이방원에게 있어서는 분노와 통한을 수반할 수밖에 없다.

태조 5년(1396) 8월 13일, 신덕황후 강씨가 세상을 떠나고, 다음해 1월 3일에 무사히 장례를 마치자 정안대군靖安大君 이방원은 서서히 꿈틀거리기 시작하였다. 부당하게 세자를 책봉하여 왕통의 흐름을 변질되게 했으면서도 부단히 자신을 음해하려는 이성계의 주변세력에게 응징의 철퇴를 가하려는 계책이다.

마침내 8월 23일, 이날은 번개와 천둥이 요란하고 우박까지 쏟아지는 불순한 날이었다. 정안군 이방원은 휘하의 군사를 거느리고 입궐하여 자신의 이복동생이자 7년 동안이나 세자의 자리를 지킨 방석을 주살하였고, 궐 밖으로 달려나와서는 그를 에워싸고 있던 정도전·남은·심효생까지 처단하였다.

역사는 이 피비린내나는 도륙을 '제1차 왕자의 난'이라고 적고 있지만, 정도전에게는 죽은 다음에도 족쇄가 채워지는 고통을 안겨다주었다. 즉, 이 사건 이후 정도전에 대해서는 그 이름조차 거명하지 못하도록 하였기 때문이다.

*

정도전의 선택(줄서기)은 과연 무엇이었을까?

아무리 역사를 읽는 일에 '가정'이 성립하지 않는다고 하더라도, 정도전의 줄서기에 대해서는 일말의 의구심이 남는다. 그의 학문은 하늘보다 높았고, 그의 경륜은 종묘의 문에 창엽문이라는 이름을 붙일 만큼 앞날을 예견하는 예지력까지 갖추고 있었다. 그럼에도 이방원에 의해 참혹한 죽음을 당하리라고 예견하지 못한 것은 무슨 까닭일까?

이성계가 연부 역강하였고, 그의 총애를 받는 신덕황후의 영향력이 또한 막강하였기에 정도전은 나이 어린 세자(방석)를 갈고 다듬어서 성군의 자질로 키워보리라는 명분, 다시 말하면 그로 인해 자신의 명망과 공덕이 더 빛날 것이며 새 왕조의 기틀이 잡힐 것이라고 믿으면서도 그것이 현실정치와 얼마나 유리되어 있었는가를 그는 정말 몰랐던 것일까?

역사를 보면, 폭군이나 살인광이었던 위정자도 있었다. 한때 그들은 무적으로 보였지만 결국은 멸망하고 말았다.

그때로부터 많은 세월이 흘렀지만, 오늘을 사는 우리는 또 다른 카리스마와 같은 존재들과 만나게 되고 그들의 움직임에 따라 줄서기에 몰두하는 사람들을 지켜보면서 새삼스럽게 인도 독립의 아버지인 간디의 명언을 곱씹어보면 저절로 미소짓게 된다. 이 미소 또한 역사를 읽는 재미가 아니고 무엇이겠는가.

*

이방원이 임금의 자리에 오르는 것은 쿠데타의 생리에 따라 이미 정해진 순서나 다를 바가 없다. 골육간의 싸움에 충격과 환멸을 동시에 느낀 이성계가 임금의 자리에서 물러나자, 이방원은 형님(방과, 정종)을 임금의 자리에 밀어올리고 자신은 그의 세제世弟가 됨으로써 다음 대의 보위를 보장받는다.

조선왕조의 창업이 이루어진 지 8년째가 되는 해였고, 이방원의 나이 서른한 살 때의 일이다. 정종은 왕위에 오래 머무를 수가 없다. 아무리 아우일지라도 쿠데타의 실세요, 제2인자인 이방원이 세제의 자리에 버티고 있으니, 또 무슨 변괴가 있을지 알 수가 없었기 때문이다.

세제에게 양위한다.

임금의 자리에 있은 지 3년 만의 일이었으나 목숨을 보전하기 위해 서는 불가피한 퇴진이다.

이방원은 여러 차례 사양하는 단계를 거치면서 보위에 올랐고, 그가 뜻하던 강력한 왕도정치를 펼쳐나갔으니, 이른바 문민독재의 시작이 었다. 쿠데타로 인한 계층간의 괴리와 민초들의 아픈 상처를 씻어내면 서 국론을 하나로 모은 후에야 새로운 태평성대를 열어갈 수 있겠다는 그의 오랜 염원이 타오르기 시작한 것이다.

쿠데타의 상처가 아물고 명실상부한 문민정부가 수립되려면 30여 년의 세월이 필요하다. 이성계가 임금의 자리에 오르면서 집권의 길을 트고, 정종 · 태종을 거쳐 세종이 보위를 이어받을 때까지 28년의 세월 이 필요했듯이, 박정희 장군이 주도한 5 · 16 군사 쿠데타에서 제5, 제6 공화국을 거쳐 명실상부한 문민정부가 들어서기까지 30여 년의 세월 이 필요했던 것은 우연의 일치가 아니라 역사의 흐름이 그러하다는 사 실에 유념할 필요가 있다.

태종(방원)의 재위기간은 18년, 정말로 파란만장한 시절이었다. 그는 세자이자 큰아들인 양녕대군이 새로운 태평성대를 이끌어갈 왕재가 아니라는 판단하에 몸소 대죄를 내려서 도성 밖으로 내쳤고, 외척이 성하면 나라가 망한다는 통치이념을 내세워 민무질 · 민무구 등 친처 남 넷을 귀양보냈다가 그것도 부족하여 사약을 내리기까지 했으며, 나 라의 국구國舅요, 자신의 사돈인 심온(세종비 소헌왕후의 아버지)에게 스스로 목숨을 끊으라고 명하는가 하면, 자신의 그림자나 다름없었던 총신이 자 친구인 이숙번李淑蕃까지 먼 곳에 유배하였다. 모두가 세종으로 하 여금 안심하고 정사에 임할 수 있도록 한 특단의 조처였다.

태종이 예상보다 일찍 임금의 자리에서 물러나 상왕上王으로 군림한 것은 소위 말하는 임금 자리의 공백을 최소화하면서 세종의 치세를 초기부터 다져놓겠다는 신념의 일단이었지만, 나이 어린 세종에게 국방과 군사의 일을 맡기기에는 아직 이르다는 판단에서였다.

*

한국과 일본 사이에 가로놓여 있는 대한해협을 현해탄이라 하지만, 그 폭이 넓지 않아서 양국의 정치인들은 곧잘 일의대수―衣帶水라는 말로 두 나라가 가까운 사이임을 강조하곤 한다. 그 현해탄의 한가운데에 대마도라는 두 개의 섬이 있다. 대마도와 한국의 관계는 멀리 삼국시대로까지 거슬러올라간다. 해적 떼나 다름없는 왜구의 소굴이었기 때문이다.

대마도는 땅이 척박하여 생산물이 귀했기 때문에 주민들은 한반도의 서해안을 노략질해야만 목숨을 부지할 수가 있었다. 따라서 신라시대는 물론이요, 고려시대 위정자들은 왜구의 퇴치에 골머리를 앓아야 했다. 왜구들은 내륙 깊숙이까지 들어와서 분탕질을 일삼았다. 인명의 손상은 말할 것도 없었고 심하면 한 마을이 쑥밭이 되는 경우도 허다하였다.

조선왕조를 창업한 이성계는 고려시대에 있어 왜구를 소탕하는 명장이었다. 왜구들은 이성계라는 이름만 들어도 도망치기에 바빴다. 그런 그가 임금의 자리에 올랐으니 왜구의 소굴인 대마도를 그냥 둘 까닭이 없었다.

태조 5년(1396) 12월 3일, 마침내 그는 대마도 정벌을 명했다. 이 일을 《왕조실록》은 '병자동정丙子東征'이라 적었으나, 이성계는 끝내 뜻을 이루지 못했다.

태조 이성계의 내심을 누구보다도 잘 알고 있었던 태종은 재위 18년 만에 왕위를 세종에게 물려주고 자신은 상왕이 된다. 그러면서 병권만은 손아귀에 쥐고 있었다. 얼핏 보아 국방의 중요성만은 자신이 관장해야겠다는 뜻이겠지만, 실제로는 대마도 정벌이라는 부왕의 유지를 받들기 위해서였다.

세종 1년(1419) 5월 14일. 태종은 드디어 대마도 정벌을 명한다. 원정군의 총사령관격인 삼군도 체찰사體察使에는 명장 이종무李從茂를 제수했다. 원정군의 규모만도 당시로서는 어마어마하다. 크고 작은 병선이 227척, 병력은 1만 7,285명이었다. 면밀하게 수립된 작전계획에 따라 선단과 병력은 거제도의 견내량見乃梁에 집결하였다.

6월 17일. 병사들을 태운 선단은 대마도를 향해 출진하였으나 폭풍우를 만나 거제도로 다시 돌아오고 만다. 사령관 이종무는 날이 개기를 하늘에 빌고 또 빌었으나 비바람이 멈추지 않았다. 마침내 이틀 후인 6월 19일, 폭풍우는 씻은 듯 갰다. 사시巳時(오전 10시)에 이르러 이종무는 선단과 병사들을 정비하고 다시 거제도를 떠났다. 이때의 대마도 정벌을 '을해동정乙亥東征'이라고도 하고, '을해동왜역乙亥東倭役'이라고도 한다.

이종무는 정탐 상륙을 위해 우선 10척의 배를 대마도 연안으로 접근시켰다. 그런데 뜻밖의 사태가 일어났다. 대마도 주민들이 조선 선단을 보자 손을 흔들면서 달려나오는 것이다. 그들은 섬을 나갔던 왜구들이 돌아오는 것으로 착각을 했다.

"아이들과 부녀자는 살상하지 말라!"

절제사 박실朴實이 소리치자 대마도 주민들은 그제야 혼비백산하여 도주하기에 바빴다. 이렇게 대마도는 쉽게 조선의 원정군에게 점령되었다. 뒤늦게야 이 소식을 접한 대마도 도주 도도웅와都都熊瓦는 반격을 명했으나 이미 때가 늦었다.

조선 원정군은 이때 왜구의 배 129척 중에서 쓸 만한 것 20여 척만 남기고 모두 불살랐고, 저들의 가옥 1,939동을 불태웠으며, 목을 친 왜구의 수 114명, 생포 21명의 전과를 올렸다. 그러나 도주 도도웅와는 패잔병을 거느리고 게릴라 전으로 대응해왔다.

비록 산발적인 전투였으나 박실의 장졸 180여 명이 전사하는 엄청난 패전도 있었다. 그리고 7월 1일. 대마도 도주는 이종무에게 꿇어 엎드려 항복을 했다. 비로소 대마도는 완전하게 소탕·정벌된다. 도주의 항복을 받은 이종무는 병사와 선단을 이끌고 거제도로 개선하니, 그날이 7월 3일이다.

뜻을 이룬 태종은 병조판서 조말생趙末生을 불러 대마도가 조선의 땅임을 분명히 하는 서찰을 적어 대마도 도주에게 전하게 하였다.

대마도는 경상도의 계림鷄林에 속해 있으니, 본디 우리 나라 땅이라는 것이 문적에 실려 있음을 상고해볼 수 있다. 다만, 그 땅이 심히 작고 또 바다 가운데 있어서 왕래함이 막혀 백성들이 쓰지 않게 되었을 뿐이다. (…중략…) 내가 대통을 이은 이래로 부왕의 뜻을 이어 저들을 측은한 마음으로 사랑할 것이니라. 이제 대마도란 섬에도 역시 하늘에서 내린 윤리와 도덕의 성품이 있을 것이니 어찌 시세를 알고 의리에 통하여 깨닫는 사람이 없겠는가. 대마도 도주 도도웅와는 그 자신自新할 길을 열어 멸망의 화를 면하게 하고 나의 생민生民을 사랑하는 뜻에 맞도록 하라.

자그마치 576년 전에 씌어진 이 글을 읽으면서 허허로운 심정에 빠지는 연유는 무엇인가? 지금의 일본이, 심심하면 독도를 저희들 멋대로 지은 다케시마(竹島)라고 부르면서 소유권을 주장하고 나서는 것을 지켜보고 있노라면 불현듯 이 글을 읽어주고 싶은 생각이 들어서다.

태종 이방원은 대마도가 경상도 계림에 속해 있음을 여러 문적을 통해 상고할 수가 있기에 거기에서 사는 백성들도 조선의 백성으로 사랑할 것이라고 유시했다.

역사에서는 가정이 성립되지 않는다는 사실을 누누이 강조하고 있지만, 대마도를 완전히 정벌하고 도주 도도웅와의 항복을 받았으면서도 주둔 병력 한 사람 남기지 않고 그야말로 완전 철병했던 이종무 장군의 마음씀씀이가 답답하기도 하고 대범하기도 하여 절로 웃어보는 것도 역사를 읽는 즐거움이다. 그때 대마도에 병력을 주둔하게 하고 성군 세종의 성은을 내리게 하였다면 어찌되었을지를 상상해보는 것도 또한 역사를 읽는 즐거움이 아니겠는가?

# 지도자의 자질이 미래를 열고

대개 정치를 잘하려면 반드시 전 시대의 치란治亂의 자취를 살펴보아야 한다.
그 자취를 살펴보려면 오로지 역사의 기록을 상고하여야 한다. ─ 세종대왕

세종시대 중기에 윤회尹淮 · 신장申檣 · 남수문南秀文 등 당대의 주호
酒豪들이 있었다. 세 사람 모두 학덕과 문명을 떨치던 집현전의 학자들
이었다. 이들이 모여 앉으면 누구라 할 것 없이 두주斗酒를 불사하였는
데, 시詩와 경서經書를 입에 담으면 해가 지는 것을 몰랐고, 재담을 시
작하면 낮밤이 바뀌는 줄을 몰랐다 하여 당대의 사람들은 이들을 '3주
호'라고 불렀다.

세종대왕은 이들을 한자리에 부르고 술 때문에 일찍 목숨을 잃게 되
는 것이니 과음을 삼가기를 간곡히 타이르고 특히 윤회와 신장에게는
한자리에서 석 잔 이상은 마시지 말도록 엄명을 내렸다. 그후 윤회와
신장은 세종대왕의 하교를 받들어 어떠한 경우에도 석 잔 이상은 마시
지 않았으나, 아주 큰 잔으로 석 잔을 마셨던 탓에 주량은 오히려 전보
다 늘어난 셈이었다. 세종대왕은 이 말을 전해듣고 술을 덜 마시게 한

것이 술을 더 마시게 하는 결과가 되었다고 탄식하였다.

신장이 일찍 세상을 떠나자 정승 허조許稠는 "술이 신장을 망쳤다!"라고 한탄하였고, 얼마 뒤 남수문마저도 세상을 버리자, 성군 세종대왕은 술의 해독을 명료하게 열거하면서 다음과 같은 경계의 윤음을 내리기도 하였다.

술의 해독은 매우 크다. 어찌 특히 곡식을 썩히고 재물을 허비하는 일뿐이겠는가. 술은 안으로 마음과 의지를 손상시키고, 겉으로는 사람의 위엄과 품위를 잃게 한다. 혹은 술 때문에 부모를 봉양하는 일마저 저버리게 되고, 혹은 남녀의 분별을 문란하게 하니 그 해독이 크면 나라를 잃고 생명을 잃게 만든다. 술이 강상綱常을 더럽히고 문란하게 만들어 풍속을 퇴폐하게 하는 것은 이루 다 일일이 그 예를 들기가 어려울 정도이다.

세종대왕의 치세가 가장 훌륭했던 태평성대로 평가되는 것은 정법正法과 조화를 중요하게 생각하였던 정치철학을 실행에 옮겼기 때문이다. 그는 정무를 살핌에 있어서도 상경常經(사람이 지켜야 할 변치 않는 법도)과 권도權道(왕명으로 임기응변에 대응하는 것)를 존중하면서도 어느 한쪽에 치우치지 않았으며, 특히 몸소 정법을 실행해 보이는 것으로 신료들로 하여금 귀감을 삼게 하였다.

그 한 예로 대궐 안에 초가집을 지어놓고 몸소 거기서 기거하는 것으로 백성들의 고초를 함께하기까지 하였다.

임금이 경회루 동쪽에 버려둔 재목으로 별실 두 칸을 짓게 하였는데, 주초柱礎도 쓰지 않고 띠(茅草)로 덮게 하였으니 장식은 모두 친히 명령하여 힘써 검소하게 하였다. 임금은 이때에 와서 정전正殿에 들지 않고 이 별실에서 기거하였다.

세종의 알고 행함이 여기에 이르자 신료들은 당황하지 않을 수가 없었다. 정승과 판서들은 연일 지존이 기거하는 초가 마당에 꿇어앉아 대전으로 들 것을 간청하였고, 소헌왕후昭憲王后 또한 눈물로 호소하였다는 기록도 보인다.

《세종장헌대왕실록》을 읽고 있노라면 그의 성군됨을 끊임없이 확인할 수가 있지만, 무엇보다 놀라운 것은 그가 인간으로서는 도저히 감내하기 어려운 갖가지 병마에 시달리면서 다른 왕조에서는 상상할 수도 없는 초인적인 업적을 이루었다는 사실이다.

세종대왕은 곁에 앉은 사람도 알아볼 수 없을 만큼 만성적인 안질에 시달려야 했고, 옆구리에 난 창瘡과 풍질風疾 때문에 같은 자리에 오래 앉아 있지 못했으며, 각기脚氣가 심하여 보행도 자유롭지 못했다. 뿐만 아니라 조갈증燥渴症(지금의 당뇨병)까지 겹쳐 있었으니 이만저만한 병고가 아니었다. 세종대왕은 그런 엄청난 곤경을 헤쳐나가면서 수많은 과학기기를 발명·제작하게 하였고, 오늘 우리가 세계에 자랑하는 정음正音(한글)까지 창제하였다.

왕실과 조정은 세종대왕의 환후를 염려하여 검은 염소를 달여서 드실 것을 지성으로 청하였으나, 대왕은 검은 염소가 다른 나라에서 들여온 귀한 짐승이라 약으로 써서 멸종케 할 수 없다면서 완곡히 사양하였다. 실로 하늘이 내린 성군의 모습이 아닐 수 없다.

성군 세종대왕이 가장 소망하였던 가장 이상적인 국가란 어떤 것일까? 《용비어천가龍飛御天歌》의 첫 대목에 그의 사상이 함축되어 있다.

뿌리가 깊은 나무는 바람에 아니 움직이므로 꽃도 좋고 열매도 많느니라.

*

세종시대의 천문·과학을 거론하자면 단연 이순지李純之(?~1465)를 입에 올려야 하지만, 그의 빛나는 업적과 굴욕에 관한 에피소드는 뜻밖으로 잘 알려져 있지 않다. 하기야 미국을 대표하는 역사소설가로 퓰리처 상을 수상한 바 있는 거스리 주니어도 그 점을 매우 우려한 바가 있기는 하다.

역사는 충분히 가르쳐지지 않고 있으며, 역사는 충분히 일반에게 알려지고 있지 않다.

어찌되었거나, 천문학의 대가 이순지는 세종대왕의 명을 받들어 김담金談과 함께 조선시대 역법의 금자탑이라고 할 수 있는《칠정산 내·외편七政算 內·外篇》을 편찬하였다.

《칠정산 내·외편》의 주된 내용은 놀랍게도 일식과 월식을 비롯한 천문 전체를 고증검교考證檢校하고 있는데, 특히 이순지는 이를 집필하면서《회회력법回回曆法》을 참고한 것으로 되어 있다. 《회회력법》이란 아랍의 역서이므로 말할 것도 없이 '태양력'이다. 이로 미루어 조선시대 초기부터 아랍 인(回回老人)들이 이 땅에 살고 있었고, 또 조선 조정의 보호를 받으면서 자국의 문명을 전파하고 있었음을 알게 된다.

천문학자로서 당대 최고의 명예를 누렸던 이순지에게 일찍 과부가 된 딸이 하나 있었는데, 공교롭게도 그녀는 여성이기도 하고 남성이기도 한, 이른바 양성(남녀의 성기를 모두 갖춤)인 사내와 오랫동안 부정한 관계를 맺어오다가 마침내 세간을 떠들썩하게 하였다. 그 사내의 이름은 사방지舍方知, 아니 여자일 수도 있었기에 산사로 숨어들어가 비구니를 범하다가 발각된다. 이 해괴망측한 일이 왕실과 조정에까지 알려지게 되면서 이순지는 얼굴을 들고 다닐 수가 없게 되었다.

때는 세조 4년(1462) 4월, 장령 신송주申松周가 처음으로 사방지의 소문을 듣고 세조에게 아뢰었다. 이때의 일을 《세조실록》은 다음과 같이 소상히 적고 있다.

장령 신송주가 임금에게 아뢰기를,

"연건방에 사는 고故 학생 김구석金九石의 처 이씨의 가인家人 사방지가 여복을 하고 종적이 괴이하다 하여 잡아다 살펴보았더니, 과연 여장을 하였는데 음경陰莖과 음낭陰囊은 곧 남자였습니다. 그가 남자로서 여장을 한 것은 반드시 그 까닭이 있을 것이니, 청컨대 가두어 심문하게 하소서."

하니, 임금이 하성위河城尉 정현조鄭顯祖(세조의 사위이자 정인지의 아들)에게 명하여 전교하기를,

"그를 승정원으로 하여금 살펴보게 하라."

하였다. 정현조가 영순군永順君 부傅와 함께 가보니, 머리의 장식과 복장은 여자였으나, 음경과 음낭은 남자였다. 다만 정도精道가 경두莖頭 아래 있는 것이 다른 남자와 다를 뿐이었다. 승지 등이 임금에게 고하기를,

"이것은 이의二儀(곧 양성이라는 뜻)의 사람인데 남자의 형상이 더 많습니다."

라 했다. 임금이 다시 전교하기를,

"황당한 사람이 집에 머물러 있었는데도 이순지는 가장으로서 이를 금하지 못하였으니 진실로 그르다. 그러나 간통한 것을 잡은 것도 아닌데 재

상의 집일을 경솔하게 의논하고, 또 이와 같은 이상한 일을 미리 계품하지 않고 취초取招한 것은 심히 불가하다."

하고 사헌부의 관리를 파직하도록 명하였다. 저녁에 승지에게 다시 묻기를,

"사방지를 가두어 국문하는 것이 어떠하겠는가?"

하니, 승지가 아뢰기를,

"진실로 마땅합니다."

하였다. 김구석의 처는 일찍이 과부가 되었는데 사방지와 사통한 것이 여러 해 되었고, 또한 김중렴 집의 계집종으로 여승이 된 이가 있었는데, 사방지와 더불어 간통하다가 발각되었다.

임금이 도승지 홍응洪應에게 이르기를,

"이순지는 대부大夫의 가문이다. 애매모호한 일을 가지고 하루아침에 흠을 받는다면 어찌 억울하지 않겠는가. 이순지에게 욕이 되지 않도록 사방지만 가두도록 하라."

하였다. 당시에 이씨는 부호라고 일컬었는데, 사방지의 복식이 화려한 것은 다 이씨가 준 것이다.

의금부에서 아뢰기를,

"지평 성율成慄은 사방지의 일을 김석손金石孫에게서 들었고, 김석손은 윤우尹遇에게서 들었으며, 윤우는 중비仲非에게서 들었다 합니다."

하니, 임금이 전교하기를,

"중비도 아울러 국문하고 이순지를 파직하되, 사방지는 이순지에게 주라."

하였다.

사인 권윤이 아뢰기를,

"사방지가 이씨의 집에 있을 적의 소행은 알지 못하나, 여종 중비와 사통한 것은 확실하며, 중비와 아는 것을 청탁하여 김중렴의 집을 왕래하며 지원智遠과 간통하였고, 소녀와도 간통하였습니다. 중비가 아이 밸 것을 두려워하면 사방지가 이르기를, '내가 일찍이 이런 일이 한두 번이 아니었는데 잉태한 적이 없으니, 너는 두려워하지 말라' 하였다 하옵니다."

장령 이문환이 아뢰기를,

"본부本府의 관리가 사방지의 일 때문에 갇혔으므로 신 등은 생각건대 조사를 끝낸 뒤에 장차 사방지를 별도로 처치하실 것으로 여겨왔는데 오히려 내버려두고 묻지 않으시니 어찌된 일이옵니까? 그는 여복을 입고 남녀를 문란하게 하였습니다. 만약 죄를 가하지 않으시려거든, 청컨대 저 외방으로 내치도록 하소서."

하니, 임금이 전교하기를,

"이미 유사宥赦(용서하여 사면함) 전이라고 하여 석방하였는데 어찌 외방에 둘 수가 있겠느냐?"

하였다.

정언 이길보가 아뢰기를,

"어제 사방지에게 죄주기를 청하였으나 전교하기를 '유사 전이니 국문하는 것은 불가하다' 하시니 신 등의 생각에는 유사 후에도 오히려 그 집에 있었는데 유사 전이라 하여 논하지 말게 하심은 불가합니다."

하니, 전교하기를,

"오히려 그 집에 있었다고 말하는 것은 어느 집이냐?"

"김구석의 처 이씨의 집입니다."

"네가 사방지가 범한 바를 자세히 아느냐?"

"그는 남자로서 과부의 집을 출입하였으니, 그 범한 것이 명백합니다."

"대저 간관이 된 자는 간하는 것만을 어진 것으로 여기고 대의는 알지 못하니, 매우 불가하다. 사방지의 일은 내가 이미 대신과 의논하여 그를 다시 국문하는 것이 불가하다고 했는데, 거기에는 세 가지 연유가 있다. 그의 양경이 남자 같으나 실은 성년이 되지 않은 사람의 것과 다를 바 없는 것이 그 하나이며, 간통되는 현장을 잡지 않는 것이 그 둘이며, 일이 유사 전에 있는 것이 그 셋이다. 또 사방지와 김구석의 처는 한곳에 머물면서 잠시도 서로 떨어지지 않고, 출입하는 데 이르러서도 항상 데리고 다녔다 하여 추문이 파다하게 퍼진 것이 하루이틀이 아니다. 그러나 김구석의 처는 중추中樞 이순지의 딸이고, 그 아들 김유악金由岳은 하동부원군河東府院君 정인지의 사위이다."

하였다.

인용이 길어진 것은 《조선왕조실록》이 정치적인 중대사만 기록하는 것이 아니라, 사방지와 같은 풍속사범을 다스리고 벌주는 일도 세세히 기록하고 있으며, 역사를 적고 있으면서도 임금과 신하가 사소한 일에까지 충분하게 의견을 교환하는 민주적인 분위기를 소개해두고 싶어서이다.

\*

세종시대를 빛낸 또 한 사람의 걸출한 과학자는 대호군大護軍 장영실蔣英實이다. 그는 동래 관노의 자식으로 태어났으나 공천公賤의 신분일 뿐, 실상은 다섯 형제가 모두 전서典書의 벼슬을 지낸 양반 가문(본관은 아산牙山)의 핏줄을 이어받고 있다.

소년 장영실은 이순지에게 발탁되어 세종대왕에게 천거되는 행운을 얻었고, 스승의 지도를 받으면서 이론과 실제를 겸한 당대 제일의 과학자로 성장할 수 있었다.

장영실이 발명한 천문기기는 수를 헤아릴 수 없을 만큼 많다. 우리가 보통 해시계라고 부르는 '앙부일구仰釜日晷'의 정확도는 이미 세계에 널리 알려진 일이지만, 세종은 그것을 사람들의 내왕이 많은 혜정교惠政橋와 종묘의 앞에 설치하게 하고 지나가는 사람들로 하여금 시각을 헤아릴 수 있게 하였는데, 그로부터 4년 후인 세종 20년(1438)에 이르러 마침내 장영실은 그가 평생을 염원하였던 거대하면서도 신묘한 대형 시계를 완성하였다.

그 시계의 형상은 이러했다.

전각의 한복판에는 일곱 자 높이의 산이 우뚝 솟아 있는데, 물 먹인 종이를 오려 붙여 만든 것이지만, 어찌나 정교하고 세밀한지 기슭마다 나무가 심어져 있고 계곡에는 물이 흐르고 있다. 지산紙山 안에 설치된 '옥루전기玉漏轉機'가 작동하면서 물을 흘려보내기 때문이다.

오색구름이 서려 있는 울창한 산마루 위에는 둥근 해가 떠 있었는데, 그 해는 하루에 한 번씩 돌아서 낮에는 산 밖으로 나타나고, 밤에는 산 속으로 들어가며, 그 운행하는 법칙도 모두가 천행天行과 한 치의 어긋남이 없다. 또 극의 멀고 가까운 거리와 돋고 지는 분수가 각각 절기에 따라 다르게 되어 있다.

해 밑에는 옥으로 만든 여자 인형 넷이 구름을 탄 형상으로 서 있고 그녀들의 손에는 금목탁이 쥐어져 있다. 그들의 위치는 동·서·남·북 네 방향에 각각 서 있어서 인시寅時, 묘시卯時, 진시辰時가 되면 동쪽에 있는 여자 인형이 목탁을 두들겼고, 사시巳時, 오시午時, 미시未時가 되면 남쪽에서 있는 여자 인형이 목탁을 쳤다. 서쪽과 북쪽의 인형들도 같은 방법으로 제 시간이 오면 목탁을 두들기도록 되어 있다.

또 여자 인형 바로 곁에는 네 가지 귀형鬼形을 만들어 배치하였는데, 그들이 하는 일은 방향을 나타내는 것이다. 즉, 인시가 되면 청룡신青龍神이 북쪽으로 향하고, 묘시에는 동쪽으로 향하며, 진시가 되면 남쪽으로 향하고, 사시가 되면 다시 서쪽으로 향하는 동시에 주작신朱雀神이 동쪽으로 향하는데, 그 방식은 청룡신이 행하는 것과 같다.

산기슭 남쪽에는 높은 축대가 있어 시각을 맡은 인형 하나가 붉은 비단옷 차림으로 산을 등지고 서 있는데, 그 앞에는 갑옷을 입고 투구를 쓴 인형 무사 셋이 손에 종과 방망이, 북과 북채, 징과 채를 들고 서 있다가, 시간이 되면 시간을 맡은 인형이 종을 치고, 경更이 되면 경을 맡은 인형이 북을 치고, 점點이 되면 점을 맡은 인형이 징을 치도록 되어 있다. 그때 비단옷을 입은 인형도 각 시간, 경, 점이 되면 방향을 틀어 무사 인형들에게 시각을 알리라고 지시를 하게 되어 있다.

또 산 밑 평지에는 쥐(子), 소(丑), 범(寅), 토끼(卯), 용(辰), 뱀(巳), 말(午), 양(未), 원숭이(申), 닭(酉), 개(戌), 돼지(亥) 등 12간지를 나타내는 짐승의 형상으로 조각된 방위신들이 엎드려 있고 그 뒤에는 각각 구멍이 있다. 이 구멍은 평시에는 닫혀 있으나 자시가 되면 구멍이 저절로 열리면서 인형. 옥녀玉女가 자시패를 가지고 나옴과 동시에 쥐 형상의 방위신이 벌떡 일어난다. 자시가 지나면 옥녀는 저절로 구멍 속으로 들어가고 쥐 형상의 방위신도 도로 제자리에 엎드린다. 축시가 되면 구멍에서 옥녀가 축시패를 들고 나오면서 역시 소의 형상을 한 방위신이 벌떡 일어난다. 인시와 묘시 때도 마찬가지이다.

또 오방위午方位 앞에는 대를 하나 세워놓고, 그 대 위에 그릇 하나를 놓았다. 그릇 북쪽에는 관복을 입은 인형이 있어, 금병을 가지고 그 그릇에 물을 따르는 형상을 하고 있다. 옥루전기에서 흘러나오는 물이 금병을 통해 끊임없이 그릇 속으로 흘러드는데, 가득 차면 엎어져서 다시 옥루전기 안으로 흘러들어간다.

위에 적은 형상은 상상해보는 것이 아니라, 실제로 있었던 형상을 문자로 옮겨본 것이다. 그것도 하나의 전각 안에 빽빽이 설치되어 봄·여름·가을·겨울 등 4계절의 풍광과 함께 한치의 오차도 없이 움직이고 있었다면 어찌되는가.

독자들이여, 당시에는 컴퓨터는 물론 정밀하게 깎고 다듬을 수 있는 설비도 없었다. 그런데도 천지 자연의 절묘한 이치를 하나의 건물 안으로 옮겨와 움직이게 하면서 한치의 오차도 용인하지 않았다면, 전체적인 설계가 얼마나 정확하고 치밀한 것인지는 말할 필요도 없고, 또 장영실의 손끝에 의해 만들어진 갖가지 기물들이 얼마나 정교하였는지도 미루어 짐작할 수가 있다.

세종대왕은 경복궁의 경회루 곁에 우뚝하였던 이 전각의 이름을 '흠경각欽敬閣'이라고 지었다. 《서경書經》〈요전堯典〉에 적혀 있는,

欽若昊天
敬授人時
공경함을 하늘같이 하여
백성들에게 절후를 알려준다.

라는 명구에서 따온 것이다.

＊

경복궁의 홍례문弘禮門이 복원되면서 역사는 서울을 만들고, 서울은 서울의 역사를 만든다는 말을 더욱 실감하게 한다. 일제가 조선왕조의 정궁인 경복궁에 조선총독부의 청사를 세운 것은 가공함을 넘어서는 파렴치나 다름이 없다. 가령 프랑스를 점령한 독일군이 베르사유 궁에 점령군 사령부를 석조 건물로 지었다면 프랑스나 유럽의 정서로는 용납이 되지 않을 것이기에 더욱 그렇다.

임진왜란으로 불타 없어진 경복궁 터는 허리에 차이는 잡초 밭으로 변한 채 무려 2백여 년 동안을 버려져 있었다. 왕실의 정궁이 그 모양이면 왕부의 위엄인들 온전할 까닭이 없다. 천하의 파락호로 자처하면서 광태를 부리던 홍선군 이하응은 노심초사를 거듭한 끝에 열두 살짜리 둘째 아들 명복命福(고종)을 왕위로 밀어 올리는 데 성공한다. 섭정의 자리에 오른 홍선대원군 이하응은 실추된 왕부의 위엄을 세우겠다면서 경복궁의 중건을 선언한다.

원납전願納錢이 아닌 원납전怨納錢이라는 비난을 받아가면서 중건된 경복궁은 일제에 의해 다시 파괴되었다. 그로부터 1백년 남짓 지나서 조선총독부의 청사를 헐어내고 다시 경복궁을 중건하는 망치소리가 울리기 시작했다. 나라의 재정도 예전과 같이 쪼들리지 않아서인지 오래지 않아서 준공이 되었다. 아직 완전하게 복원된 것은 아니지만, 임금의 내외가 거처하던 지밀至密만의 준공이라도 얼마나 바라고 기다렸던 일인가.

광화문을 들어서면 새로 복원된 홍례문이 아름다운 자태를 들어낸다. 그 홍례문을 지나면 흐르는 개천 위로 돌로 빚어진 영제교永濟橋가

놓여지고, 다리의 난간에는 천록·산예라고 불리는 돌짐승이 냇물을 내려다보고 있는 정겨운 광경과 만나게 된다. 냇물을 타고 들어올지도 모르는 상서롭지 못한 기운을 물리치자는 장치라니 신비스럽기까지 하다.

영제교를 건너면 근정문이 우뚝하다. 지난날의 대소 신료들처럼 근정문을 들어서면 품석品石이 정연하게 서 있는 안쪽 월대月臺 위에 조선왕조의 정전인 근정전이 위풍당당하다. 근정전 뒤의 사정문을 다시 나서면 역대의 임금이 정무를 살피던 사정전이 천추전과 만춘전을 양옆에 거느리고 서 있다. 두 전각이 모두 임금이 정무를 살피고 신하들과 만나는 곳이지만, 특히 천추전은 세종대왕이 집현전 학사들과 만나서 정음(한글)에 관해 토론하고, 과학자들과 만나서 일식과 월식을 계산하게 하여 세계 최초로 일식과 월식을 예고하게 한 유서 깊은 전각이다.

다시 사정전 뒤에 있는 향오문을 나서면 제왕들이 세세만년 황극의 복을 누리라는 뜻의 연침인 강녕전이 소침전인 경성전과 연생전을 거느리고 섰는데, 그 뒤쪽이 또 하나의 침전인 교태전이다. 교태전에서 경회루 쪽으로 함원전과 조선과학의 정수라고 일컬어지는 이른바 천지자연의 이치를 시간과 연계하여 방안 가득히 설치하였던 흠경각欽敬閣이 있다.

흠경각의 내부가 얼마나 정교하게 설치되어 있었는지는 《조선왕조실록》에 세세하게 적혀 있지만, 우선 전각이라도 복원된 것은 얼마나 다행인지 모른다.

근전정, 사정전, 천추전의 세 건물을 제외하고는 모두가 이번에 새로 복원된 전각들이어서 비로소 경복궁의 대전을 중심으로 한 중요 건물이 옛 자태와 정취를 드러낸 셈이다.

교태전의 뒷문을 나서면 예전의 모습 그대로 자경전慈慶殿의 아름다운 자태가 있다. 자경전은 경복궁을 중건할 때, 흥선대원군이 외롭고 적적해진 조 대비를 위해 지은 전각이지만, 조선시대의 미적인 감각을 알게 하는 곳이기도 하다. 굴뚝의 벽에 벽돌로 조성한 '십장생도'는 우리 선현들의 심미감을 드러낸 걸작이며, 담장에 만들어 넣은 '꽃무늬'는 지금의 '세라믹 아트'와 비해도 아무 손색이 없을 만큼 아름답다.

나는 서울의 역사나 다름이 없는 경복궁과 창덕궁 혹은 덕수궁의 궁원을 거닐면서 반평생을 보냈다. 대하드라마 〈조선왕조 500년〉의 무대가 되었던 곳이었으므로 짬만 나면 역사의 뒤안길을 더듬어 살피곤 하였는데, 그때만 해도 앞에서 거론한 전각들이 복원되지 않았던 탓으로 드라마의 배경이 되어야 하는 전각이 실제와는 다른 전각에서 촬영되는 것이 늘 아쉽고 답답했었다.

아직은 완전한 복원이 아니더라도 경복궁의 아름다운 모습은 짐작할 수가 있다. 그리하여 조선역사의 새로운 숨결을 느낄 수 있다면 그것이 바로 우리가 다시 찾아야 하는 온고이지신溫故而知新의 지혜로움이 아니고 무엇이랴.

# 압구정과 칠삭둥이 한명회

처음에는 부지런하지만, 나중에 이르러 태만해지는 것이 사람의 상정常情이다.
끝까지 신중하기를 처음과 같이 하여라. — 한명회

단종, 세조, 예종, 성종에 이르는, 4대에 걸쳐 33년간을 정치일선에서 활약하는 동안 정부의 요직을 두루 거치면서 일인지하요 만인지상이라는 영의정을 두 번이나 지냈고, 성종 초에는 원상院相의 자리에 올라 국가의 위기를 관리했던 당대의 경세가이자 국구國舅(임금의 장인)인 한명회가 병을 얻어 자리에 누운 것은 성종 18년(1487) 11월이었다. 그의 나이 일흔세 살.

성종은 덕종德宗(세조의 장자·추존된 임금)의 둘째아들로 태어났으면서도 형인 월산대군月山大君을 제치고 보위에 올랐다. 성종이 열두 살 어린 보령으로 순서를 무시하면서까지 임금의 자리에 오를 수 있었던 것은 빙부인 한명회와 모후인 소혜왕후昭惠王后(인수대비)의 야합이 있었기 때문이다.

한명회는 자신의 사위인 성종의 시대를 태평성대로 이끌어가기 위해 부단히 노력하였고, 마침내 성군 세종에 버금가는 명성을 얻게 하였다. 성종이 왕도를 깨우치며 성년으로 접어들면서 한명회는 영욕이 곤두박질치는 수모를 겪기도 하였다. 그러나 그는 불편해진 심기를 조금도 내색하지 않은 채 자신의 운명으로 받아들이는 큰 인물이었다. 빙부이기 전에 은인이나 다름없었던 한명회가 병석에 누웠을 때 성종의 춘추 서른하나였다.

성종은 좌승지 한언韓堰을 보내서 그를 문병하게 하여 하고 싶은 말을 들어오게 하였다. 한명회의 대답은 이러하였다.

"성상께서 백왕百王의 으뜸이신데, 국가의 일에 대하여 신이 어찌 말하겠습니까. 다만, 천광天光을 다시 가까이 할 수 없는 것을 신이 마음 아파하는 바입니다."

성종은 왈칵 눈물을 쏟으면서 감동한다. 죽음을 눈앞에 두었으면서도 사사로운 일을 입에 담지 않는 한명회의 충정이 아름다워서다.

'아들을 당부하리라 믿었거늘!'

그랬다. 한명회에게는 아들 하나가 있었는데 인품이 변변치 못하여 학문은 고사하고 벼슬 또한 보잘것없었다. 성종은 한명회가 유언으로라도 자식(성종에게는 처남이 된다)의 일을 당부하기를 바랐고, 그것을 계기로 빙부가 세상을 뜨기 전에 사은을 베풀고 싶었던 것이지만, 그 뜻을 이룰 수가 없었다.

성종은 혹시나 하는 심정으로 그후에도 좌승지 한언을 한명회의 병상으로 여러 차례 보냈으나 그의 대답은 한결같았다.

한명회가 세상을 떠난 것은 11월 14일. 그가 위중하다는 소식을 접한 성종은 내의內醫를 한명회의 집으로 보내 그를 돌보게 하였고, 승지를 보내서 다시 한번 하고 싶은 말이 없느냐고 물어오게 하였다. 이때 한명회는 스스로 명이 다했음을 알고 시중 드는 사람으로 하여금 관대를 몸에 가하게 하고, 간신히 입 속으로 말했다.

처음에 부지런하고 나중에 게으른 것이 사람의 상정이니, 원컨대 나중을 처음과 같이 하소서(始勤終怠人之常情願愼終如始).

바로 이것이 한명회가 살아서 마지막으로 입에 담은 말이며, 또한 그의 철학이자 계명이다.

한명회는 사람을 많이 사귀었으되 언제나 돌보아주는 일에 몰두했고 배신을 하지 않았다. 또 그는 옳다고 생각한 일은 어떠한 어려움이 있어도 이루는 사람이기도 하였다. 그의 성품은 소박하고 솔직했으며 권세를 빙자하여 사사로운 욕심을 내지 않았다.

*

한명회는 청주한문淸州韓門에서도 명망이 자자한 한상질韓尙質의 손자로 태어났다. 한상질은 고려 말에 병마절도사를 지냈고, 조선왕조가 창업되자 태조 이성계의 주문사奏聞使가 되어 명나라로 달려가 '조선'이라는 국호를 확정지어 오기도 하였다. 그후 예문관 대제학을 지내는 등 이성계의 신임이 돈독했던 인물이다.

한명회의 아버지 한기韓起는 벼슬이 겨우 감찰監察에 이르렀을 뿐이니, 한명회가 세상에 태어날 때는 가문이 몰락해 있던 시절이었다.

한명회의 탄생(태종 15년)은 대단히 드라마틱하다. 그는 일곱 달 만에 세상에 태어난 소위 '칠삭둥이'였다. 그가 태어났을 때 몸이 제대로 여물지 않았다 하여 집안 식솔들이 내다버리라고 하였다. 인큐베이터가 없었던 시절이었으니 오죽했겠는가. 늙은 노복 한 사람이 핏덩이를 솜 뭉치에 싸서 돌보았는데 살과 뼈가 거기서 여물었다는 기록이 있다.

한명회에 관한 기록은 헤아릴 수 없을 만큼 많지만 신기하게도 모두 가 신비로운 것일 뿐, 그를 헐뜯거나 비방한 대목은 찾아볼 수가 없다.

한명회의 배에 점이 있었는데 그 모양이 태성台星과 두성斗星에 흡사 하여 사람들은 신비하게 여겼다거나, 한명회가 밤길을 걸으면 호랑이 가 나타나서 그를 등에 태우고 목적지까지 데려다 주었으며, 영통사靈 通寺의 노승이 한명회를 보고, "그대의 머리 위에 밝은 빛이 돌고 있으 니 반드시 귀하게 될 것이다"라고 했다는 등 그를 언급한 글에는 반드 시 적혀 있는 전설 같은 기록이라 흥미로운 일이 아닐 수 없다. 후일 신숙주申叔舟가 그에게 준 시에 다음과 같은 구절이 있음도 유념해야 할 대목이다.


**結髮同遊讀書** 결발동유독서


한명회와는 더벅머리 소년시절에 함께 뛰놀면서 책을 읽었다는 뜻 이다. 후일 평생의 동반자이자 사돈으로 맺어지는 신숙주와의 인연은 위의 구절에서 보듯 이미 어렸을 때부터 시작되었다.

비록 조실부모하여 가세가 빈한하였지만, 명문의 후예답게 한명회 가 본격적으로 학문에 몰두하기 시작한 것은 유방선柳方善의 문하로 들 어가면서였다. 세종대왕이 중사를 보내 자문을 구할 정도로 유방선의 학문이 높았으나, 그는 단 한번도 벼슬길에 나가지 않았던 재야의 대 석학이었다.

그 지조 높은 유방선이 늘 말하기를, "내 문하에서 크게 될 인물은 한명회, 권람權擘, 서거정徐居正이다"라고 하였다.

여기서도 한명회의 만만치 않은 인물됨이 잘 나타나 있다.

한명회와 권람의 사이를 흔히들 망형우忘形友의 사이라고 말한다. 망형우란 문자 그대로 용모나 지위 등을 문제삼지 않고 오직 참마음으로 사귀는 벗이란 뜻이다. 또 다른 말로는 관포지교管鮑之交라고도 할 것이지만, 실상 한명회와 권람은 혈연으로 묶여져 있다. 권람의 여동생이 한명회의 아우인 한명진韓明晉의 아내였기 때문이다. 그런 두 사람이지만 서로의 개성만은 뚜렷이 구분되어 있었다.

"권람은 문장文章이요, 한명회는 경륜經綸이다"라는 말은 남들이 그렇게 부른 것이 아니라 두 사람 스스로가 정한 것이기에 더욱 신빙성이 있으며, 그들의 삶 또한 그렇게 평가되고 있다는 점에서 외면할 말이 아니다.

＊

한명회가 처음으로 벼슬자리에 오른 것은 그의 나이 서른여덟 살 때 경덕궁직敬德宮直이 되면서부터다. 말이 벼슬이지 개경에 있는 경덕궁(이성계가 살던 집)의 문지기가 무슨 벼슬이겠는가. 그것도 불혹을 눈앞에 둔 서른여덟 살 때의 일이라면 이만저만한 늦깎이가 아니지만, 그 형편없는 자리를 마다하지 않았다는 사실 또한 흥미롭다.

그 이듬해 한명회는 권람의 천거로 수양대군首陽大君을 만나게 된다. 이 만남이 한명회를 정치의 중심부로 끌어들이면서 조선조 왕통의 흐름을 뒤바꾸는 계기를 마련하게 된다.

문종이 세상을 뜨고 소년 단종이 보위에 오르자 조정의 실권은 세종대왕의 총신들인 황보인皇甫仁, 김종서 등의 손아귀에 있었고, 그들은 나이 어린 단종을 보호한다는 구실로 종친들의 손발을 묶는 이른바 분경奔競 금지령을 발효하게 한다. 이에 수양대군이 격분하자 한명회는 조정의 훈구대신들을 일거에 쓸어내는 비상대책을 제시하게 된다. 이른바 계유정난癸酉靖難의 실행 계획이다.

"경은 나의 장자방張子方이다!"

이때부터 수양대군은 한명회를 장자방에 비유하였다. 이 또한 한명회의 비상한 두뇌와 경륜을 단적으로 보여주는 대목이 아니겠는가.

계유정난은 한명회의 계획과 한치의 어긋남이 없이 성사된다. 이 일로 그는 1등공신에 책록되지만, 그가 맡은 벼슬은 겨우 군기녹사軍器錄事를 거쳐 곧 사복시司僕寺 소윤少尹으로 옮겨졌을 뿐이다. 참으로 미미한 자리다. 여기에도 한명회의 서두르지 않는 성품이 잘 나타나 있다.

수양대군이 영의정의 자리에 있었고, 대부분의 개혁정책이 그의 머리에서 짜여지고 있었으니 그가 하고자 했다면 얼마든지 더 높고 좋은 자리를 차고 앉을 수가 있었을 것인데도 한명회는 스스로 미관말직에 머물 만큼 대범하였다.

그리고 1년 후, 수양대군이 단종으로부터 선위를 받고 보위에 올랐을 때 한명회는 또다시 좌익 1등공신에 책록되면서 비로소 왕명을 출납하는 요직인 좌부승지의 자리를 거치면서 우승지에 오른다.

세조가 왕위에 오른 지 2년째 되던 해(1456)에 성삼문成三問을 비롯한 이른바 사육신 등이 세조를 살해하고 단종의 복위를 꾀하려 했던 '병자옥사丙子獄事'는 한명회를 더욱 유명하게 만든 사건이다.

무더운 여름날이다. 그날 창덕궁에서 중국 사신을 접대하는 연회가 베풀어지게 되어 있다. 세조와 세자는 물론 상왕上王으로 물러나 있던 단종, 그리고 조정 대소신료들이 대거 참석하게 되어 있다. 이같이 외교사절을 접대하는 큰 연회에는 운검雲劍을 세우게 된다. 바로 이날의 운검이 성삼문의 아버지 성승成勝과 강골의 무장 유응부俞應浮, 그리고 다른 한 사람까지 모두 세 사람이었으므로 세조와 세자는 연회장에서 주살될 수밖에 없었다.

그날 아침 한명회는 다른 날보다 일찍 입궐하여 은밀히 세조를 배알하였다. 그 자리에서 한명회는 세자는 연회에 참석하지 않는 것이 좋겠다고 진언하였다. 창덕궁의 연회장이 좁아서 몹시 무더울 것이며, 또 임금과 세자가 같은 자리에 앉는 것이 금기인지라 세자는 경복궁에 남아 있어야 한다는 것이었다. 세조는 즉석에서 허락한 것이 아니라 한명회에게 여러 차례 꼬치꼬치 캐물은 다음에야 그의 주청을 가납하였다.

한명회는 한술 더 떠서 연회장에서의 모든 절차를 자신에게 맡겨줄 것을 다시 간청하자, 세조는 연회장의 일이 예조禮曹의 소관임을 들어서 승지인 한명회에게 맡길 수 없음을 단호하게 천명하였다. 그러나 그는 좁고 무더운 연회장에서 돌발사태라도 일어난다면 예조의 관리들에게 임기응변의 능력이 없어 일을 그르칠 수도 있다는 구실을 들어 세조를 설득하는 데 성공한다.

이 과정을 면밀히 살펴보면 가장 흥미롭게 느껴지는 사실은 성삼문 등이 주도하는 엄청난 음모가 진행되고 있었음을 한명회가 모르고 있었다는 점이다. 한명회가 몰랐다는 사실은 곧 설명이 되겠지만, 모르고 있었던 그가 어찌하여 이같이 빈틈없는 조처를 취할 수가 있었는가에 대한 의문이 제기된다.

어찌되었건 한명회는 연회장으로 들어서려는 운검 세 사람의 입장을 금지시켰다. 물론 어명의 사칭이었다. 이때 운검을 들지 못하게 한 것이 결과적으로는 세조의 목숨을 구한 셈이 되었지만, 연회가 끝난 다음 세조는 한명회를 호되게 나무랐다. 외국의 사신을 접대하는 연회장에 운검을 세우지 않은 것은 나라의 위신을 훼손했다는 것이다. 이 때 한명회는 아무 대답도 하지 못했다. 김질金礩의 고변이 있기 하루 전날의 일이다.

여기서 우리는 한명회의 날카롭고 예민한 통찰력이 영감이나 직감에 의해서 이루어지고 있었음을 알게 된다. 그의 일생을 통해 보면 이같은 예감으로 위기를 넘긴 일이 여러 번 있었기에 더욱 그렇다. 영통사의 노승이 그의 머리 위에 빛이 서리는 것이 귀징貴徵이라고 말한 것이 새삼스러워지는 대목이다.

\*

밤이면 불야성을 이루는 지금의 압구정동, 그 '압구정동'이라는 이름은 바로 그 자리에 서 있었던 한명회의 별장 '압구정狎鷗亭'에서 유래되었음은 누구나 아는 사실이지만, 그때의 실상은 정확히 알려지지 않고 있다.

당시의 압구정이 얼마나 컸으며, 어떤 규모의 별장이었는지를 소상하게 알려주는 사료는 없다. 다만 대단히 크고 호화로웠다는 것은 여러 가지 기록이나 서화書畫로 미루어 의심할 여지가 없을 것 같다. 압구정의 운치는 말할 것도 없고, 그것이 얼마나 화려하고 아름다웠으면 멀리 명나라에까지 소문이 나서 조선에 온 중국 사신들이면 누구나 압구정에서 연회를 베풀어주기를 갈망하였겠는가.

당시 법도로는 임금의 허락 없이는 중국에서 온 사신들을 개인이 초청할 수가 없다. 사정이 이와 같고 보면 압구정의 주인인 한명회로서도 난처한 노릇이지만, 임금이나 조정으로서도 난감한 일이 아닐 수가 없다. 융숭하게 예우해야 할 중국 사신들의 간청을 거절하기가 어려웠기 때문이다. 이 같은 한명회의 난처한 심회를 적어놓은 사료가 있어 여기에 옮겨보기로 한다.

성종 11년 6월 7일자 《성종실록》의 기사는 다음과 같다.

　　신이 압구정을 지은 것을 깊이 스스로 뉘우칩니다. 신이 옛날 사명使命을 받들고 중국 조정에 들어갔을 때에 학사 예겸例謙과 더불어 접화하고자 하여 드디어 청하기를 '한강에 조그마한 정자를 지었으니, 원컨대 아름다운 이름을 내려주십시오' 했더니 이에 압구狎鷗라고 이름하고 또 기記를 지어주었습니다. 중국 사신이 이것으로 인하여 이 정자가 있는 것을 알고 가보고자 하는 것입니다.

뿐만이 아니라, 한림학사 예겸의 인품 탓인지 중국 학사들이 앞다투어 압구정에 부치는 시를 지어서 보냈다는 기록이 있는 것으로 보아서도 압구정이 호화롭고 아름다웠다는 사실을 미루어 짐작할 수가 있다. 이 같은 연유로 마땅히 자랑스러워야 할 압구정임이 분명하지만, 그로 인한 고통이 얼마나 컸으면 한명회가 "신이 압구정을 지은 것을 깊이 스스로 뉘우칩니다"라고 토로하였겠는가.

그렇다고 하더라도 압구정이 건재하고서는 말썽이 이어지게 마련이어서 그후에도 중국에서 온 사신들은 압구정에서 연회하기를 강청하는 지경이다. 그들이 귀국한 다음에 압구정에 들러보지 못했다고 하면 조선에 다녀온 보람이 없다는 풍조가 있었던 모양이다.

결국 압구정의 문제는 성종의 진노를 사기에 이르렀으니, 역시 《성종실록》에 다음과 같은 성종의 노여움이 보인다.

내가 듣건대, 재상 중에 강가에 정자를 지은 사람이 매우 많다고 한다. 지금도 중국의 사신들이 압구정에서 놀자고 하거니와, 뒤에 오는 사신들도 반드시 강가에 있는 정자에서 놀자고 할 것이니, 나는 강가에 있는 정자를 헐고자 한다. 올해 안에 모두 헐어 없애도록 하라.

우리가 익히 알고 있는 바와 같이 한명회는 성종의 장인이다. 임금의 지위에 있는 사위가 장인의 별장을 헐어 없애라고 명했다면 압구정으로 인한 폐해가 얼마나 컸던가를 알 수가 있다. 그런 압구정의 역사이지만 언제 지어져서 언제 헐렸는지 정확한 기록이 없는 것은 아쉬움으로 남는다.

한명회의 압구정이 화려한 소비문화를 상징하고 있는데, 그로부터 5백여 년이 지난 지금에 이르러 그 이름을 딴 지역이 또다시 소비문화를 상징하게 되는 것은 무슨 연유일까? 역사가 무심히 흘러가는 과거의 기록만이 아니라, 살아서 꿈틀거리는 맥락임을 선명하게 보여주는 사례라면 어떨지 모르겠다.

*

세조 말기, 이시애李施愛가 함경도 일원에서 반란을 일으켰을 때 한명회는 신숙주와 함께 모반대역으로 몰려 죽을 고비를 맞기도 하였으나, 이때도 자신의 결백을 끝까지 입에 담지 않았다. 한명회가 세상일에 바둥거리지 않으면서도 숱한 화를 모면할 수 있었던 것은 시대의 흐름을 짚어볼 줄 알았기 때문이다.

세조가 세상을 떠나고 예종마저 단명하자 한명회는 성종 시대를 이끌어내면서 또다시 막강한 영향력을 행사하게 되지만, 그의 경륜은 이미 달관의 경지에 이르러 있었다.

종사가 태평해지면 풍속이 문란해진다. 고금의 역사가 그러했기에 한명회는 학문의 장려와 도덕의 확립을 역설하게 된다.

"성균관에 서적이 모자라니 경사經史를 많이 인쇄하고, 각閣을 세워서 보존하게 하소서."

성종은 쾌끼이 한명회의 주청을 가납하였으나, 호조에서는 전적을 간행할 돈이 없음을 탄식할 뿐이다. 이 딱한 사정을 전해들은 한명회는 자신의 재산을 헌납하여 간행비를 충당하게 하였다. 사재를 털어 조정의 일을 구원했다 하여 당시 사림들도 한명회를 칭송했다고, 《조선왕조실록》은 적고 있다.

한명회가 사신으로 명나라에 갔을 때 명나라의 늙은 내시 정동鄭同(조선 사람이다)과 뇌물을 주고받았다 하여 귀국 후 호된 비난과 탄핵을 받은 일이 있었다. 그런 한명회가 다시 사신의 중책을 맡고 명나라에 가게 되었을 때, 이번에는 그가 먼저 임금에게 물었다.

"지난번 사신으로 가서 정동과 뇌물을 주고받았다 하여 호된 탄핵을 받은 사실이 있사온데, 이번에 또 명나라 사람들과 뇌물을 주고받아야 할 경우가 생긴다면 어찌해야 하올지 이 점을 확실히 해주소서."

신하 된 처지로 이 같은 말을 임금에게 하기란 결코 쉽지 않겠지만, 바로 이 점이 한명회의 솔직하고도 담대한 성품을 잘 드러내주는 대목이다.

"그것은 경이 알아서 하시오."

성종의 대답은 이러하였다. 한명회가 아니면 감히 상상도 할 수 없는 문답일 것이고, 또 한명회에게만 내려질 수 있는 왕명이다.

한명회가 정치 일선에서 활약한 33년 동안은 문자 그대로 격동의 시기였다. 얼마나 많은 사람들이 피 흘리며 죽어갔던 시절이던가. 그 어려운 시절에서도 가장 중요하고 가장 번잡한 일이 있을 때마다 한명회는 언제나 그 중심부에 있으면서 거뜬하게 난제를 풀어냈던 경세가였다.

한명회의 리더십은 솔직하고 사심이 없는 데 있다. 그는 거느린 사람들을 비교적 혹독하게 다스리면서도 그 허물을 덮어줄 줄 알았다.

당대의 석학인 신숙주가 그의 사돈이었으며, 세종대왕의 부마인 윤사로尹師路가 또한 그의 사돈이다. 어디 그뿐인가. 두 딸이 왕비가 되었으니 장순왕후章順王后(예종비)와 공혜왕후恭惠王后(성종비)가 바로 그분들이다. 이러한 연혼連婚에서도 한명회의 인품을 충분히 읽을 수가 있다.

\*

이젠 한명회에 대한 편견을 지적할 차례이다.

한명회를 거론한 사서는 많아도, 그를 비방한 구절을 찾기는 어렵다. 그럼에도 오늘을 사는 많은 사람들은 그를 사팔뜨기요, 희대의 간신이며, 아첨꾼쯤으로 여기고 있다. 그 원인은 놀랍게도 사실史實의 기록으로서가 아니라 《단종애사端宗哀史》라는 한 편의 소설에서 기인되었다.

《단종애사》란 물론 춘원 이광수李光洙 선생이 쓴 역사소설이다. 결국 우리는 사실의 확인을 게을리 한 채 한 편의 역사소설에 너무 깊이 빠져든 과오로 인해 무려 70여 년이라는 긴 세월을 터무니없는 역사 인식 속에서 허덕일 수밖에 없었다.

《조선왕조실록》이 승자의 기록인 까닭으로 사실을 왜곡한 예가 아주 없지는 않을 것이며 어느 특정인을 지나치게 미화한 예도 없지는 않을 것이나, 정치적으로 중요한 위치에 있었던 사람이 세상을 떠나면 그의 일반적인 행장行狀을 등재하는 '졸기卒記'를 적어서 현자의 죽음을 애도하지만, 그 기사에 이어서 반드시 '사관왈史官曰'이라는 논평의 기사를 등재하는 것으로 사실의 객관성을 높이고 있다. 참으로 현명한 기술방법이 아닐 수가 없다.

《성종실록》18년 11월 14일(한명회가 죽던 날) 조에도 한명회의 행적을 소상하게 적은 '졸기'를 등재한 다음, 위에서 말한 '사관왈'이라는 이름으로 비평적인 기사를 함께 싣고 있다. 그 전문을 여기에 소개해두고자 하는 것은 그가 까닭 없이 매도되거나, 비하될 수 없는 인물임을 당대의 사관들이 입증하고 있다는 사실을 명백히 해두려는 노파심 때문이다.

한명회는 젊어서 유학을 업으로 삼아 '학문'을 이루지 못하고, 중순위忠順衛에 속하여서 뜻을 이루지 못하고 불우하게 지내다가 권람과 더불어 망형우의 교를 맺고 그를 통하여 세조가 잠저에 있을 때에 알아줌을 만나, 대책大策(단종을 밀어낸 일)을 찬성하고 그 공이 제일을 차지하였으며 10년 사이에 벼슬이 정승에 이르렀고, 마음속에 국무國務를 잊지 아니하고, 품은 바가 있으면 반드시 아뢰어 건설한 것 또한 많았다. 그러므로 권세가 매우 성하여 아부하는 자가 많았고, 빈객이 문에 가득하였으나, 응접하기를 게을리 하지 아니하여 일시에 재상들이 그의 문에서 많이 나왔으며 조관朝官으로서 채찍을 잡는 자까지 있기에 이르렀다.

성격이 번잡한 것을 좋아하고 과대하기를 기뻐하며 재물을 탐하고 색을 즐겨서 토지와 노비를 비롯한 보화 등의 뇌물이 잇달았고, 집을 널리

점유하고 첩을 많이 두어 그 호부豪富함이 일시에 떨치었다.

여러 번 사신으로 명나라의 서울에 갔었는데, 늙은 내시 정동에게 아부하여 많이 가지고 간 뇌물로써 사사로이 황제에게 바쳤으나 부사副使가 이를 말리지 못하였다. 만년에 이르러 권세가 이미 떠나자 빈객이 이르지 않으니 수심에 잠긴 얼굴로 적막한 탄식을 하곤 했다.

비록 여러 번 간관揀官이 논박하는 바가 있었으나 다른 뜻이 없었기에 그 훈명勳名을 보전할 수가 있었다.

*

역사와 소설은 엄연히 구별되는 것이지만, 사람들의 가슴에 역사 인식을 심어주면서 그 감동을 오래 지속하게 하는 것은 학문으로서의 역사가 아니라 역사소설임은 이미 잘 알려져 있는 사실이다. 이의 단적인 예가 한명회나 신숙주에 관한 여러 가지 사연들이다.

우리에게 신숙주는 배신자의 전형으로 되어 있다. 예컨대 신숙주의 배신이 싫어서 잘 쉬는 숙주나물은 먹지 않겠다는 말이 나왔을 정도이다. 이것이 얼마나 잘못된 편견인지는 곧 입증이 되겠지만, 이같이 허황한 편견이 생겨난 것이 학문적인 의미에서의 역사적 사실에서 기인된 것이 아니라 역사소설의 기술이 잘못된 데서 기인된 것이라면 딱한 노릇이 아닐 수 없다.

우리 나라의 근·현대 소설 작단에서 가장 왕성하게 집필해온 이름 있는 작가들의 작품에 《단종애사》《목 매이는 여자》《윤씨 부인의 죽음》과 같은 소설이 있다. 바로 이 소설들이 신숙주를 배신자의 전형으로 만들어놓은 주범이다. 그 원인이 어디에 있었는지를 구체적으로 살펴보기로 한다.

세조 2년, 1월 23일 조의 《세조실록》에는 신숙주의 아내인 윤씨 부인의 죽음에 대한 기사가 소상히 적혀 있다.

신(신숙주) 대제학은 다른 공신의 예와 다르고 또 만리 외방에 있으며, 아직 여러 아들이 어리니, 나의 애측哀惻함을 다 말할 수가 없다. 정원政院에서 포치布置하여 관에서 염장하게 하며, 또 관원을 보내어 치제致祭하는 등의 일을 상세히 아뢰도록 하라.

또한 관곽棺槨, 쌀·콩 50석, 종이 70권, 석회 50석, 송지 3두斗, 유둔 4부를 내려주고, 신숙주의 매부 되는 조효문曺孝門에게 호상을 친히 명하였다. 이때 신숙주는 명나라에 사신으로 가 있었기 때문이다.

그러나 야사 사료의 집대성이랄 수 있는 이긍익李肯翊의 《연려실기술練藜室記述》에 소개된 《송와잡기松窩雜記》의 기사는 이와 상반된 내용을 적고 있다.

그의 부인은 영상領相 윤자운의 누이였다. 공이 세종조의 팔학사八學士에 참예하여 더욱이 성삼문과 가장 친밀하더니 병자년의 난에 성삼문 등의 옥사가 일어났다. 그날 밤 공이 집으로 돌아오니 중문이 환히 열려 있었으나 윤 부인은 보이질 않았다. 공이 방을 살펴본즉 부인이 홀로 다락 위에 올라가서 두어 자 되는 베를 가지고 들보 밑에 앉았으므로 그 연유를 물었더니 대답하기를 "당신이 평일에 성 학사 등과 형제와 다름없이 좋아 지내더니, 이제 성 학사 등의 옥사가 있었다 하니 당신도 반드시 그들과 함께 죽을 것이므로 통지를 기다려서 자결하기로 하였더니, 이제 당신이 살아서 돌아온 것은 생각 밖의 일이오" 하므로 그가 분연히 부끄러워 몸

둘 곳을 모르는 듯하였다.

외교와 국방, 그리고 어문語文에 이르기까지 타의 추종을 불허할 만큼 일세를 풍미하였던 대석학 신숙주를 매도한 문제의 기록이다. 설사 그렇다고 하더라도 같은 책에 나란히 소개된 《식소록識少錄》에는 '정란靖難하던 날이라 하였으나, 대체 윤 부인이 병자년 정월에 죽었고, 육신六臣의 옥사는 4월의 일이다'라고 앞의 기사가 잘못되었음을 지적하고 있다.

병자년의 옥사(사육신의 참변)와 같은 참변이 있으면 호사가들은 그 울분을 참지 못하여, 마음에 들지 않는 사람(개인적인 감정을 포함하여)을 골라 호되게 매도하는 것으로 자신의 분노를 달래게 된다. 그런 매도의 내용은 유언비어가 되어 거침없이 번져나가는 경우는 지금도 얼마든지 경험할 수가 있지만, 이미 죽고 없는 신숙주의 부인을 무려 다섯 달 동안이나 살려두었다가 신숙주를 매도하는 데 쓰고 있는 것은 양식이 있는 사람의 소행이라고 볼 수가 없다.

위에 소개한 《송와잡기》의 기사가 월탄月灘 박종화朴鐘和의 초기 역사소설인 《목 매이는 여자》로 옮겨지면서는 보다 더 구체적으로 신숙주의 인품을 훼손하게 된다.

윤씨는 눈을 똑바로 뜬 채로 꼼짝도 하지 않고 온종일 서 있었던 그 자리에 가만히 서 있었다.

숙주가 아무런 기운 없이 댓돌에 막 올라설 때에 윤씨는,

"왜 영감은 죽지 않고 돌아오셔요."

하였다. 숙주의 얼굴은 벌개졌다. 그는 고개를 숙이고 입속말로,

"아이들 때문에…."

하고 중얼거렸다. 윤씨는 숙주의 꼴이 끝없이 더러워 보였다. 그는 자기 남편의 절개 없는 게 퍽 분하였다. 평시에 밤낮없이 충신은 두 임금을 섬기지 않는다고 말하던 숙주의 입이 똥보다도 더러웠다. 그는 자기도 모르게 분함을 이기지 못하여 숙주의 얼굴에 침을 뱉어버렸다. 이 무안을 당한 숙주는 아무 말 없이 바로 사랑으로 나갔다.

그 이튿날 동이 환하게 틀 때였다. 마당을 쓸려 안으로 들어갔던 하인은 높다란 누마루 대들보에 길다란 허연 무명수건에 목을 걸고 늘어진 주인마님 윤씨 부인의 시체를 보았다.

여기에 또 다른 편견과 무지가 작용하여 위에 소개한 소설의 내용과 흡사한 또 다른 소설의 일부가 고등학교 국어 교과서에 수록되는 지경에 이르렀다. 그 결과는 참으로 가공할 만한 것이었다.

잘못된 역사소설을 탐독한 사람들과, 고등학교 국어시간에 교사들의 무비판적인 가르침에 감동한 이 땅의 청소년들은 마침내 신숙주를 배신자의 전형으로 뇌리에 새기게 되고 말았다. 심지어 근거도 없이 숙주나물을 빗대어 신숙주의 배신을 상기하는 지경에 이르지 않았는가.

이 한심하고 부끄러웠던 무지와 편견은 1970년대에 이르러 자성하는 기운이 싹텄고, 마침내 문제의 소설이 고등학교 국어 교과서에서 삭제되기에 이르렀으나, 잘못된 내용이 교과서에서 삭제되었다고 하여 모든 문제가 해결되는 것은 아니다. 지금까지 그와 같은 혼돈과 오류에 빠져 있던 지식인들의 역사 인식은 누가 고쳐줄 것이며, 아는 체하며 떠들고 다니는 입놀림은 누가 응징해줄 것인가. 내가 이런 자리에서 응징이라는 말을 쓰는 것은 잘못된 사실史實을 퍼뜨리고 다니는 것처럼 큰 죄악은 없기 때문이다.

역사소설이 창작이며 픽션이라는 사실은 누구도 부인할 수가 없지만, 실존 인물에게 적용되었던 시간(일시日時라도 무방하다)과 장소는 픽션의 대상이 될 수가 없다. 예컨대 고려 말의 정몽주는 공양왕 4년에 개성의 선죽교에서 죽어야 하는 것이다.

따라서 이미 죽고 없는 윤씨 부인을 살려내는 것 또한 픽션의 영역이 아니라는 사실을 누구도 부인할 수가 없을 것이리라.

역사소설이 사실을 존중해야 하는 것은 앞으로 다가올 일이 아니라 이미 지나간 일을 기술하기 때문이며, 거기에 시대적인 의미가 담겨져 있기 때문이다.

역사가 함축하고 있는 시대의 의미를 잘못 인식하거나 왜곡하면 민족의 자긍심을 해치게 된다는 점을 겸허하게 받아들여야 할 것이다.

# 동성애, 그리고 여인들의 삶

혼인에 재물을 논하는 것은 오랑캐의 도리이다.
군자는 그러한 풍속이 있는 마을에 들어가 살지 않는다. ─ 문중자文中子

조선시대의 문학에서 여성의 삶을 구체적으로 거론하거나 묘사한 작품이 아주 없는 것은 아니지만, 공교롭게도 모두가 뚜렷한 목적의식에 의해 씌어진 탓으로 삶의 본질을 그렸다기보다 견디기 어려운 고초를 감내하고, 마침내 광명천지를 다시 찾게 되었다는 등 인종忍從의 미덕과 권선징악의 주제에서 크게 벗어나지 못하고 있다.

조선시대 3대 궁중문학이자, 여성에 의해서 씌어진 국문소설이라면 《계축일기癸丑日記》, 《인현왕후전仁顯王后傳》, 《한중록閑中錄》을 들 수 있다.

《계축일기》는 광해군에 의해 서궁(지금의 덕수궁)에 유폐되었던 선조비 인목왕후仁穆王后가 죽지 못해 살아가는 참담한 모습을 소상하게 적고 있으므로 인목왕후를 섬기던 측근 상궁이 쓴 것으로 전해지고 있다. 그러므로 폐모廢母를 자행한 광해군과 그의 일당의 패덕을 극렬하게 비방하면서 상전(인목왕후)의 눈물겹도록 처절한 삶을 인종의 미덕이라는 관점에서 그려놓고 있으며,《인현왕후전》도 숙종비 인현왕후에게 박해를 가하는 희빈 장씨의 잔혹한 투기를 세세히 그리면서 인현왕후가 겪어야 하는 회한의 삶과 희빈 장씨의 비극적인 종말을 대비해놓고 있다. 이 또한 인현왕후를 측근에서 섬기던 상궁이 편파적으로 쓴 것이기에 사필귀정이나 권선징악의 시각에 머물고 있다.

《한중록》은 추존임금인 장조莊祖(사도세자)의 지어미로 헌경의황후獻敬懿皇后로 추존된 혜경궁 홍씨가 사가의 조카들에게 보내는 편지투로 씌어진 작품이지만, 이 역시 사도세자를 박해한 영조와 그 신하들의 광태, 그리고 정쟁의 실상을 낱낱이 적으면서도 자신이 겪었던 여인으로서의 회한을 처연한 필치로 적어서 남긴 것이다.

문장은 아름답고 묘사는 정교하며, 내용은 처절하지만, 모두가 왕실과 왕비의 주변을 그리면서 정쟁에서 빚어지는 특수한 갈등을 골격으로 하고 있는 까닭으로 조선조 여성들의 보편적인 삶을 살피기에는 크게 미흡할 수밖에 없다.

위의 세 소설과 성격을 달리하는 국문소설로는 서포西浦 김만중金萬重이 쓴 《사씨남정기謝氏南征記》를 들 수 있다. 이 작품은 인현왕후를 괴롭히는 희빈 장씨의 악덕은 반드시 응징될 것이라는 점을 예언하고 있지만, 정치적으로 민감한 내용인 까닭으로 중국으로 무대를 옮겨서 중국의 여인들을 등장시켜 마치 중국의 이야기인 것처럼 꾸며놓았다. 게다가 작자의 종손인 김춘택金春澤에 의해 한문으로 번역된 탓에 중국 소설로 오인되기도 하였다.

현존하는 우리 고전의 내용이 위에 적은 것과 대동소이하다면 문학 작품을 통해 조선시대의 보편적인 여인상과 만나기는 결코 쉽지가 않다. 그러므로 오늘을 사는 많은 사람들은 조선시대의 관행과 풍습을 토대로 그때의 여인상을 상상하게 되지만, 조선시대의 여성에게 관련된 관행과 풍습은 대체로 잘못 이해되고 있는 형편이어서 역사 왜곡이라는 더 깊은 골로 빠져들 위험이 있다. 따라서 여기에서는 그 잘못 이해되기 쉬운 관행과 풍속을 살펴보기로 한다.

*

조선시대 여성들에게는 이름이 없었다고 믿는 지식인들이 뜻밖으로 많지만, 거기서 한술 더 떠서 상당한 지도층에 있는 여성이 수많은 여성 청중들 앞에서 "조선시대 여성들에게 이름을 지어주지 않은 것은 우리 선조들이 얼마나 우매하게 살았던가를 여실하게 보여주는 일이며, 우리 나라 여성사의 큰 비극이 아닐 수가 없고, 또 그것만으로도 남존여비 사상이 얼마나 극심했던가를 알고도 남는다"라는 식의 열변을 토하면서 청중들의 역사 왜곡을 부추기는 경우도 허다하다.

'쥐꼬리풀', '할미꽃'과 같은 하찮은 잡초나 들꽃에도 이름을 지어주었고, 바닷속에서 서식하는 '불가사리', '말미잘'과 같은 미물에게까지 이름을 붙여주면서 유독 자신의 여식에게만 이름을 지어주지 않았다고 생각하는 상식 밖의 역사 인식이야말로 우리 역사를 비하하는 일이며, 더구나 그것이 남존여비 사상에서 비롯된 것이라고 믿고 있다면 그야말로 제 얼굴에 침 뱉는 무지가 아닐 수 없다. 또 족보를 살펴보고 여자의 경우는 사위의 이름이 대신 적혀 있었다 하여 그것이 여성들에게 이름이 없었기 때문이라고 지레 짐작을 했다면 그야말로 식자우환이 아닐 수가 없다.

조선시대 여성들에게 이름이 있었다는 사실은 너무도 명백하다. 섹스 스캔들로 일세를 떠들썩하게 하였던 감동甘同과 어우동(於乙宇同)이 있고, 숙종의 총비로 중전의 자리에까지 올랐던 여인이 장옥정張玉貞(장희빈)이며, 연산군의 총비가 장녹수張綠水, 광해군의 총비에 개시介屎가 있고, 윤원형의 애첩이 정난정鄭蘭貞이다.

또 사육신의 한 사람으로 명망이 높은 성삼문의 어머니는 미치未致, 아내는 차산次山, 딸은 효옥孝玉이었다. 그리고 단종릉에 배향된 3중신의 한 사람인 김문기金文起의 아내는 봉비奉非, 딸은 종산終山이었고, 17세기 동양 3국에서 으뜸가는 여류시인으로 문명을 떨쳤던 허난설헌許蘭雪軒의 이름이 초희楚姬가 아니던가.

이렇게 적어가자면 끝이 없다. 그런데도 조선시대 여성들에게 이름이 없었다고 강변하는 사람들 중에 특히 지식인 여성들이 많다는 것은 역사를 왜곡하는 무지나 다를 바가 없다.

조선시대 여성(특히 반가의)들에게는 이름이 아닌 다른 존칭이 많다. 출가 전에는 아가, 아기씨 등으로 불리었고, 출가를 하게 되면 아씨, 마님, 노마님 등으로 존칭되었으므로 이름이 불릴 기회가 없었다. 그러므로 사회적으로 대단히 존경(당호가 내려지는 등)을 받았다거나, 떠들썩한 화제를 뿌린 여성이 아니고는 그 이름이 전해지지 않았을 뿐이며, 족보에 딸 대신 사위의 이름을 적었던 것은 연혼連婚을 소중히 하였던 당시의 사회 분위기에 따라 사돈의 가문을 명시하기 위한 방편이었다.

《조선왕조실록》에도 수많은 여성들의 이름이 등장한다. 이른바 백성에 해당하는 상민常民 출신의 여성들은 순수한 우리말로 된 이름을 쓰고 있었으나, 그것이 《왕조실록》에 등재되는 과정에서 음가가 한문으로 고쳐 적힌 경우가 허다하다.

예컨대, '구슬'이라는 이름은 '仇瑟伊'로 적었고, '방울'이라는 이름은 '方兀'로 적고 있다. '보배'는 '寶背', 혹은 '寶排'로 적고 있는데, '보배'의 경우 '背'와 '排'가 혼용되고 있는 것은 음가를 옮겨 적는 사람들의 취향일 것이라고 보아진다.

또한 '장미薔薇'라는 이름도 많이 나온다. 이 이름에도 착각의 여지가 많다. 장미꽃은 '로즈Rose'를 생각하게 한다. 그래서 장미꽃을 연상할 때 그것이 서양의 꽃이라는 선입견으로 '장미'라는 말이 일본을 통하여 전래되어 온 것으로 착각하기가 쉽다. 그러나 일본에서는 '로즈'를 장미라고 하지 않고 '바라(バラ)'라는 제 나라 말을 쓴다. 물론 《장미배양법》이라는 책이 명치明治 8년에 간행된 바 있으나 이 경우는 개량 장미를 의미한다. 그러니까 장미는 '로즈'의 번역어가 아니라 중국어라는 사실을 알아야 한다. 그러기에 조선시대 여성의 이름에 '장미'가 많은 것이며, 이때의 장미는 '로즈'가 아닌 들장미에서 따온 이름이다. 들장미의 원산지가 히말라야 산맥의 북쪽인 중국 땅임에랴.

국화菊花나 매화梅花라는 이름도 '장미'의 경우와 크게 다르지 않다. 이와 같은 확증이 있음에도 '장미'라는 꽃 이름이 일본을 통하여 전래되었다고 짐작하여 단정하였다면 얼마나 무지하고 우스꽝스러운 일이겠는가.

구슬, 방울, 보배, 장미, 국화, 매화 등으로 불리어진 조선시대 서민 여성들의 이름은 순결하고 아름답기만 하다. 물론 그렇지 않은 경우도 있다. 귀하게 얻은 자식에게 천한 이름을 지어서 부르면 병치레를 면할 수 있다는 속설에 따라 개똥이(介叱同), 쇠똥이(牛叱同), 말똥이(馬叱同), 기시례加屎禮 등의 이름도 있어서 우리를 미소짓게 한다.

*

조선조는 주자학을 숭상하였다. 그러므로 모든 행위의 평가는 윤리와 도덕을 척도로 삼을 수밖에 없었고, 나라를 다스리는 치도의 이념조차 강상綱常과 윤기倫氣를 으뜸으로 여겼다. 그러나 전해지는 관행이나 풍속이 하루아침에 달라지는 것이 아니었기에 고려시대의 유습遺習은 쉽사리 사라지지 않았다. 예컨대 궐 안의 상궁들과 무수리들은 서로 동성애를 하는 것으로 평생을 혼자 살아야 하는 정한을 달랬다.

문종文宗 임금도 세자 시절에 지어미의 동성애로 시달림을 받았다. 그의 첫 빈궁嬪宮은 투기가 심하여 폐출되었고, 두번째로 맞이한 빈궁 봉씨는 동성연애를 하다가 폐출되었다. 봉씨는 소쌍召雙이라는 무수리 아이에게 동성애를 강요하다가 세종비 소헌왕후에게 발각되어 문초를 받게 되었다.

소쌍의 자복은 다음과 같다.

"빈궁마마께서 쉰네와 동침한 후에는 시비를 시켜서 이불을 개게 하지 않고, 빈궁마마께서 손수 이불을 갰고 더러워진 금침은 남몰래 비자를 시켜서 빨았습니다."

소헌왕후는 동성끼리의 동침을 어떻게 하였느냐고 다그쳐 물었다. 소쌍의 대답은 이러하였다.

"빈궁께서 강요하여 하는 수 없이 반쯤 옷을 벗고 병풍 안으로 들어갔습니다. 빈궁께서는 저의 옷을 강제로 벗기고 자리에 눕게 하여 남자와 교합하는 모양으로 희롱하였습니다."

진노한 소헌왕후는 마침내 빈궁 봉씨를 불러 부끄러움을 무릅쓰고 그 진상을 물어볼 수밖에 없었다.

《세종장헌대왕실록》은 놀랍게도 빈궁 봉씨의 실토를 가감 없이 기록해놓고 있다.

> 소쌍이 항상 단지를 사랑하고 좋아해서 함께 잘 뿐만 아니라 낮에도 서로 목을 꺼안고 혀를 바꾸어가며 빨았다(召雙與端之常時愛好, 不獨夜寢. 晝易交頸砥舌…).

우리는 여기서 조선시대 여성들의 자유분방했던 사랑의 형식과 만나게 된다. 그러나 사회의 규범(排佛崇儒)이 새롭게 다져지면서 여성들에게도 그에 합당한 새 규범이 강요될 수밖에 없었는데, 특히 여성을 일정한 틀에 가두는 규범이 여성에 의해 확립되었다는 사실은 아이러니가 아닐 수 없다.

조선시대의 모든 관행이 자리잡게 되는 성종成宗 6년(1475), 성종의 모후인 소혜왕후昭惠王后(인수대비)는 궁중의 비빈과 부녀자들을 교육하기 위하여 몸소 《내훈內訓》을 펴낸다.

> 혼례는 만세의 시작이 되는 것으로, 다른 성姓을 취하여 결혼하는 것은 먼 것을 가까이 하고 구별을 두터이 하려는 것이다.
>
> 따라서 예물은 반드시 정성스럽게 하며, 말을 옳은 말이 아니면 사용하지 아니하며, 곧고 신뢰스럽게 고告하는 것이다. 신뢰스러움은 사람을 섬기는 것이 되며, 신뢰스러움은 부인의 덕이 되는 것이다. 그러므로 한번 가지런히 짝지어진 다음에는 종신토록 바꾸지 못하는 것이다. 이 때문에 남편이 죽어도 아내는 개가를 하지 않는다.

이와 같이 고금의 명저를 두루 섭렵하면서 언행의 규범을 가르치고, 효친孝親의 소중함을 일깨우며, 혼인의 신성함과 부부의 도리가 무엇인지를 깨우치게 하고, 더 나아가서 어머니의 의무에 이르는 갖가지 내용을 망라함으로써 《내훈》은 조선시대 여성들의 종합 훈육서 역할을 하게 되었다.

신숙주도 여성 교육의 필요성을 역설하였다.

부인은 군자의 짝이 되어 집안 일을 주장하여 다스리니 가도家道의 흥하고 폐하는 것은 다 부인에게 달려 있다. 그런데 세상 사람들은 남자를 가르칠 줄은 알면서 딸 가르칠 줄은 모르니 잘못된 생각이다.

이로 미루어본다면 조선시대에도 명문가에서는 여성 교육을 도외시하지 않았음을 알 수가 있지만, 아무리 그렇다고 하더라도 조선시대 역시 사람이 사는 곳이었으므로 규범이나 규제가 무너지는 사례는 얼마든지 찾아볼 수가 있다.

\*

남녀칠세 불공석男女七歲不共席.

남자와 여자가 일곱 살이 되면 자리를 함께하지 않는다는 규범을 놓고 해석이 구구한 것은 엄격하기는 해도 애매한 규제 때문이다. 그 말의 참뜻은 자리를 함께하지 못한다는 뜻이 아니라, 같은 '자리' 위에 앉지 아니한다는 뜻으로 풀이해야 옳다. 설사 그렇다고 하더라도 남녀가 유별하다는 관행까지 무너지는 것은 아니다. 그런데도 세간을 떠들썩하게 한 섹스 스캔들이 왕실이나 사대부가에서 비롯되었다는 사실은 남녀간의 본능적인 욕정은 규범이나 규제로 다스리기가 어려운 것임을 선명하게 보여주는 예라고 하겠다.

조선조에 있었던 섹스 스캔들의 주역은 단연 감동과 어우동이다. 섹스 스캔들과 같은 부도덕한 일이 《조선왕조실록》에 소상히 기록되어 있고, 그것을 적은 사관들이 등재를 꺼려했다는 기록까지 있고 보면 당시 사람들에게는 대단한 충격이었음이 분명하다.

감동은 검한성檢漢城 유규수의 딸로 태어나 평강현감 최중기의 아내가 되었다. 최중기가 무안군수가 되어 임지에 부임하면서 아내와 함께 갔으나, 감동은 병을 빙자하여 서울로 오르내리면서 스스로 창기라 자처하며 많은 사내들과 간음하였다. 그녀와 관계한 사람들이란 대개가 사대부들이라 마침내 헌부憲府에서 이를 문제삼기에 이르자 세종 임금도 진노하였다.

《왕조실록》은 그녀를 거쳐간 사내들의 수를 헤아릴 수가 없다고 기록하면서 그 사건으로 파직을 당했거나 하옥된 사람들의 명단을 세세히 밝혀서 후세에 전하고 있다. 총재 정호문, 상호군 이효량, 해주판관 오만로, 도사 이곡, 호군 전유정을 비롯하여 장연첨절제사 박종지, 행 사직 주진자, 간관 유승유, 길주판관 안위, 진해현감 김이정 등 수많은 관원들과 황치신, 전수생, 김여달과 같은 명문가의 자제들도 끼어 있다. 이들 대부분은 곤장을 맞고 파직되었고, 감동은 평생토록 지방 관아의 종으로 부처되었다. '남녀칠세 불공석' 이라는 규범도 일률적으로 규제하기 어려웠음을 여실히 보여주고 있다.

이보다 더 크고 소란스러웠던 섹스 스캔들의 주인공은 어우동이다.

어우동은 성종조의 승문원 지사였던 박윤창의 딸로 태어나서 종실 명문인 태강수泰康守 동소에게 출가를 했던 탓으로 외명부 품계인 혜인

惠人으로 예우받았다. 더 구체적으로 말하면 세종 임금의 형님인 효령대군의 손주 며느리다. 어우동의 스캔들에서 특히 주목해야 할 점은 근친상간이 중복되고 있다는 점이다.

어우동은 팔촌 시아주버니가 되는 수산수 기(守山守 麒, 정종 임금의 현손)와 간통을 하고서도 또다시 육촌 시아주버님인 방산수 난(方山守 爛, 세종 임금의 손자)과 통정을 했으니 참으로 끔찍한 불륜이 아닐 수 없다.

어디 그뿐인가. 그녀는 마음에 든 사내에게는 몸뚱이에 자신의 이름을 자청刺青(문신)하기를 강요했다. 이리하여 전의감 생도였던 박강창은 팔뚝에 어우동이라는 글자를 새겨넣게 되었고, 서리 감의동은 등판에 사랑하는 여인의 이름을 새겨넣기까지 하였다.

전해지는 기록과 《왕조실록》의 기사에 따르면, 어우동과 관계한 사람들은 그녀의 늪에서 헤어나지 못한 것으로 되어 있다. 병조판서 어유소와 직제학 노공필도 거명되어 있고, 헌부의 도리 오종년과 같은 아전도 끼어 있으며, 과거에 등과하여 유가길에 올랐던 홍찬은 그녀로 인해 신세를 망친 사내 중 한 사람이다.

어우동에게는 번좌番佐라는 딸이 하나 있는데 그 아비가 누구인지 모르는 것은 당연하다. 그녀는 동승지 김계창의 끈질긴 탄핵을 받고 형장의 이슬로 사라졌다.

\*

조선시대 여성들은 남편의 지위에 따라 외명부外命婦의 품계로 승차되었다. 남편이 정승이나 판서의 지위에 오르면 그들의 부인은 정경부인貞敬夫人이 된다. 남편이 참판의 반열에 오르면 그 부인은 정부인貞夫人으로 봉록되고, 남편의 직급이 참의에 이르면 그 부인은 숙부인淑夫人

이 된다. 이런 법도에 따라 부인들의 지위도 숙인淑人, 영인令人, 혜인惠人, 공인恭人, 의인宜人, 안인安人, 단인端人, 유인孺人으로 예우하였다.

뿐만 아니라, 등과하지도 못하고 벼슬길에 나가보지도 못한 채 세상을 떠난 남편의 위패에는 학생부군學生府君이라고 적지만, 그 부인의 경우에는 유인孺人 아무개라고 표시하여 9품으로 예우하였다.

여기에 비한다면 오늘을 사는 여성들은 어떠한가? 남편의 지위에 따른 여성의 호칭은 오직 영부인令夫人 하나뿐인 것으로 알지만, 그나마 모든 아내의 호칭에 불과하다. 간혹 사모님이니, 여사니 하는 호칭을 쓰지만 존경의 의미가 많이 희석되었다는 느낌이다.

그렇다고 하더라도 세상을 떠난 남성들의 위패에 '학생부군'이라고 쓰고, 그의 묘비에 '학생學生'이라고 새기는 것은 망발이 아닐 수가 없다. 예컨대 대학을 졸업하고 운전면허증의 취득과 같은 크고 작은 시험에 합격하기도 하였으며, 군에 입대해서는 이등병을 면한 남성들, 더구나 기업체에서 차장·부장을 지내면서 왕성하게 활동하거나 사회단체에서 개혁을 위해 뼈 빠지게 일한 남성들이 어찌하여 이미 잊혀지고 없는 '학생부군'으로 취급되어야 하는가?

이는 분명 선조의 명위를 깎아내리는 일일 것인데도 많은 사람들은 그 뜻도 모르면서 제삿날마다 잘못된 호칭을 위패로 적어놓고 거기에 절을 하는 것이 현실이다.

여성의 경우도 그리 다르지 않다. 현대를 살다가 세상을 떠난 여성들의 위패에 '유인孺人'이라고 적고, 묘비에 또한 '유인'이라고 새기는 것은 할머니나 어머니의 명예를 깎아내리는 망발이 된다. 그 까닭은 자명하다.

오늘날의 여성들은 스스로 남성들에 버금가는 지위를 확보하기 위해 부단히 노력한다. 그 결과, 장관의 지위에 오르기도 하고, 국회의원이 되기도 하며, 판사·전문의·교수·교장·교사 등을 지내기도 하는데, 이분들이 세상을 떠나서 '유인'이 된대서야 말이 되는가. 더구나 '학생부군'으로 죽은 지아비가 없는데 어찌 '유인'이 있으랴.

사실이 이와 같다면 세상을 떠난 남성이나 여성의 위패에는 모두 살아서 활동하던 직위나 존칭을 적고 새겨서 그 영혼들을 기쁘게 해야 한다.

여성들을 대상으로 강연을 하면서 이러한 사실을 설명하면 반드시 뒤따르는 질문이 있다.

"칠거지악이야말로 남존여비의 극치가 아니고 무엇입니까?"

그럴 수도 있겠다 싶은 생각이 들지만, 한 가지 일을 반만 알게 되면 이런 우문이 생겨난다. 이것은 꼭 역사에 해당되는 일만은 아닐 것이다.

'칠거지악'은 지어미를 내치는 일곱 가지 악례를 정한 것으로, 그 구체적인 내용은 이렇다.

불순구고不順舅姑, 시부모와의 사이가 나쁘고

무자無子, 슬하에 자식을 두지 못하고

음행淫行, 외간 남자와 통정하고

질투嫉妬, 투기가 심하고

악질惡疾, 몹쓸 병이 있고

구설口舌, 남의 입에 오르내리고

도절盜竊, 도둑질을 한다.

이 중에서 한 가지 사유만 해당되어도 아내는 남편에게 버림받게 된다 하여 칠거지악이 남존여비의 전형이자 극치라고 생각하는 것은 금물이다. 설혹 칠거지악에 해당되어 내침을 당하게 되었다 하더라도 거기서 구원받을 수 있는 장치가 있었다는 사실에 유념해야 한다. 삼불거三不去가 바로 그것이다. 그러니까 내치지 못하는 세 가지 사유가 있었다.

첫째, 혼인할 때는 가난했지만 그 뒤에 부귀하게 되면 내치지 못한다. 이는 여성의 노고와 재산권을 인정하는 항목이다. 다시 말하여 결혼 후에 부귀를 얻었다면 아내의 노고와 내조가 그 원동력임을 명백히 하고 있다.

둘째, 부모의 3년상을 함께 치른 아내는 내치지 못한다. 이 항목은 효행을 강조하고 있다. 옛날은 지금과 달라서 부모의 3년상을 치르는 것이 여간 큰 고통이 아니었다. 혼백이 모셔진 제청에 하루에 세 번씩 상식을 올려야 하고, 초하루와 보름에는 삭망제를 지내야 한다. 또 소상과 대상도 장례식 못지않게 번거로웠다. 그 고통을 견디어내면서 이루어진 효행이 아내의 권리를 보장받게 하였다.

셋째, 쫓겨나도 갈 곳이 없는 아내는 내치지 못한다. 여기에 이르면 휴머니즘의 경지가 아닐 수 없다. 그야말로 여성의 인권을 보장하고 있음이 아니고 무엇인가.

이렇게 본다면 칠거지악을 저질렀다고 하더라도 '삼불거'에 의해 대부분 구제가 되었음이 분명하다. 결국 칠거지악은 경계의 의미에 중점을 두었을 뿐, 그것으로 인해 피해를 본 여성은 극소수에 불과했다는 결론을 얻게 된다. 그렇다고 하더라도 조선조의 여성들은 법도와 관행에 억눌려 대단히 조심스러운 삶을 살았다.

그러므로 그분들의 탁월한 관리능력은 어머니의 책무와 아내의 도리를 목숨보다 소중히 여긴 데서 얻어진 결과이기도 하다. 그러기에 그 여성들의 품에서 수많은 청백리가 탄생되어 백성들로부터 존경을 받으면서, 또 그들의 의지처가 되어주었으리라.

언제나 가난했던 조선왕조가 장장 5백 년 동안 왕권을 지탱할 수 있었던 것은 그 시대 여성들이 인종을 미덕으로 삼았던 결과임을 간과할 수 없다.

*

조선시대 여성들은 자신들이 갖추어야 할 행실을 명예로운 것이라고 여겼다. 그것은 고려 충렬왕忠烈王 때의 사람인 노당露堂 추적秋適이 쓴 《명심보감明心寶鑑》이 널리 읽혀지게 되면서부터다. 《명심보감》은 이른바 유학에서 일컬어지는 명현들의 어록과 명저에 적힌 핵심을 두루 모아서 편집한 유소년 교육용 필독서이지만, 여성교육에 관한 내용은 마지막 장(제20장)인 '부행편婦行篇'에 '여성의 명예'를 거론하고 있을 뿐이다.

益智書云, 女有四德之譽, 一曰婦德. 二曰婦容, 三曰婦言, 四曰婦工也.
(이하 본문 생략)

'익지서'에 말하기를 여자에게는 네 가지 덕행의 명예가 있는데, 첫째가 '부덕'이니 덕행이라는 것은 반드시 재주와 명망이 뛰어나야 되는 것이 아니라 분수를 지켜서 몸을 경계하고, 행동거지를 조심하여 부끄러움을 알며, 모든 행실이 예절과 법도에 어긋나지 않아야 된다는 것이고, '부용'은 얼굴이 곱고 아름다워야 한다는 뜻이 아니라 단정해야 한다는 뜻일 것이다. 몸을 언제나 깨끗이 하고 복장은 언제나 단정하게 하여 외형상으로 남에게 혐오감을 주어서는 아니되는 것이며, '부언'은 청산유수와 같은 언변을 갖추라는 것이 아니라 함부로 말을 하여 남에게 폐를 끼치지 말 것이며, 할 말과 못 할 말을 가려서 하라는 뜻이다. 그리고 '부공'은 여자 의 솜씨를 말하는 것이지만, 꼭 손재간만을 뜻하는 것이 아니라 부지런해 야 한다는 뜻이다.

이 네 가지 덕행은 곧 부인의 큰 덕이다. 이를 하면 매우 기쁘고, 이 를 힘쓰면 바르게 살아가게 된다. 이에 따라서 잘 실행하면 이것이 곧 부녀자의 범절이 된다.

강태공이 말했다.
"부인의 예절은 말이 반드시 적어야 한다."

어진 아내는 남편을 귀하게 만들고, 모진 아내는 남편을 천하게 만든다. 집에 어진 아내가 있으면 남편이 뜻밖의 화를 당하지 않는다.

어진 아내는 온 가족(육친)을 화목하게 만들고,
간사한 아내는 온 가족의 화목을 깨뜨린다.

이 같은 교육을 받으면서 자랐고, 또 아무리 지행知行하면서 살리라 고 다짐하였다고 하더라도 주위 환경이나 여건이 그렇지가 못하다면 그 뜻이 아무리 커도 성사될 까닭이 없다.

난설헌 허초희는 명문가에서 태어나 역시 명문가로 출가를 하였지 만, 만권 서책에 둘러싸인 채 허구한 날을 지아비를 기다리며 독수공 방을 해야 했다. 그녀의 시가 정한情恨으로 가득한 고독을 달래고 있는 것은 그 때문이다.

金刀煎出篋中羅

裁就寒衣手屢呵

斜拔玉釵燈影畔

剔開紅焰救飛蛾

비단 폭을 가위로 결결이 질라

겨울옷 짓노라면 손끝 시리다

옥비녀 비껴들고 등잔가를 저음은

등잔불도 돋울 겸 빠진 나비를 구함이라

— '야좌夜坐' 전문


조선왕조는 강상과 윤기를 으뜸으로 여기는 도덕사회를 표방했지만, 어느 일각에서는 가렴주구와 부패가 저질러지고 있었다. 그러면서도 왕실과 사직, 그리고 사대부가의 규범은 애초에 세웠던 이념의 틀을 크게 훼손하지 않았던 것처럼, 조선시대의 여성상도《내훈》에 강조된 규범이 도처에서 무너지면서 오히려 다채로운 삶이 전개되기도 하였지만, 조선시대가 도덕사회로 규정되는 것과 같은 맥락으로 그 시대 보편적인 여성상도 외형적으로는 그 시대상의 규범 안에서 존재할 수밖에 없었다.

# 시인 연산군과 내시들의 얘기

만약 사람이 착하지 않은 일을 하여 세상에 이름을
떨치면, 비록 남이 해치지 않아도 하늘이 반드시 죽인다. — 장자

연산군은 시인이었다. 그는 스스로 시집을 엮었던 것으로 보인다. 중종 1년(1505) 6월 10일조의 《중종실록》에는 연산군의 시집에 관한 기사가 실려 있다.

기사에 따르면 연산군의 시집은 불태워진 것으로 되어 있으나, 천만 다행으로 《연산군일기燕山君日記》에 120여 편의 시가 등재되어 있어 그의 시적 재능을 살펴보는 데는 아무 불편함이 없다.

시인이란 감수성이 예민하게 마련이다. 게다가 그때는 지금과 달라서 학문적인 바탕(독서의 범위래도 좋다)이 없으면 훌륭한 시를 쓸 수가 없다. 비록 연산군의 치세가 난정의 시대임이 분명하다 해도 그가 시인다운 상상력과 감수성으로 정무에 임한 흔적이 곳곳에서 발견되고 있다. 이는 연산군을 연구하는 데 필요한 귀중한 자료가 되고도 남을 것이다.

路遙地滑最難巡

不却誠忠詣紫晨

矛翼賢公遺闕補

還期年齒似筍椿

길은 멀고 땅은 미끄러워 다니기 어려운데

충성심 가시지 않아 대궐에 나왔구려

비노니 어진 정승들이여 나의 잘못을 살펴주고,

복령茯笭과 대춘大椿처럼 오래오래 사시오.


연산군 초기의 시는 편수로는 얼마 되지 않지만, 담고 있는 내용이
지극히 평온하고 다정하여 읽는 사람들의 마음을 편안하게 한다. 그것
은 곧 연산군의 폭정이 내재된 정서와는 다른 방향에서 진행되고 있었
음을 단적으로 보여주는 예다.

반대로 집정 후반기에 들어서게 되면 갑자기 시의 편수가 늘어나기
시작하고, 내용도 평상의 그것과 달라서 읽는 사람들을 몹시 불안하게
한다. 그러면서도 화자가 드러내 보이고자 하는 내심은 숨기지 않고
있다.


四時佳景不如遊

須賞幽臺朗月秋

莫好風江乘浪渡

飜舟當急救人唯

사시사철 아름다운 경치도 놀이만은 못 한 것이니

부디 그윽한 대臺 밝은 가을 달을 구경하리.

바람 이는 강에 물결 타고 건너기 좋아 마오.

배 뒤집혀 위급할 때 그 누가 구해주리.


얼마나 솔직하게 심회를 토로하고 있는가.

연산군의 집정 후반기는 난정의 연속이었고, 종반에 이르러서는 누구도 흉내낼 수 없는 광태를 보였다. 그의 언행은 일치되지 않았고, 군왕의 체통을 여지없이 무너뜨리는 일도 비일비재하였다. 그런 와중에도 자신의 솔직한 심경을 가감 없이 시에 담았다.

연산군이 남긴 125편의 시 가운데서 무려 108편이 집권 마지막 3년 동안에 씌어진 것만 보아도 그는 자신의 과실을 시에 담는 것으로 위안으로 삼았던 게 분명하다.

위에 인용한 시의 내용도 전반에는 자신의 파행을 솔직하게 적었고, 후반부에 이르러서는 '배 뒤집혀 위급할 때 그 누가 구해주리' 라고 자신의 종말을 처연한 심정으로 예견하고 있다. 이 예견은 정확한 것이어서 그가 왕위에서 쫓겨나 강화 섬으로 유배될 때 아무도 그를 구하고자 하지 않았다.

중종반정이 있기 며칠 전 연산군은 기생들과 풍악 사이를 내왕하면서 전혀 현실과 다른 환각의 상태를 마음껏 즐기면서도 문득 자신의 모습으로 돌아와 탄식하였음도 시로 적어서 남기고 있다.


人生如草露

會合不多時

인생은 초로와 같아서

만날 때가 많지 않은 것.

연산군의 마음 깊은 곳에 깔려 있었던 참으로 인간적인 심회가 아니고 무엇인가. 그는 이 시를 쓴 지 두 달 뒤에 보위에서 쫓겨나 강화도에 위리 안치(탱자나무 같은 것을 두른 처소에 감금되는 것)되었다.

*

연산군은 성종의 적장자로 태어났다.

조선왕조 27명의 왕 가운데 성종만한 성군도 흔치 않다. 성종의 치세가 세종의 그것과 비견되는 것은 그가 이끌었던 시대가 태평성대였기 때문이지만, 쿠데타(세조가 주도한 계유정란)의 상처가 치유되고 명실상부한 문민정부로 들어섰다는 점에서도 세종조와 유사하다.

성군의 적장자로 태평성대에 태어난 연산군이 포악무도한 난정의 주인공이 되자면 그럴 만한 배경과 여건이 주어져야 한다. 아무 까닭 없이 그런 난정의 시대가 오는 것이 아니기에 더욱 그렇다.

바로 그 배경과 여건은 어머니 윤씨(성종의 초비)의 사사賜死(사약을 내려서 죽이는 일)에서 비롯되었다. 만일 어머니 윤씨가 그런 불행한 일을 당하지 않았다면, 연산군이 폭군이 되지 않았을 것이라는 확신에 가까운 가정을 해보는 것도 그 때문이다.

윤비의 폐출과 사사는 성종의 모후인 인수대비(소혜왕후)와 깊은 관계가 있다. 인수대비는 조선시대 여인답지 않게 한학에 통달하였고, 범어에도 조예가 깊었으며, 성품이 범과 같아서 사람이 지켜야 할 도리와 범절을 하늘같이 소중히 하였다.

《연려실기술》은 인수대비의 성품을 다음과 같이 적고 있다.

인수대비가 세조의 잠저(창업한 임금이나 종실에서 들어온 임금이 왕위에 오르기

전에 살던 집) 때부터 시부모를 섬기어 밤낮을 게을리하지 않더니 빈嬪으로 책봉된 뒤에는 지나치게 부도婦道를 따랐으므로 세조가 효부라는 도장을 만들어 내렸다. 그녀는 천품이 엄정하여 왕손들을 기르되 조금이라도 과실이 있으면 덮어주지 않고 곧 얼굴빛을 바로 하고 경계하였으므로 시부모는 농담으로 폭빈暴嬪이라고 하였다.

효성으로 봉양하는 여가에 부녀의 무식함을 걱정하여 《열녀전》, 《여교명감女敎明鑑》, 《소학》 등의 서책을 가져다 그 절실하고 중요한 부분을 뽑아서 모두 일곱 장으로 나누어 이름을 《내훈》이라고 하고 국문으로 번역하였는데, 상의尙儀(정5품직의 상궁) 조씨가 발을 썼다.

아무리 농담이지만 시부모가 며느리를 '폭빈'이라 하였다면 그녀의 성품이 어느 정도였으리라는 것은 능히 짐작할 만한 일이다. 게다가 인수대비는 중전의 자리를 눈앞에 두고 있을 때 지아비(추존임금 덕종)를 잃어야 했고, 그로 인해 빈궁의 자리를 내놓고 잠저로 돌아가 무려 12년 동안을 과부로 지내다가 둘째 아들 성종이 보위를 잇게 되자 대비가 되어 다시 입궐하게 되었다. 조선왕조에서는 전례를 찾을 수 없는 기사회생이다.

열두 살 어린 임금을 성군으로 다듬기 위해 그녀는 남다른 학문과 칼날 같은 성품으로 독단과 전횡을 서슴지 않았다. 그것은 한으로 뒤엉켰던 지난 세월을 보상받고 싶은 자위의 수단이기도 하였다.

성종의 초비이자 연산군의 모후 윤씨는 상궁 출신이었으므로 국모로 간택되는 과정에서부터 인수대비의 마음에 들지 않았으나, 이미 수태한 몸이었으므로 물리칠 수가 없었다. 그런 윤비인지라 그녀의 행동거지가 인수대비의 마음에 들었을 까닭이 없는데, 비상을 간직하는 등의 투기의 기미를 보이다가 어이없게도 성종의 용안에 손톱자국을 내어 인수대비의 진노를 사게 되었다.

윤비를 폐서인廢庶人으로 삼아서 축출하라는 인수대비의 엄명은 서릿발과도 같았다. 아무도 반대의 뜻을 개진할 수가 없다. 윤비는 사가에 쫓겨나서도 인수대비의 감시를 받아야 했다.

조정 중신들은 원자元子(어린 연산군)의 모후임을 들어 용서를 청하였고, 때로는 양식과 의복을 내려서 편한 삶을 누리게 한 것을 간청하였으나, 인수대비는 오히려 그녀에게 사약을 내리게 하였다. 그때 연산군의 나이 네 살이었다.

*

인수대비는 원자에게 모후의 사사를 알리지 않기 위해 엄격한 교육으로 일관하게 하면서도 성종으로 하여금 '향후 백년 안에는 폐비의 일을 입에 담을 수 없다'는 엄명까지 내리게 하였다.

어린 원자는 유년기를 넘기면서 세자로 책봉되었고, 그때 이미 어미 소를 따르는 송아지의 울음소리를 들으면서 어머니를 그릴 만큼 사모思母의 정을 다스리지 못했다. 따라서 모후의 일을 입에 담지 못하게 하는 주변 분위기에 반발하고 저항하는 것을 어찌 나무랄 수가 있으랴. 그러나 왕실과 조정으로서는 숨막히는 노릇이 아닐 수 없다.

아니나 다를까, 연산군은 보위에 오르면서 모후에게 사약이 내려진 근원을 캐내기 시작하였다. 조정 중신들은 선왕(성종)의 고명을 들어서 만류하였고, 인수대비는 친할머니임에도 불구하고 폭빈의 위엄으로 어미를 찾는 손자를 가차없이 나무라고 나섰지만, 그 도가 심하면 심할수록 연산군의 사모의 정에 불을 지르는 빌미가 되었다. 또 그것은 분노로 변해갈 수밖에 없었다.

마침내 연산군은 모후의 처참했던 종말을 알게 되면서 어머니에게 내려지는 사약을 방치한 사람들에 대해 복수의 칼을 뽑아들었다. 두 번에 걸친 사화土禍로 얼마나 많은 사람들이 피 흘리며 죽어갔던가. 뿐만 아니라 모후의 폐출과 사사에 관련된 부왕의 후궁들을 잡아들여 자루 속에 넣고, 그녀 소생의 왕자들로 하여금 때려서 죽이게 하는 무자비함도 거침없이 자행하였다.

인수대비는 병상에 누운 채 연산군의 광태를 전해 듣고 예전과 다름 없이 진노부터 터뜨렸다. 부왕의 고명(윤비 사사에 관한 것을 재론하지 말라는 엄명)을 저버리는 불효를 저질렀다는 질책이었다.

이에 격분한 연산군은 인수대비의 가슴팍을 향해 술상을 던지는 패덕을 저지른다. 이 입에 담기조차 민망한 패륜이 있은 지 얼마 되지 않아서 인수대비는 병상에서 일어나지 못한 채 세상을 떠난다.

여기서 우리는 손자가 할머니에게 가하는 폭력과 만나게 된다. 아무리 포악무도한 사람이 저질렀다고 하더라도 용서받을 수 없는 패덕을, 강상과 윤기를 목숨보다 소중히 했던 유교 국가의 임금이 저질렀다면 그 비난의 도가 더 클 것임은 자명한 이치다.

어미 잃은 어린 손자를 훈도하면서도 손톱만큼의 빈틈도 용납하지 않았던 인수대비의 태산과도 같은 위엄이 오히려 어린 연산군의 가슴에 원한을 심어주었다는 점에서, 오늘을 사는 우리에게도 큰 깨우침을 주고 있음이 아니고 무엇이겠는가.

\*

연산군의 치세는 난정의 연속이었다.

강상과 윤기를 소중히 하였던 유교 국가의 신하들이 임금의 잠자리 시중을 들어야 할 기생들을 공개적으로 뽑아들이는 일(채홍사)에 나서면서도 부끄러워하지 않았고, 임금은 궐 안 경회루의 연못에 꽃배를 띄우고 그 기생들을 희롱하며 풍악을 즐겼으며, 그것도 모자라서 수많은 민가를 헐고 사냥터를 만들기까지 하였다.

역사는 난정의 연속이었던 연산조에 두 사람의 충절이 있었다고 적었다. 한 사람은 대사헌(지금의 검찰총장) 홍귀달洪貴達이요, 다른 한 사람은 놀랍게도 환관(내시의 별칭) 김처선金處善이었다.

내시 김처선의 사람됨을 살펴보기 위해서는 《연려실기술》에 적힌 그에 관한 기록을 살펴보지 않을 수 없다.

김처선은 관직이 정2품이었다. 연산주가 어둡고 음란하였으므로 김처선이 매양 정성을 다하여 간하니, 연산군은 노여움을 속에 쌓아두고 겉으로 나타내지 아니하였다. 일찍이 자신이 궁중에서 처용處容의 노릇을 하여 음란함이 한이 없을 때 김처선은 집안 사람에게 "오늘 나는 반드시 죽을 것이다" 하고 궁으로 들어가서 거리낌없이 말하기를 "늙은 놈이 네 임금을 섬겼고, 경서와 사서에 대강은 통하지만 고금에 상감님이 하는 것과 같은 이는 없었습니다" 하였다.

이에 연산주가 성을 참지 못하여 활을 당겨 쏘아서 갈빗대를 맞히자, 김처선은 "조정의 대신들도 죽음을 두려워하지 않는데 늙은 내시가 어찌 감히 죽음을 아끼겠습니까? 다만 상감께서 오래도록 임금 노릇을 할 수 없는 것이 한스러울 뿐입니다" 하였다. 연산주는 화살 하나를 더 쏘아서 공을 땅바닥에 넘어지게 하고 그 다리를 끊고서, 일어나라 하였다. 이에 김처선은 임금을 쳐다보면서 "상감은 다리가 부러져도 다닐 수가 있습니까" 하자, 또 그 혀를 끊고 몸소 그 배를 갈라 창자를 끄집어내었는데, 죽을 때까지 간함을 그치지 아니하였다. 마침내 연산주는 그 시체를 범에게 주고 조정과 민간에 처處자를 말하지 못하게 하였다.

《조선왕조실록》에도 김처선을 죽인 다음에 있었던 일들이 비교적 소상하게 적혀 있다.

우선, 처處자가 들어가는 백성들의 이름이나 용어를 다른 글자로 바꾸게 하였으며, 김처선의 양자 이공신李公信을 주살하였고, 김처선 부모의 무덤을 뭉개고 석물을 치우라 하였으며, 김처선과 이공신의 처는 내사복시의 종으로 삼아 평생 동안 말을 먹이는 일에 종사하게 하였다.

위의 두 기록을 읽노라면 몇 가지 관심 끄는 대목을 발견하게 된다. 내시 중에도 경서와 사서에 통달한 사람이 있었고, 따라서 대감이라 불리는 2품직에 오를 수가 있었다는 사실이다. 또한 성 불구자인 내시에게도 처첩이 있었으며, 성姓이 다른 양자를 들여서 후계자를 삼았다면 족보도 있었을 것이며, 게다가 부모의 무덤을 호화롭게 꾸밀 만큼의 재력이 있었다는 사실 등이 얼마나 흥미로운가. 그렇다면 내시의 실상에 대하여 좀더 소상히 살펴볼 필요가 있다.

*

내시가 일종의 신체장애자임은 누구나 다 아는 일이다.

그들이 장애자임은 확실하지만, 어느 정도의 장애를 가지고 있는가 하는 문제는 종종 논란의 대상이 되기도 한다.

첫째, 성기인 남근과 고환 자체가 없다는 설과, 둘째, 남근은 있으나 고환만이 없어서(혹은 거세하여서) 오직 생식 기능만이 없다는 설이다. 전자의 경우라면 성행위가 불가능하겠지만, 후자의 경우라면 성행위는 얼마든지 가능하지만 생식 기능만 없다는 것이 된다.

어찌되었거나 소위 고자라고 불리는 장애자가 내시의 개념이 되겠지만, 여기에도 선천적인 고자냐, 아니면 궁형宮刑과 같은 형벌에 의해 인위적으로 만들어진 고자냐 하는 것이 논란의 대상이 된다.

이상의 상태, 즉 남근은 있으나 고환이 없다와 남근과 고환이 모두 없다는 두 종류의 장애자 중에서, 혹은 태어날 때부터의 고자와 인위적으로 만들어진 장애자 중에서 어느 경우가 내시에 합당할 것인가를 따진다면 논란의 여지가 얼마든지 있겠지만, 모두 내시의 요건을 갖추었다는 점에서는 의심할 여지가 없다.

선천적인 고자, 다시 말하여 고자로 태어나는 것은 의학적인 문제이기에 내가 거론할 일은 아니나, 인위적으로 남근이나 고환을 거세하는 것으로 생식 기능을 제거하게 된 연유나 배경에 대해서는 옛 기록에서 살펴볼 수가 있다.

인위적으로 고환을 잘라내어 고자를 만드는 것(거세를 하는 일)에는 세 종류가 있다.

먼저 로마 시대로 거슬러 올라간다. 그 시절 궁에서 노래를 부르는 소년합창단이 있었는데, 소프라노 파트의 소년들이 변성기를 맞으면서 목소리가 탁해졌던 탓에 좋은 화음을 유지하기 위해서 변성기가 오기 전에 소프라노 파트의 소년들의 고환을 거세하기 시작하였다는 기록이 있다.

고환을 제거하면 호르몬이 큰 변화를 일으키면서 수염이 나지 않고 목소리가 맑아진다는 의학적인 뒷받침까지 설명되어 있으니까, 일단은 신빙성이 있는 기록임에 분명하다.

둘째, 궁형이라는 형벌로 성적인 기능을 제거하여 임금의 여자들인 비빈들의 시중을 들게 하거나 감시하게 한 경우이다. 내시는 아니지만 비빈들의 거처를 출입할 수 있었던 사마천의 경우가 여기에 해당될 것이다.

셋째, 스스로 고자가 되기를 자청하여 남근과 고환을 잘라내고 내시가 되는 경우이다. 여기에도 그에 합당한 여건이 마련되어 있었음에 유의할 필요가 있다.

우리 나라에서도 고려시대 초기까지는 내시가 고위관직을 겸직할 수 있었으므로 인위적으로 생식 기능을 제거한 예가 있었을 것이지만 그 구체적인 기록은 찾기가 어렵다. 반면 중국에서는 내시의 지위가 상서尙書(조선시대의 판서와 같음)의 자리에도 오를 수 있었기에 선천적인 고자만으로 그 수요를 충당할 수가 없었다. 그러므로 남성을 상징하는 신체의 일부를 훼손해서라도 내시가 되는 것은 매력적인 일이 아닐 수 없다. 사정이 이와 같다면 남근과 고환을 제거하는 시술이 은밀히 성행될 수밖에 없다.

기록은 남근과 고환을 제거하는 시술과정을 세밀하게 적어놓지는 않았으나 "…남근과 고환을 제거하고 나서 요도에 밀대롱을 꽂고 재를 뿌린다. 상처가 아물고 밀대롱으로 오줌이 흘러나오면 시술은 성공한 것"이라고 적혀 있다. 이 과정은 오늘날 돼지를 거세하는 방법과 조금도 다르지 않다.

시술은 성공하였다고 하더라도 절단된 부위는 어찌하는가? 더러는 찾아가기도 하고 더러는 시술한 곳에 맡겨놓았다고 하는데, 어떤 방법으로 어떻게 보관하였다는 기록은 없어도 보관의 필요성에 대한 해답은 분명하다.

동양사상에, "신체발부수지부모身體髮膚受之父母 불감훼상효지시야不敢毀傷孝之始也"라는 것이 있으니, 몸이며 머리칼은 물론이고 피부에 이르기까지 모두가 부모님이 물려주신 것이니, 감히 훼손할 수 없음이 효도의 시작이라는 뜻이고 보면 잘라낸 남근이나 고환 없이는 죽어서도 관 속에 들어갈 수가 없다. 그러므로 고위관직에 오른 내시나 부를 누리게 된 고자들은 잘라낸 부위를 비싼 값으로 다시 사들여야 했다.

우리 나라에서도 인위적으로 남근이나 고환을 제거하는 경우가 더러 있었다. 심산유곡에서 사는 화전민들이나, 극도로 빈한하여 입에 풀칠하기가 어려운 사람들이 갓 태어난 사내아이의 남근을 제거해주는 것으로 가난에서 해방(내시라도 할 수가 있다면)되기를 기원하는 풍조가 바로 그것이다.

이런 경우, 갓난아기의 남근에 명주실을 감아놓으면 발육이 부진하다가 어느 시기에 이르면 떨어져나가게 된다. 또 다른 경우는, 고위관직에 있는 내시들이 후계를 위하여 양자를 들이고 거세를 하는 경우이다.

김처선의 양자가 성이 다른 이공신이며, 그의 행적이 《조선왕조실록》에 등재되어 있는 것으로 미루어 이를 입증할 수가 있다.

*

우리 나라의 내시들도 고려시대 초기까지는 고위 관직을 겸할 수가 있었음은 앞에서 거론한 바와 같지만, 그러자니 내시들이 자행하는 폐해 또한 이만저만이 아니다.

내시는 군왕과 가장 가까운 거리에 있었기에 조정의 기밀을 누구보다도 소상히 알 수가 있었고, 각 정파간의 반목과 대립도 정확하게 파

114

악할 수가 있다. 그러므로 각 정파나 문벌의 우두머리들은 내시를 매수하여 그들이 알고 있는 정보를 비싼 값에 사들일 수밖에 없었고, 또 군왕은 자신의 손발과 같은 내시들의 노고를 치하한다는 명목으로 토지와 재물을 자주 하사하였다.

내시가 대단한 부를 누리면서 여러 처첩을 거느리고 호화롭게 살 수 있었던 것은 주변의 여러 가지 여건이 그들에게 위세를 제공해주었기 때문이다. 따라서 희대의 명신 서열에 내시가 있고, 희대의 간신 서열에도 내시가 있었기에 당나라는 내시 때문에 흥했고 내시 때문에 망했다는 고사가 있다. 또《조선인물고朝鮮人物考》에도 명신란에 내시가 소개되어 있다.

고려 공민왕 때 막강한 세도를 누리던 최만생崔萬生이라는 내시는 끝내 공민왕을 침실에서 시해하지 않았던가. 바로 이 같은 폐해를 막기 위해 조선시대에는 내시의 겸직을 허용하지 않으면서도 그들을 유용하게 쓸 수가 있었다.

내시부의 우두머리를 판내시부사判內侍府事라고 부른다. 관직에 '판'이 붙으면 판서의 지위와 같은 1품직이고 보면 실제로 장악하는 업무가 없다고 하더라도 대감으로 불리는 막중한 지위가 아닐 수 없다.

그런 판내시부사의 밑에 상선尙膳이 두 사람이니 모두 종2품이요, 상온尙醞과 상다尙茶가 각각 한 사람이니 이들은 정3품이다. 이 같은 서열로 종9품까지가 55명이요, 그밖에도 수많은 무품의 내시가 있었으며, 내시부의 정원은 140명이다.

내시들에게 성한 관리들보다 더한 세도(?)가 있었다는 사실은 명문대가에서 내시에게 다투어 딸을 주었다는 사실로 미루어보면 더욱 자명해진다. 내시가 고자와 같이 성행위가 불가능한 것을 알면서도 귀한 딸을 그들에게 출가하게 하는 것은 딸을 팔아서 치부를 하거나 출세길을 터보겠다는 탐욕이 아니고 무엇이겠는가.

내시 사위를 보는 명문가가 늘어나자 연산군은 10년(1504) 5월 14일, 의정부에 다음과 같은 전지를 내린다.

> 내시들이 외간 사람들과 상통하니 궁중의 일이 혹시라도 누설될 것인데, 더구나 인아姻婭(양쪽 사돈가 동서간의 통칭)와 관계가 되는 자임에랴.
>
> 지금 내관들이 많이 조정 관원들의 친족들에게 장가를 들어 아내로 삼으니 그 사이에 어찌 인연으로 왕래하여 궁궐 안의 일을 전파함이 없겠는가. 내시의 처족妻族 되는 조정 관원은 외방으로 내보내어 서울에서 살지 못하게 하되, 내관이 죽은 다음에야 서울로 돌아올 수 있음을 중외에 알리라.

이 같은 전지에 따라 조사를 하였더니 내시를 사위로 맞은 사람은 첨지사 조한손 등 무려 32명으로 나타났고, 또 정효창鄭孝昌이라는 내시는 왕후의 친족에게 장가를 들었음이 밝혀지자 곧장 1백 대를 때려서 귀양 보냈다고 《연산군일기》에 기록되어 있을 정도이다.

내시들의 비행을 미연에 방지하기 위하여 내시들의 처족에 대해서는 이같이 엄하게 다스리면서도 정작 당사자에게는 관대하였다. 어차피 가까이 두고 부려야 했기 때문일 것이리라.

사대부가 1품의 벼슬에 오르면 그 부모에게도 벼슬을 추증한다. 이와 같은 예에 따라 내시들에게도 직첩이 높은 자에게는 그 부모에게 직첩을 추증하라는 전지가 있었는가 하면, 직첩이 높은 내시들이 출입할 때는 길을 인도하는 구종도 쓰게 하였고, 벼슬아치나 사림들이 내시를 무시하거나 업신여기면 엄히 치죄하라는 전교까지 있었던 것으로 보아서 내시의 위세가 결코 만만치 않았음을 알 수가 있다.

그런데 내시와 궁녀들과의 사랑이 발각되어 대궐을 쫓겨난 사례가 있다면 고자가 아닌 가짜 내시가 있었다는 것이 된다. 연산군 10년 (1504) 9월 7일조의 《연산군일기》에는 다음과 같은 전교가 등재되어 있다.

　　환관 이경李璥과 석극산石克山을 전의감典醫監 관원을 시켜 그들의 음근을 상고해보도록 하라.

얼마나 놀라운 일인가. 이 기사의 내용으로 미루어본다면 성한 사람이 궁궐에 잠입하여 내시 행세를 하고 있었다는 것이 된다. 그 실례로 연산군은 가끔 내시들의 바지를 내리게 하고 공개리에 그들의 하초를 살폈다는 기록 또한 《연산군일기》에 등재되어 있음에랴.

# 조광조의 도학정치사상

비록 나라를 이롭게 하고 백성을 편하게 하는 데에
관계되는 일이라 하더라도 사람들 모두가 옳지 못하다고
말한다면 임금이 마땅히 굽어보고 좇아야 할 것이다. ― 황희

　나와 같이 역사 드라마나 역사소설을 쓰는 작가의 눈으로 보면 요즘
의 세태가 어수선하다 못 해 한심하다는 생각이 들 때가 많다. 그 한심
하다는 작태도 따지고 보면 이미 우리 선현들이 겪고 체험한 일들이었
던 까닭으로 심판의 결과 또한 역사의 기록으로 남아 있다. 그럼에도
불구하고 개선책의 정답을 찾지 못한 채 허둥거리고만 있는 것은 역사
에 대한 외경심이 부족한 탓일 테지만, 간혹 정답 비슷한 것이 입으로
는 거론되면서도 실행될 기미는 전혀 보이지 않는다. 역사 앞에서는 참
으로 송구한 노릇이지만 그래도 감시의 눈은 똑바로 뜰 수밖에 없다.
　주위의 많은 사람들이 지적하는 대로 우리 사회에 성한 곳이 없을
만큼 구조적인 비리와 부조리가 만연되어 있는 것이, 나와 같은 역사
소설을 쓰는 작가들에게는 기막힌 소재 제공이 아닐 수가 없다. 개혁
세력은 주인공이 되고 개혁에 반발하는 기득권세력은 악역으로 설정

하기가 안성맞춤일 것이기 때문이다.

역사를 일러 범죄와 재난의 기록이라고 말한 사람도 있고, 역사를 심판이자 법정이라고 정의한 사람도 있지만, 뭐니뭐니해도 타고르의 공언이 탁견이 아닐 수 없다.

"인간의 역사는 학대받은 자의 승리를 참을성 있게 기다리고 있다."

그럴지도 모른다. 당대의 학대받은 실패자가 죽어서 그 용명을 떨치는 경우가 허다하기 때문이다. 우리 역사의 경우 정암靜庵 조광조趙光祖가 그 같은 역사의 비정함과 준엄함을 기막히게 잘 입증하고 있다.

조광조는 개혁을 주도하였다가 목숨을 잃은 실패자의 한 사람이지만, 아이러니하게도 그는 개혁 주도 세력의 대명사로 불리고 있다. 또 그의 개혁의지는 빛을 보지 못하였지만, 그가 개혁하고자 했던 내용은 대단히 중하고 시급했던 것이었다. 그렇다면 무엇이 조광조의 개혁의지를 그토록 참담하게 짓밟아버렸는가. 말할 것도 없이 기득권을 지키려고 몸부림쳤던 수구세력이다. 그들은 조광조의 목숨을 앗아내고서야 웃을 수가 있었다. 부패로만 살찌울 수가 있었던 기득권을 지켜갈 수 있었기 때문이다. 그러므로 개혁은 어떠한 경우에도 기득권세력의 명리와 실익을 응징하고서만이 성공을 거둘 수가 있다.

개혁의지의 대명사로 불리는 정암 조광조는 성종 13년(1482)에 태어났다. 그는 감수성이 예민했던 청소년 시절을 혼탁의 극치라고 할 수 있는 연산군 시대의 암울했던 현상을 몸소 체험하면서 보냈다. 강상과 윤기를 치도의 이념으로 삼았던 조선왕조에서 연산조와 같은 패덕의 시대가 생겨났던 것도 역사의 흐름이 빚어내는 필연의 결과일 수밖에 없다.

수양대군이 김종서 · 황보인과 같은 수구세력을 창칼로 제거한 계유정란의 명분은 왕도정치를 표방하는 개혁이었다. 그러나 세조의 집권 13년은 개혁은 고사하고 쿠데타의 실세들을 새로운 기득권세력으로 만들어냈다.

세조는 자신의 측근들이 자행하는 비리와 축재를 관대히 묵인하기도 하였고 때로는 철저하게 비호하기도 하였다. 그 결과 비대할 대로 비대해진 기득권세력에 의해 자신의 왕권 유지가 위험지경에 와 있음을 깨닫게 된다. 대책을 강구하지 않을 수 없는 일이다. 세조는 말년에 이르러 기득권세력을 견제할 수 있는 새로운 개혁세력(귀성군·남이·유자광 등)을 양성하려 했으나, 자신의 죽음으로 그 뜻을 이루지 못했다.

세조의 뒤를 이은 예종조(재위 1년)에 이르러 귀성군과 남이는 유자광이라는 새로운 기득권세력(어제까지는 동지였지만)에 의해 무참한 종말을 맞게 됨으로써 한 시대의 종막을 고하게 된다.

예종의 뒤를 이은 성종은 열세 살의 어린 나이로 또 다른 기득권세력(한명회·신숙주 등)에 의해 옹립되었고, 그의 치세는 이른바 원훈元勳의 자리를 굳히고 있던 계유정란의 주역들이 뿜어내는 경륜, 아니 그들의 전횡과 독단에 의해 태평성대의 틀을 잡아가기 시작한다. 그러면서도 그들에게 대항할 개혁세력이 고개를 들지 못했던 것은 권력의 핵이라고 할 수 있는 세조비 정희왕후貞熹王后와 성조의 모후인 인수대비(한명회의 안사돈)의 철저한 비호가 있었기 때문이다.

연산조의 탄생은 기득권세력의 배후인물인 인수대비의 불호령에 대소신료들이 무릎을 꿇었던 결과였음은 앞장에서 거론한 바와 같지만, 관원들의 창의력이 퇴화되고 줄서기에 능해야 살아남을 수 있었던 시대라면 개혁을 주장하는 새로운 세력의 태동은 불가피할 수밖에 없었다.

조광조가 열여섯이 되던 해(1498)에 당대의 양식良識 집단이었던 사림들이 일거에 참살되는 무오사화戊午士禍의 참극을 지켜보게 된다. 이때 그는 아버지 조원강趙元綱이 찰방으로 있는 어천魚川(지금의 영변)에서 학업에 열중하고 있었다.

이 무렵 무오사화에 희생된 김굉필金宏弼이 희천熙川으로 유배되어 온다. 호가 한훤당寒暄堂인 김굉필은 당대의 대유大儒 점필재佔畢齋 김종직金宗直의 문인으로 사림들의 존경을 한몸에 받고 있었다.

하늘을 대신하여 만물을 다스리는 데는 현명하고 유능한 사람보다 더 급한 것은 없고, 현명한 사람을 가리고 유능한 사람을 뽑는 데는 소인들에 가리어지고 막히어 통하지 않는 것보다 더 걱정되는 것은 없다.

사림이 핍박을 받으면 나라의 경영이 온전할 수 없다는 김종직의 인재론이다. 조광조는 김종직의 학통을 이어받은 김굉필의 문하가 되어 그의 사상을 전수받게 된다. 후일 조광조가 이상정치를 구현하려 했던 이른바 '도학정치사상道學政治思想'과 '군자소인지론君子小人之論'과 같은 정심법正心法으로의 접근은 김굉필의 문하에서 터득하고 다듬어진 것으로 보여진다. 성급한 것 같지만 그의 '군자소인지론'의 핵심부터 살펴보기로 하자.

재이災異가 일어나게 되는 것은 소인이 군자를 모함하는 데 있다. 사실 군자와 소인을 분별하는 것은 대단히 어려운 일이다. 왜냐하면 소인은 군자를 소인이라 하고, 군자도 소인을 소인이라 하기 때문이다. 그리고 소인은 인주人主(임금)와의 접견시에 예모를 갖추고 좋은 말로 수식함으로써 그를 가려내는 것이 용이할 수가 없다.

참으로 기막힌 말이 아닐 수가 없다.

개혁이란 군자연하는 소인의 무리를 다스리는 일이다. 그러나 그 같은 소인의 무리를 분별해내기가 어려운 것이 문제가 아니겠는가. 소인의 무리는 권력의 주변에서 서식하면서 언제나 듣기 좋은 말로 수식하고 있기 때문이다.

창칼로 기득권세력을 몰아냈던 계유정란으로부터 연산조로 이어진 기득권세력은 공교롭게도 '중종반정'이라는 쿠데타에 의해 몰락한다. 중종반정을 주도했던 박원종朴元宗 등의 실세들을 또 다른 기득권세력으로 등장하면서 그들의 개혁의지는 기득권을 지키는 쪽으로 퇴색한다.

타인에 의해 임금의 자리에 오른 중종은 새로운 기득권세력으로 등장한 정국공신들의 눈치를 살피는 데 급급했고, 기득권세력의 오만은 점차 친인척의 비리로 확산되었다.

조광조가 진사시에 장원을 하고 성균관에 적을 두게 된 것은 이 무렵이다. 이때 이미 그의 학문과 인품은 원숙의 경지에 들어서 있었다.

조정의 고위관직 중에서 그나마 양식을 대변하고 있던 이조판서 안당安瑭은 무력해진 조정에 새로운 기운을 진작해야 한다는 명분으로 신진사류新進士類의 특채를 시도하였다. 그러자니 성균관 유생 중에서 믿음직한 인재들을 등용할 수밖에 없었다. 그렇게 선발된 사람이 조광조를 비롯한 김식金湜 · 박훈朴薰 등 세 사람이다.

과거에 등과하지 않은 사람이 관직에 등용되는 것은 선대先代의 공훈에 힘입어 음서蔭敍의 혜택을 적용받는 것이 상례이지만, 이 세 사람은 음서의 혜택이 아니었으므로 대단한 파격이 아닐 수가 없다.

서른넷의 조광조에게 주어진 첫 관직은 종6품의 벼슬인 조지서造紙署의 사지司紙였다. 맡은 임무는 별것 아니었어도 남의 부러움을 사서 마땅한 등용이지만, 조광조는 이를 탐탁지 않게 여겼다.

이 무렵 조광조는 《소학小學》을 몸에 지니고 다닐 만큼 애독하였다. 결과론이지만 그는 성리학의 거벽으로 추앙받게 된다. 이미 그의 학문이 완숙의 경지에 이르러 있었음에도 《소학》을 들고 다니면서까지 애독한 것은 모든 고전古典의 에센스만을 간추려놓은 책이기 때문이다.

소인배들은 바로 이 점을 비아냥거렸다.


一部小學須勤讀 司紙功名自然來
일부의 소학을 부지런히 읽으라. 사지의 공명이 절로 올지니


조광조는 자신을 비아냥거리는 따가운 눈초리에도 아랑곳하지 않은 채 자신의 소임에 열중하면서 과거에 응하기로 다짐한다. 정정당당하게 입신의 길을 열어나가기 위한 비장한 결기였다.

마침내 중종 10년(1515) 8월 22일에 시행된 문과전시文科殿試에서 그는 차상의 성적으로 등과하였다(조광조가 장원급제하였다는 것은 잘못된 것이다).

이후 조광조는 성균관 전적典籍(정6품)으로 승진한다. 성균관은 그에게 있어 마음의 고향이나 다름이 없다. 그의 학문과 인품은 익히 알려져 있었으므로 옛 동료들과 후학들은 조광조를 따뜻이 맞아주었다. 따라서 조광조는 성균관 유생들과 신진사류의 중심 인물로 급부상하게 된다.

＊

조광조는 도학정치사상의 구현을 위해서는 사람을 만나는 일에도 신분을 가리지 않았다. 그 실례가 갖바치와의 교유다. 갖바치는 가죽을 만진다는 뜻으로 '양수척揚水尺' 혹은 '화척禾尺'이라고 불리는 백정의 부류를 뜻한다. 철저한 계급사회였던 조선시대의 지배계급인 사대부의 신분으로 갖바치와 교유하면서 도학정치사상의 구현을 꿈꾸었다는 사실로도 조광조의 큰 인물됨을 알 수가 있다.

역사를 읽으면서 가정이 성립되지 않는다는 것은 이미 여러 차례 언급한 터이지만, 만일 조광조가 그렇게 일찍 비극적인 종말을 맞지만 않았어도 그와 교유하였던 갖바치가 조정의 요직에 등용되었을 것이라는 설까지 있고 보면 조광조의 개혁의지가 얼마나 급진적이었는지 알 수가 있다.

조광조의 개혁의지가 중종 임금에게 전달되는 기회는 뜻밖으로 빨리 왔다. 그가 사간원 정언正言(정6품)으로 자리를 옮기면서 경연관을 겸하게 되었기 때문이다.

임금은 학문을 연마하고 경륜을 높이기 위해 경연經筵을 열어야 하는데 경연은 열리는 시간에 따라 조강朝講, 주강晝講, 석강夕講, 야대夜對로 구분된다. 세종이나 성종 같은 성군들은 경연에 나가서 학문을 연마하는 것을 침식보다 더 중히 하였다.

경연관으로 발탁되어 조강이나 야대에 참석하게 되면 임금과의 직접 대화가 가능하였기에 신하로서는 큰 영광이 아닐 수가 없고, 또 임금의 신임도 얻을 수가 있었으므로 경연관이 되는 것은 출세길을 보장받는 것이나 다를 바가 없었다.

여기에는 약간의 부연설명이 필요하다. 조선왕조는 전제군주 시대로 구분되지만 언론의 자유가 거의 완벽하게 보장되어 있었다. 그것은 지금과 같이 신문이나 방송에 의해서가 아니라 경연에서는 직언을 할 수 있었으며, 밖에서는 상소문을 올릴 수 있는 제도적인 장치가 마련되어 있었다. 더욱 놀라운 것은 언관言官 혹은 간관諫官으로 구성된 부처까지 있었다는 사실이다.

사헌부의 소임은 백관을 감찰하여 기강의 해이를 고발하고 풍속의 문란을 감시하며 억울하게 당하는 사람들이 없도록 하려는 것이며, 부정과 비리를 근원적으로 발본하려는 사정司正기관이다. 사간원은 간쟁諫爭과 논박의 일을 관장하는 기관으로 임금의 잘못도 직간할 수 있었다. 사헌부와 사간원을 양사兩司라고 하는 것은 기관명의 '첫' 자를 딴 것이지만, 사실은 그 소임이 비슷하고 중하였기 때문이다.

항상 이르기를 '양사의 관원들이 벌떼같이 일어났다'고 하는데, 이는 임금의 잘못까지도 질타할 수 있는 질책이었기에 조정의 고위관직들에게 큰 잘못이 있다는 뜻이며 동시에 거기에 저항하는 상황을 말한다. 그러므로 왕실이나 조정에서 저질러진 어떠한 비리도 여지없이 처단할 수 있는 제도적인 장치가 마련되어 있는 것이며, 또 그것은 언로言路의 완전한 소통을 보장하고 있었다는 뜻이기도 하다.

개혁에 뜻을 두었던 조광조가 언관이 되었다는 것은 그의 오랜 꿈을 실현할 수 있는 절호의 기회가 현실의 일로 다가온 것이나 다를 바가 없었다.

조광조는 언관으로서의 첫 임무를 직속상관인 대사간 이행과 대사헌 권민수의 파직을 요구하는 것으로 시작하였다.

조광조의 언론관은 이러하다.

언로가 통하고 막히는 것은 종사의 흥망과 가장 깊은 관계 위에 있다. 통하면 다스려지고 편안하며, 막히면 어지러워지고 망한다. 임금이 몸소 언로를 넓히기에 힘써서 위로는 공경대부公卿大夫·백집사百執事로부터 아래로는 누항閭巷·시정市井의 백성들에 이르기까지 모두 말하게 될 것이다. 그러나 언책言策이 없으면 스스로 말을 극진하게 할 수가 없으므로 종래에 가서는 언로가 막혀 임금은 백성의 일에 어둡게 된다.

요즘의 일로 바꾸어 설명하면 검찰청의 하급관리가 검찰총장과 감사원장의 파면을 대통령의 면전에서 주장한 셈이다. 어찌 지금의 공직자들이 상상이나 할 수 있겠는가.

직속상관의 파직을 요구하는, 그것도 언관의 우두머리격인 대사헌과 대사간의 파직을 직간하는 조광조의 뜻이 받아들여졌다는 사실은 조선시대의 언로가 완벽하게 트여 있었음을 입증하고도 남는다. 훈구대신(기득권세력)들의 오만과 독선에 시달리던 젊은 지식인들은 조광조에게 경도되지 않을 수 없다.

개혁세력으로 등장한 신진사류들 못지않게 조광조에게 매료된 사람은 중종이다. 그는 조광조의 도학정치사상을 신선한 충격으로 받아들였고, 자신의 치세에 그것을 실현하리라고 다짐한다.

"정암은 과인의 스승이로세."

중종은 조광조의 강론을 들을 때마다 성군의 길이 열리고 있음을 완연하게 느낄 수가 있었기에 그와의 만남을 하늘의 뜻이라고 여겼고, 조광조는 중종의 신임을 한몸에 받으면서 '성왕지도聖王之道'를 깨우치도록 충언을 거듭하였다. 그것은 요순堯舜 시대를 재현하자는 것이었다. 그러기 위해서는 성리학의 이상을 실현해야 한다. 따라서 조광조는 '군자소인지론'을 열강한다.

　　큰 간신은 충신 같고, 큰 탐관은 청백리 같다.

　이 또한 군자와 소인을 구별하기 어렵다는 뜻이지만 사람을 가려 쓰는 중요성을 강조하는 말이 아니고 무엇이겠는가.

　이에 감동한 중종은 조광조를 한 달 사이에 네 번이나 승차시켰다. 즉, 종5품직인 홍문관 부교리를 거쳐 응교應敎(정4품)에 이르게 하였으니 파격의 승차가 아닐 수 없었다. 조광조가 자신의 개혁의지를 구체화한 것은 이때부터였다.

*

　조광조가 도학정치사상의 구현을 시도하여 성공한 첫번째 쾌거는 정몽주鄭夢周의 위패를 문묘文廟(성균관)에 배향하는 일이었다. 성리학을 학통의 근본으로 삼기 위해서는 조선 성리학의 시조격인 정몽주의 위상을 높여야 했기 때문이다. 조선왕조의 창업을 탐탁지 않게 여겼던 포은 정몽주의 학덕과 위상을 높이는 일에 성공한 조광조는 일약 신진 사류들의 영웅으로 급부상할 수밖에 없다.

　그 다음으로 성공한 것이 과거제도의 개혁이다. 요즘 입시부정으로 천지가 떠들썩한 우리의 현실과도 어지간히 맞아떨어지는 대목이다.

　조선시대의 과거제도가 비리의 온상이었기에 조광조의 복안은 설득력이 있다. 한 국가의 경영을 떠맡을 인재의 선발방법으로 반나절 동안의 시문詩文만으로 평가하여 정하는 것으로는 참된 인재를 선발할 수가 없다는 것이었고, 또 과거가 비리의 온상이므로 이를 거부하는 사람도 있을 것이니 각 고을의 수령방백들로 하여금 초야에 묻혀 있는 인재를 천거하게 하여 그들에게 시험을 보게 함으로써 이론과 실행을 겸비한 참된 인재를 가려 뽑을 수가 있다는 것이다.

이 같은 제도는 이미 한나라 때 시행한 바 있는 '현량방정과賢良方正科'에서 따온 것이다. 이미 조광조의 개혁의지에 매료되어 있던 중종이 이를 마다할 까닭이 있을까. 그렇게 해서 시행된 것이 '현량과'라는 과거제도다. 이 획기적인 제도에 의해 새로운 인재가 등용되는 것은 당연한 일이다.

현량과 시행을 계기로 조광조는 다시 홍문관 부제학副提學(종3품)으로 승차하게 된다. 결국 조광조는 조지서의 사지로 관직에 나선 지 3년이 채 못 되어 당상관인 3품직에 서용된다. 이 승차가 얼마나 파격적인지 당시 사관들의 견해가 《중종실록》에 적혀 있을 정도이다.

조광조는 소시부터 검칙청수하여 크게 이름을 날렸다. 처음에는 조행操行으로 성균관에서 천거되어 사지가 되었고, 얼마 안 가서 과거에 2등으로 뽑혀서 여러 번 청요한 벼슬을 지내다가 이때에 이르러 부제학의 직을 제수받게 된 것이다. 출사한 지 30개월이 채 못 되었으므로 사람들은 고금에 없는 일이라고 하였다. 그를 따르는 자가 날로 늘어갔고, 주상도 그를 중히 여겼다. 그 사람됨이 청고淸高하고 인물의 옳고 그름을 가려 개연히 세상을 바로잡고 풍속을 정하게 하는 것으로 자신의 임무를 삼으니, 공경 이하가 모두 외경하고 혹은 피하기를 원수처럼 하는 자도 있었다.

마지막 대목에 유의해야 한다. 조광조를 피하기를 원수처럼 하는 자가 있었다면 그들이 누구이겠는가. 자신들의 기득권이 박탈되는 것을 두려워하는 수구세력이 아니겠는가. 그러므로 개혁은 적을 만들게 되고, 그 적을 다스려야만 원하는 성과를 얻을 수가 있다.

조광조는 이상적인 임금의 조건도 제시하였다.

임금의 덕은 공경보다 큰 것이 없고, 안에서 실천이 있은 뒤에라야 아랫사람들이 보고 감화를 일으키게 됩니다. 일을 제도하고 만물에 응하기를 마치 거울과 같이 비고 저울처럼 공평할 것이며, 임금의 용색容色도 단정하고 엄하면 환관이나 궁첩宮妾이 스스로 가까이 못 하게 되는 것입니다.

중종에게 있어서 조광조의 존재는 크나큰 의지처나 다를 바가 없다. 이때 중종의 춘추 서른 살, 타의에 의해 임금의 자리에 올라 자신을 옹립한 기득권세력의 눈치만 살피다가 조광조에 의해 왕도정치에 눈뜨게 되었으니, 자신의 치세를 요순시대와 같은 선정의 시대로 만들고 싶은 것은 당연하다. 또 그것은 조광조의 도학정치사상이 꽃피는 것과 맥을 같이한다.

조선왕조가 창업된 지 126년, 역대 어느 왕조에서 서른여섯 살의 젊은 관원이 이 같은 영향력을 행사한 일이 있었던가. 그러므로 조광조의 존재는 신진사류들에게는 영웅이었고, 기득권세력에게는 원수일 수밖에 없다.

조광조는 임금의 신임을 등에 업고 보다 본격적으로 개혁작업에 착수한다. 이때는 조광조를 중심으로 한 개혁세력이 형성되어 있었다. 김식·김준·김정·유인숙·이청·윤인필·박세훈 등은 한결같이 유림을 대표하는 젊은 사류들로 모두 요직에 올라 있다.

이들은 소격서昭格署의 혁파를 주장하고 나섰다. 소격서는 중국의 도

학사상에서 유래된 것으로 도교의 일월성진日月星辰을 구상화한 성제
단星祭壇을 세우고 거기에 제사를 지내는 업무를 관장하는 곳이다. 겉
으로 보아서는 미신타파였지만 실제로는 비빈들의 낭비를 근절하려는
개혁의 일환이다.

비빈들이 막대한 비용을 들여서 행운을 비는 풍조는 백성들에게까
지 전파되어 요행을 바라는 사행심을 부추기는 지경이다. 그러나 중종
은 이의 혁파를 완강히 반대하고 나선다. 성군이라 불리는 세종이나
성종도 소격서를 혁파하지 않았다는 것이 그 명분이었지만, 실제에 있
어서는 비빈들과 종친을 비롯한 기득권세력의 압력을 받고 있었기 때
문이다.

*

조광조를 비롯한 그를 따르는 신진사류들은 물불을 가리지 않을 정
도의 반발을 보인다. 대간들은 사임으로 항거하였고, 조광조 등은 새
벽이 되도록 어전에서 물러나지 않은 채 중종의 윤허를 강요하였다.

마침내 기득권세력들은 익명서(이름을 밝히지 않은 투서)를 만들어 돌렸
다. 조광조 등의 신진사류들이 국정을 어지럽히고, 임금을 협박하여
종사를 위태롭게 하는데 정녕 보고만 있겠느냐는 등 격렬한 내용이었
다. 이를 계기로 개혁세력과 수구세력 간의 갈등과 대립 양상은 원한
의 골이 패일 만큼 깊어갔다.

중종은 결사적으로 달려드는 개혁세력의 집요한 강청을 끝내 물리
치지 못했다. 중종 13년(1518) 9월, 마침내 소격서를 혁파하라는 왕명이
내려진다. 조광조를 정점으로 한 개혁세력의 위세는 하늘을 찌를 수밖
에 없다. 이제 그들이 주장하여 되지 않을 일은 없을 것이었다.

급기야 그해 겨울에 이르러 조광조는 대사헌大司憲의 지위에 오른다. 대사헌은 언로와 간관의 요체인 사헌부의 우두머리이다. 요즘 말로 바꾸면, 서른일곱 살의 검찰총장이 탄생한 셈이다. 그러나 여기에 오해가 있어서는 안 된다. 당시 대사헌에게 주어진 크나큰 책무는 지금의 검찰총장과는 비교가 되지 않기 때문이다. 그러므로 조광조에게 주어진 대사헌의 자리는 용에게 여의주를 물려준 것이나 다를 바가 없다.

이 엄청난 변화를 지켜보고만 있을 수구세력이 아니다. 그들은 딸을 후궁의 자리에 밀어올린 남양군 홍경주洪景舟를 중심으로 밀계를 도모하게 된다. 기득권을 지키기 위한, 아니 살아남기 위한 방편이었다. 여기에 심정·남곤 등 권부의 실세들이 가담했다. 이들의 밀계란 물론 조광조 등의 개혁세력을 일거에 제거하는 것이다. 목숨을 걸고 싸워야 하는 한판 승부가 아닐 수 없다.

중종의 치세는 어느 사이엔가 이들 대간들의 손아귀에 들어가 있었다. 그것은 왕명이 상소의 내용을 따르게 되었다는 뜻이다. 이젠 조광조의 발의가 없다고 하더라도 대간들은 무엇이든지 할 수가 있다.

"아니야, 이것이 아니었어!"

조광조는 탄식하였다. 그는 자신이 추구하고자 했던 왕도정치가 변질되어가고 있음을 뼈저리게 느끼면서 새로운 방도를 강구해야 되겠다고 다짐하고 있을 때, 개혁세력임을 표방하는 신진사류들은 참으로 엄청난 문제를 제기하고 나섰다.

"정국공신들의 훈작을 삭제하라!"

정국공신이란 연산군을 밀어내고 중종을 옹립한 반정공신을 말한다. 이들의 훈작을 삭제한다는 것은 수구세력의 기득권을 박탈하는 것이며, 원훈들에 대한 선전포고나 다를 바가 없다. 이 엄청난 선언은 조광조가 처음 발설한 것이 아니었지만, 기득권을 잃게 된 수구세력 쪽에서 본다면 조광조의 지시로 이루어진 것일 수밖에 없다.

신진세력들의 주장은 이러하였다.

병인년(1506) 반정 당시 아무 공도 세우지 않은 무리들이 박원종·성희안·유자광 등에 아부하여 공신의 서열에 오른 사람이 허다하다. 1등 공신까지는 용인할 수 있으나, 2·3등 공신들의 수는 줄여야 마땅하고 4등 공신은 없어도 무방하다. 공이 없는 공신들을 가려서 백성들에게 알림으로써 조정이 의롭다는 것을 보일 것이니….

보다 구체적으로는 삭제 대상이 무려 80여 명이나 되었다. 14년 전, 성공한 쿠데타에 의해 책봉된 공신들의 작호를 삭제한다는 것은 그들의 목숨을 앗아가는 것이나 다를 바가 없다.

홍경주·심정·남곤 등은 두 사람의 후궁과 결탁하여 중종의 마음을 뒤흔들기 시작하였다. 두 사람의 후궁이란 홍경주의 딸인 희빈熙嬪 홍씨와 박원종의 양녀인 경빈敬嬪 박씨를 말한다. 이들에 의해 꾸며졌다는 음모가 야사에 전해지는 이른바 '주초위왕走肖爲王' 사건이다. 대궐의 나뭇잎에 '주초위왕'이라는 네 글자가 새겨졌는데, '走' 자와 '肖' 자를 합자하면 '趙' 자가 되는 것이니, 조광조가 곧 임금이 될 것이라는 풍설을 퍼뜨렸다고 야사野史는 전하고 있지만, 실제로는 홍경주의 주청이 주효했던 것이다.

조광조 등이 작당하여 후진들을 끌어들여 불란을 일삼고, 소小가 장長을 누르며, 천賤으로 귀貴를 내치니, 국세는 어지러워지고 조정은 날로 말이 아니니 그 죄를 엄히 다스려서 마땅하다.

중종은 젊은 대간들의 주청과 강요에 기력이 쇠진할 만큼 지쳐 있었다. 그런 때에 홍경주의 간청이 있었으므로 며칠을 고심한 끝에 홍경주에게 조광조 일당을 치죄하겠다는 밀지를 내렸는데, 특이하게도 이 날의 밀지는 언문(한글)으로 되어 있다. 그 내용 중에 중종의 고심한 대목이 다음과 같이 적혀 있다.

저들을 어찌해야 좋을지 몰라 요즘에는 먹어도 맛을 알지 못하고, 자도 자리가 편하지 못하여 파리하게 뼈가 드러났다. 내가 이름은 임금이나 실상은 아무것도 알지 못하는데, 옛날에 유용근이 거만한 눈초리로 나를 보았으니, 이는 그가 나를 임금으로 여기지 않는 마음을 가지고 있기 때문이다. 경은 먼저 저들을 없앤 뒤에 나에게 알리는 것이 좋을 것이다.

중종의 고심이 아무리 컸기로 어찌 이 같은 밀지를 신하에게 내릴 수 있는가. 어쨌든 이 밀지는 개혁의 주도세력이었던 신진사류의 씨를 말리는 기묘사화의 신호탄이 되었다.

*

조광조와 그를 따르던 신진사류들이 일거에 체포되어 하옥된 것은 말할 나위도 없다. 애초에 조광조를 발탁하였던 안당은 그들에게 죄가 없음을 지성으로 탄원하였고, 성균관의 유생들은 자신들이 대신 죄를 받겠다고 자청하면서 거리로 뛰쳐나왔으나 대세를 되돌려놓을 수는 없었다. 게다가 기득권을 잃지 않으려는 수구세력들은 자신들의 명리를 위해 개혁에 반대하는 도를 넘어서서 개혁세력의 말살에 나선 것이다.

잡혀온 개혁의 주체들은 모질고 참혹한 고문에 시달리면서도 자신들에게 사심이 없었음을 당당히 주장하였고, 조광조 또한 자신의 심회를 떳떳이 밝혔다.

신의 나이 서른여덟입니다. 선비가 이 세상에 태어나서 믿는 것이란 임금의 마음 하나뿐입니다. 망령되게도 국가의 병통이 이욕利慾의 근원에 있다고 생각한 까닭으로, 국맥國脈을 무궁토록 새롭게 하려고 하였을 뿐, 다른 뜻은 없었습니다.

영의정 정광필과 안당은 그들의 구명을 위해 백방으로 애썼으나 끝내 무위로 돌아갔고, 병조판서 이장곤은 옥사에 술을 보내어 그들의 마지막 밤을 위로하였다. 그들은 그가 보낸 술을 마시면서 자신들의 비장한 심회를 시를 지어서 달래기도 했다. 그리고 다음날 중종의 어명이 내려진다.

조광조 · 김정 · 김식 · 김구 등에게 장 1백을 가하고, 조광조는 능주, 김정은 금산, 김식은 선산, 김구는 개령, 윤자임은 온양, 기준은 아산, 박세희는 상주尙, 박훈은 성주로 각각 유배하라.

이에 항거하는 성균관 유생 1천여 명은 거리로 달려나와 엄중 항의하는 소동을 피우기도 하였으나, 끝내 중종의 어의를 되돌려놓지는 못했다.

그리고 같은해 12월 20일, 조광조는 유배지 능주에서 중종이 내린 사약을 받게 되지만, 금오랑金吾郎이 사약을 가지고 와서 임금의 전지傳旨라고 말하자 그는 분연히 상소를 올리게 해줄 것을 청하였으나 뜻을 이루지 못하고 조용히 말했다.

국가에서 대신을 대접하기를 이와 같이 초라하게 함은 옳지 못하오. 그 폐단은 장차 간사한 무리로 하여금 자기가 미워하는 사람을 멋대로 죽이게 할 것이오.

사약을 내리는 절차가 허술하면 장차 어명을 사칭하여 미워하는 사람을 사사賜死할 수도 있을 것이라는 뼈아픈 지적을 마치고 조광조는 의관을 정제하였다. 그리고 주군이 내린 사약을 마시고 서른여덟 살의 극적인 삶을 마감하였다.

조광조는 사약을 마시기 직전에 중종을 그리는 시 한 수를 지어서 남겼다.

愛君如愛父
憂國如憂家
白日臨下土
昭昭照丹衷
임금을 어버이처럼 사랑하였고
나라를 내 집처럼 근심하였네
해가 아랫세상을 굽어보니
붉은 충정 밝게 비추어주리.

후세의 사람들은 정암 조광조의 개혁의지가 급진 과격하였기에 실패를 자초했다고 평하지만, 나는 거기에 동의할 수가 없다. 왜냐하면 그들이 개혁하고자 한 사안들은 중대하고도 시급한 것이었기 때문이다.

　조광조의 개혁의지는 숭고한 것이었다. 그러나 성공하지 못했던 것은 기득권을 지키려는 수구세력들의 반발과 저항이 필사적이었고, 중종의 성품이 우유부단하여 초지를 관철하지 못하였기 때문이다.

　이 두 가지 장애요인은 오늘의 현실과도 직결된다고 할 수 있다.

# 소년 국왕과 대비의 수렴청정

처음에 위쪽으로 올라갈 때는 한 걸음이 다시 어려웠는데, 한 걸음 아래쪽으로 달려 내려가는 데 있어서는 다만 발을 들기만 해도 몸이 저절로 아래로 휩쓸려 내려가니, 어찌 착한 일을 하는 것이 산에 오르는 것과 같고, 악한 일을 하는 것이 무너지는 것과 같이 쉬운 일이 아니겠느냐? — 조식

조선왕조에는 27명의 임금이 있었다. 그러나 종묘에 배향된 위패는 영왕英王 이은李垠을 포함하여 28명이다. 그분들이 모두 단명했던 것은 아니지만 평균연령으로 보면 마흔다섯, 결코 장수했다고 볼 수는 없다.

비교적 장수한 분으로는 영조(83세), 태조(74세), 고종(67세), 정종(63세), 숙종(60세) 순이고, 서른 안쪽에 승하한 분으로는 단종(17세), 예종(20세), 헌종(23세)이다. 그러나 30대에 승하한 임금이 8명, 마흔을 넘기지 못한 왕비는 9명이다. 그밖에 열 살을 넘기지 못한 왕자와 공주·옹주(후궁 소생의 왕녀)의 수는 헤아릴 수 없을 만큼 많다.

사정이 이와 같다면 장수라기보다 단명이 분명하다. 그렇다면 그 원인은 어디에 있는 것일까? 나는 의학에 문외한이므로 임금의 단명에 대해 의학적인 진단을 내릴 수는 없다. 다만 상식의 수준에서 말한다면 첫째 과다한 영양 섭취, 둘째 운동 부족, 셋째 무절제한 성생활에서

기인한 것이 아닌가 한다. 물론 여기에 오늘날과 같은 현대의학이 없었다는 사실이 추가되어야 함은 당연하다.

임금의 수라상에는 전 국토에서 생산되는 모든 산해진미가 오른다. 거기에는 부족함이 있어서는 안 된다. 또 보신을 위해서는 철철이 보약이 올려지게 마련이다. 영양의 과다 섭취가 아니고 무엇이겠는가.

운동량 부족은 설명이 필요치 않다. 고려시대부터 전해지던 격구擊毬와 같은 스포츠가 있었으나, 조선시대에 들어와서는 말을 타고 공을 치는 격구가 주자학의 이념과 어긋난다는 이유로 점차 시들해질 수밖에 없었고, 설혹 그렇지가 않다고 하더라도 늘상 거기에 매달릴 수는 없다. 더러 사냥을 나갔다는 기록은 있으되 그 또한 1년에 한두 번 있을까 말까 한 일이다.

개항 후 테니스가 처음 들어왔을 때, 경기하는 모습을 지켜보던 사대부가 가로되, "하인들로 하여금 대신하게 하면 되는 일을 왜 저리 땀을 흘려야 하는고…?"라면서 혀를 차더라는 에피소드도 있지 않은가.

게다가 임금은 먼 길을 걷지 않는다. 더구나 대궐 내 전각과 전각을 옮겨다닐 때도 연輦(임금이 타는 가마)을 타고 다녔다면 운동 부족의 현상은 심각하고도 남는다.

예로부터 제왕은 무치無恥(부끄러움이 없다는 뜻)라고 했다. 특히 여성 관계가 그랬다. 거느린 후궁의 수는 말할 나위도 없었고, 그녀들을 선택하거나 접촉함에 있어서도 남의 눈치를 볼 필요가 없다.

가령 임금이 궁원宮苑(지금의 비원과 같은 곳)을 산책하다가 마음에 드는 궁녀가 있으면 그 자리에서 성행위를 해도 무방하다. 따르던 내시나 상궁들은 잠시 뒤를 향해 돌아서 있으면 보지 않은 것이 되고, 임금의 성행위가 침전에서 행해진다고 하더라도 지밀상궁은 바로 문 밖에 있을 뿐 자리를 비키지 않는다. 임금이 무치라는 것은 이 같은 일련의 법도나 관행을 두고 하는 말이다.

대궐 안에는 약방과 의원들이 있다. 임금의 환부를 살피는 의원을 어의御醫(혹은 전의)라 하고, 내명부內命婦(왕비를 비롯한 후궁·상궁들의 총칭)의 병을 살피는 의원을 여의女醫라고 하는 것은 대개 상궁들이 겸하고 있었기 때문이다. 그러나 오늘날과 같은 현대의학이 아니었으므로 병의 종류가 세분화되어 있지 않았다. 물론 영험한 의약품이 있었던 것도 아니었다. 그러므로 오늘날의 전염병에 해당되는 병들은 대체로 '역질'이라고 하였고, 상처가 곪는 따위의 것은 '창질'이라고 표기하였다.

특히 천연두나 학질의 치유는 하늘의 소관이라고 믿었기에 백약도 효험을 구할 수가 없는 것으로 알았다. 그러므로 왕자나 공주를 비롯한 수많은 왕실 사람들이 그런 병으로 생목숨을 잃어도 속수무책일 수밖에 없다.

조선왕조와 같은 봉건사회에도 성병은 있었다. 성병은 유럽에서 옮겨진 '망국병'이지만 대개 실크로드를 통해 중국으로 스며들었고, 고려나 조선에서는 중국을 다녀온 사신들에 의하여 전파된 것으로 알려져 있다. 성병은 사신들에게서 상궁이나 나인들에게 전해지고, 그녀들에 의해 임금에게까지 옮겨지는 경우가 허다하였다.

왕실에 창질이 흔하고, 말을 타지 못하는 임금과 왕족이 많았던 것이 그 때문이라는 설도 만만치가 않다.

약은 모두가 한방이었고 요즘과 같은 항생제가 없었기에 천하의 명의를 동원할 수 있었던 왕실이나 임금의 처지로도 병마를 쉽사리 뿌리치지는 못했다.

*

절대권력을 둘러싼 여러 세력간의 갈등은 어디든 있게 마련이다. 그 갈등이 크게 번지면 정변이 되고 혁명이 되지만, 암살이나 독살 같은 비겁한 수단도 끊임없이 되풀이된다. 그런데도 조선왕조의 경우에는 암살이 없다. 그것은 강상과 윤기를 치도의 으뜸으로 삼았기 때문일 것으로 여겨진다.

조선시대에 있어서 정적의 제거는 대개 상소를 통해서 이루어진다. 그것도 한두 번의 상소로 결판이 나는 것이 아니라, 중국의 고사故事 와 선대의 관례를 소상히 인용하는 장문의 상소가 수십 번 오르내리고 그에 반대하는 상소가 또 수없이 오르내리고서야 '사사하라!' 는 임금의 윤허를 받을 수가 있다. 이 같은 사정이고 보니 암살과 같은 비겁한 수단은 용인될 수가 없다. 그런데도 왕실의 일각에서는 독살설이 몇 번 있었다. 그러나 어떤 경우에도 설일 뿐, 독살이라고 단정되지는 않았다.

그 첫번째가 인조 23년(1645) 4월 26일에 세상을 떠난 소현세자昭顯世 子의 독살설이다. 임금이나 세자가 죽으면 소렴小殮과 대렴大殮 때 종친과 당상관들이 입회하게 되어 있는데도 이를 허락지 않았다는 데 의혹이 있다.

《인조실록》에도 다음과 같은 기사가 보인다.

세자의 시신은 진흑眞黑으로 변해 있었으며, 칠혈七穴에서 출혈하고 있어 마치 독약에 중독된 사람과 같았다.

142

그렇다면 누구의 소행인가? 바로 이 점이 소상하게 밝혀지지 않는 것이 독살설의 공통점이다. 이때는 인조의 총비인 귀인貴人 조씨趙氏의 소행일 것이라는 풍설이 난무하였으나 그 내막은 명확하게 밝혀지지 않았다.

두번째 독살설은 경종 4년(1724) 8월 25일에 있었던 경종의 죽음이다. 저 유명한 희빈禧嬪 장씨張氏(장옥정)의 소생이었던 경종에게는 후사가 없었다. 그래서 연잉군延礽君(후일의 영조)을 세제世弟로 맞아들였다. 이 세제 책봉을 놓고 노론과 소론은 첨예한 대립을 보였다. 명분론의 대립이었지만 살기가 도는 갈등이라고 할 만했다.

이때의 기록으로는 동궁(영조)에서 올린 게장을 먹고 경종이 세상을 떠난 것으로 되어 있다. 이 또한 애매한 것이 경종의 뒤를 이어 보위에 오른 영조를 독살의 주모자로 몰아갈 수는 없지 않겠는가.

그러나 영조의 소행일 것이라는 풍설은 난무하듯 퍼져나갔다. 이 사실을 노골적으로 입에 담았다 하여 이천해李天海 같은 사람은 극형에 처해지기도 했다. 그런데도 경종의 독살설은 근 30여 년 간이나 설왕설래되고 보니, 궁색하게도 대왕대비 김씨(현종비, 명성왕후)가 게장을 올린 것은 동궁이 아니었고, 경종이 죽은 것은 게장을 먹은 지 닷새 후였으므로 직접 사인이 아니라는 궁색한 해명까지 해야 했다.

그후에도 독살설의 후유증은 좀처럼 아물지 않았다. 더 세월이 흐른 다음 사도세자思悼世子가 영조에 의해 뒤주 속에 갇혀 참혹한 죽음을 당한 것도 경종의 죽음에 관한 의혹을 씻지 못한 까닭이라는 설까지 있고 보면 그 파문이 결코 작지 않았음을 알 수 있다.

세 번째 독살설은 1918년 12월 20일에 있었던 고종황제의 죽음이다. 고종의 독살설은 설로만 끝난 것이 아니라 독살로 알려져 있다. 이때는 이른바 일제의 통감정치의 와중이었으므로 일본인들이 개입된 특수한 사건이었다.

고종은 식혜를 좋아했다. 그 식혜에 독을 넣은 것이다. 처음에는 이 또한 설로 끝날 것 같았는데, 염을 할 때 시체에서 살이 묻어나는 것으로 확증이 드러났다. 전의 안모라는 자가 일본 정부의 관리로부터 뇌물을 받고 그 같은 만행을 저지른 것이라고 이방자李方子 여사는 자신의 생애를 돌아보는 자전自傳에다 밝혔다.

이밖에도 고종의 총비였던 영보당永保堂(귀인 이씨)의 소생인 완화군完和君이 급사한 일이 있었는데, 한때 민비의 독살설이 파다하게 퍼졌다. 그러나 실상은 천연두를 앓다가 사망하였다.

어쨌든 권력의 정상부에서 곧잘 일어나는 독살은 대체로 설로 끝나는 것이 통례이다. 때로는 함구령이 내려지는 경우도 있지만, 그보다는 입에 담는 것이 곧 불충이 되고 그로 인해 목숨을 잃기가 십상이었기에 풍설로 묻혀버리는 경우가 허다하였다.

\*

임금이 후사 없이 세상을 떠나거나, 반정으로 인해 폐위가 되면 가까운 종친 중에서 왕재를 골라 보위를 이어가게 한다. 전자의 경우 예종의 뒤를 이었던 성종이 그러하고, 헌종의 뒤를 이은 철종이 그러했으며, 철종의 뒤를 이은 중종이 그러하였고, 광해군의 뒤를 이은 인조의 경우가 또한 그러하였다.

그러나 후사가 있어도 보령이 어린 세자가 보위를 이어가게 되면 대왕대비나 대비가 수렴청정을 하게 된다. 수렴청정이란 어린 임금의 등 뒤에 발을 치고, 발 뒤에 대왕대비나 대비가 앉아서 정무를 대행하는 경우를 말한다.

수렴청정은 중국에서도 시행하고 있었으므로 고려왕조나 조선왕조에서는 정치적인 관행이요, 미덕일 수밖에 없다. 그러나 조선왕조에서는 수렴청정이나 섭정의 기회를 무산함으로써 정치적으로 일대 혼란을 겪은 뼈아픈 경험을 한 적이 있다.

문종이 승하하고 열두 살 난 세자(단종)가 보위를 이었을 때였다. 당시 왕실에는 대비(세종비)도 중전(문종비)도 없었으므로 수렴청정은 불가능했지만, 섭정을 세워서 어린 임금을 보살필 수가 있었을 텐데도 대행대왕大行大王(승하한 임금의 장례 전 호칭)의 고명이 없었다 하여 정승들의 보좌만으로 친정을 도모하다가 수양대군에 의해 주도된 계유정란이라는 미증유의 국란을 겪으면서 왕통의 흐름까지 뒤바뀌는 불행을 자초하였다.

세조의 뒤를 이어 보위에 오른 예종이 1년 남짓 만에 승하하고, 열세 살 어린 보령으로 성종이 보위를 잇게 되자 대소신료들은 지난날 수렴청정이나 섭정을 두지 않았던 탓에 겪어야 했던 불행을 되풀이하지 않기 위해 소년 성종의 할머니인 세조비 정희왕후에게 수렴청정을 청할 수밖에 없었다.

정희왕후는 조선왕조 최초로 수렴청정을 하게 되었지만, 세조의 총신이자 그녀가 신임하는 훈구대신들인 신숙주, 한명회 등이 원상院相의 지위에 있었으므로 그녀의 수렴청정은 그야말로 형식뿐이었고 실제 정무는 신숙주, 한명회 등에 의해 처결되었다.

정희왕후는 형식뿐인 수렴청정을 오래 고집하지 않았다. 신숙주, 한명회와 같이 믿을 만한 훈구대신들도 있었지만, 그야말로 학덕을 겸비한 성종의 모후인 인수대비가 있었기에 마음 놓고 철렴撤簾(수렴청정을 거두는 것)을 선언할 수가 있었다.

조선왕조에서 두번째로 시행된 수렴청정은 인종 1년(1545) 7월 1일, 보위를 이은 지 겨우 여덟 달째로 들어선 인종이 후사 없이 세상을 떠나자, 문정왕후文定王后(중종의 세번째 계비) 소생인 경원대군慶原大君이 열두 살 어린 나이로 보위를 이어가게 되니 이분이 바로 명종이고, 따라서 그의 모후이자 대왕대비인 문정왕후의 수렴청정이 불가피해졌다.

수렴청정의 전례가 있었다고는 하나 세조·예종·성종으로 이어지던 3대와 중종·인종·명종으로 이어지는 3대는 그 성격이 판이하게 달랐다.

세조비 정희왕후의 수렴청정은 세조의 총신들이자 자신의 후광을 입고 있는 신숙주, 한명회 등의 원훈들이 막강한 위세로 조정을 장악하고 있었고, 정희왕후에게는 한 점의 사욕도 없었으므로 외척의 발호는 상상도 할 수가 없었다. 그러나 중종의 왕권은 반정공신들에 의해 옹립된 것이었기에 세조와 같은 힘의 정치를 구현할 수가 없었다. 따라서 파벌이 난무하여 조광조와 같은 양식 있는 인재들이 수없이 참변을 당해야 했고, 게다가 문정왕후에게는 사욕이 있었던 데다가 탐욕의 덩어리와 같은 오라비와 아우가 가세하게 됨으로써 외척의 발호가 싹트는 것은 오히려 당연하였다.

*

외척이 성하면 나라가 망한다!

오늘의 정치현상에 있어서도 대통령의 친인척의 비리는 말할 나위도 없거니와 특히 그 처족의 부정이 불러들이는 부도덕의 양상은 치부에만 몰두한 그들 일신의 영달보다 더 큰 패가망신을 자초하는 것은 물론이고, 그 정권의 몰락과 깊은 관계가 있다는 사실을 우리는 익히 경험한 바가 있다.

태종 이방원은 외척의 발호를 미연에 방지하여 구조적인 부조리의 발생 원인을 제거한다는 신념으로 네 명의 처남에게 사약을 내렸고, 임금의 장인인 국구에게까지 자진을 명하는 것으로 외척의 정치 참여를 철저하게 차단하였다. 그 결과 세종 시대와 같이 청백리로 가득한 태평성대를 이룩할 수가 있었다. 이 엄연한 사실은 오늘을 사는 우리가 역사 앞에서 옷깃을 여며야 하는 당위성을 구체적으로 보여주는 사례라 하지 않을 수 없다.

문정왕후의 수렴청정은 사가의 친형제들인 윤원로尹元老와 윤원형尹元衡 형제를 정치의 중심부로 등장하게 하는 불행의 요인을 안고 있었다. "외척이 성하면 나라가 망한다"는 태종 이방원의 통치이념을 뒤흔들면서 조선시대 최초로 외척이 발호하는 악례를 남기게 된 것이 아니고 무엇이겠는가.

좌찬성 윤임尹任은 의정부와 양사의 언관들을 총동원하여 먼저 윤원로를 탄핵하기 시작한다. 우선 그 하나만이라도 제거할 수 있다면, 외척의 발호가 시작되기 전에 윤원형까지도 무력하게 만들 수 있을 것이라고 믿었기 때문이다.

수렴청정이라는 막강한 위세를 누리고 있으면서도 문정왕후는 의정부와 육조, 그리고 간관들의 벌떼 같은 강청을 물리치지 못했다. 더 밀릴 곳이 없었던 문정왕후는 사가의 오라비 윤원로에게 중도부처中途付處라는 중형을 내리고 패배의 눈물을 쏟아야만 했다. 중도부처란 거주지를 지정하여 일정한 곳에서만 기거하게 하는 일종의 유배형이다.

윤원로가 전라도 해남海南에 안치되자, 조정에는 대윤大尹과 소윤小

尹이라는 파벌이 생겨나면서 끊임없는 갈등을 되풀이하게 된다. 말할 것도 없이 대윤이란 윤임을 중심으로 한 조정 일각의 기득권세력을 말하는 것이고, 소윤이란 윤원형을 중심으로 한 신진세력을 말한다. 이른바 정파의 갈등이 정치 표면으로 등장하기 시작한다.

문정왕후를 등에 업은 외척의 실세 윤원형은 비록 참의의 신분이면서도 호조판서 임백령, 병조판서 이기, 예조판서 허자, 지중추 정순봉 등과 결탁하여 윤임을 중심으로 한 영의정 윤인경, 좌의정 유관, 이조판서 유인숙 등 이른바 사림의 청류淸流들을 일거에 제거할 궁리를 한다. 그들을 제거할 수만 있다면 어린 임금과 문정왕후를 등에 업고 조정의 모든 실권을 장악하고 행사할 수가 있기 때문이다.

명종 즉위년인 을사년(1545)을 피바람으로 얼룩지게 하였다 하여 을사사화乙巳士禍라고 이름 붙여진 참변은 이른바 사림의 청류들을 무고·모함하여 죽음으로 몰아넣은 정쟁의 시작이었다. 문정왕후의 수렴청정을 등에 업은 윤원형 일파가 윤임, 유관, 유인숙 등이 어린 임금(명종)을 폐하고 윤임의 생질인 계림군(桂林君, 성종의 둘째 왕자인 계성군의 계자繼子)이거나, 봉성군(鳳城君, 중종의 여섯번째 왕자)을 왕위에 추대하려 했다는 실로 어이없는 무고에서 시작된 것이지만, 그 결과는 참혹한 것이었다.

후일의 사가들은 을사사화를 평하여 청류의 씨를 말리는 참극이라고 적었지만, 윤원형은 이 사화를 계기로 조정을 좌지우지하는 외척의 실세로 군림하게 된다.

속俗은 세勢를 따른다는 속언이 있다.

조선왕조의 역사를 거론하면서 '정쟁'이라고 써야 할 자리에 '사색당파四色黨派'라는 잘못된 표현을 즐겨 쓰는 사람들이 많은 것은 식민지 사관의 잔재가 상존하고 있다는 실증이기도 하지만, 바로 그 정쟁의 시초랄 수 있는 동인東人과 서인西人의 갈등이 바로 윤원형의 집 객사에서 시작되었다면 얼마나 아이러니한 일인가.

권력 실세의 집은 예나 지금이나 식객들로 들끓게 마련이다. 기식을 하면서 소기의 목적을 달성하려는 적극파가 있는가 하면 더러는 눈치를 살피면서 조석으로 드나드는 문안파도 있다.

왕실의 인척(명종비 인순왕후의 동생)이기도 한 젊은 날의 심의겸沈義謙이 공무로 영의정(윤원형)의 집을 방문하였을 때, 그곳에 김효원金孝元의 침구가 있음을 알게 되자, "문명文名이 있는 자도 권문에 아첨하는가!"라면서 그를 멸시하게 되었다.

그로부터 다시 세월이 흘러서 선조 때에 이르러 김계휘金繼輝가 심의겸에게 김효원을 이조전랑吏曹銓郎으로 천거하자, 의겸은 그가 '윤원형의 문객이었다' 하여 불응하였다. 그후 심의겸의 아우 충겸을 전랑으로 추천하는 사람이 있자, 이번에는 김효원이 "척족에게는 전랑을 맡길 수 없다" 하며 극력으로 반대하였다.

이를 기회로 두 사람은 평생을 불목하게 되었는데, 더 어처구니없는 것은 김효원의 집이 지금의 동대문 시장 근처인 건천동乾川洞에 있었고, 심의겸의 집이 지금의 정동貞洞에 있었다 하여 김효원을 따르는 사람들을 '동인'이라 불렀고, 심의겸을 섬기던 사람들을 '서인'이라고 부른 데서 조선조의 정쟁이 시작되었다는 설이고 보면 그 당파 싸움의 시발이라는 것이 얼마나 황당한 것이었던가를 짐작하고도 남는다.

*

우리 나라 사람들에게는 족보라는 개념이 대단히 중요한 의미와 연결되어진다. 문벌가계門閥家系와 성족파별姓族派別을 분명히 하고, 존비尊卑와 항렬行列을 따르는 풍속이 상존하고 있기 때문이다.

족보의 유래는 물론 중국의 후한대에서부터 조상의 관력官歷이나 혼인에 이르는 가문의 제반사를 기록하여 남기는 것으로, 타 문과의 비교우위에 서고자 한 데서 시작되어 보학譜學까지 성행하게 하였다. 그러나 송대에 이르면서 족보는 점차 신뢰성을 잃게 되어 각 가문의 사문서로 전락되기도 하였으나, 그 기록성까지 비방해야 할 까닭이 없었기에 명맥을 유지할 수가 있었다.

중국에 현존하는 가장 오래 된 족보는 북경 도서관에 보관되어 있는 《가정각본嘉靖刻本》으로 명나라 때의 것으로 알려져 있다. 우리 나라의 경우, 위에 적은 《가정각본》에 영향을 받아 조선 초기에 본격적인 '족보'가 등장한 것으로 보여진다.

《연려실기술》의 별집에 적힌 바를 따르면 가정嘉靖 연간(1522~1566)의 '문화유보文化柳譜'가 최초라고 되어 있으나 그 실물이 현존한다는 얘기는 듣질 못했고, 문헌적으로 가장 오래 된 우리 나라의 족보는 안동 권씨安東權氏의 '성화보成化譜'라고 알려져 있다.

　　우리 나라에는 종법宗法과 보첩譜牒은 없고, 거가대족巨家大族은 있으나 가승家乘이 없다.

서거정徐居正이 쓴 안동 권씨보의 서문 한 구절이다. 이로 미루어 조선 초기 이전에는 제대로 된 족보가 없었음을 짐작하게 한다.

족보를 총칭하여 계보系譜라고 하지만, 그 외도 보첩譜牒 · 세보世譜 · 세계世系 · 세지世誌 · 가승家乘 · 가보家譜 등의 많은 명칭으로 불리면서 기재된 내용을 짐작하게 하고 있다.

예컨대 '가첩'은 동족同族 모두를 기록한 것이 아니라, 자기 집안의 직계만을 따로 발췌해서 엮은 것을 말하고, '가승'은 계도系圖뿐만이 아니라 선조에 관한 전설과 사적까지를 함께 적은 것을 말한다.

또 일반적으로 '대동보大東譜'라고 불리는 것은 씨족 전체의 계보를 엮은 이른바 '종보宗譜'임을 말하는 것이며, 중시조中始祖부터 따로 독립하여 적은 것은 '파보波譜' 혹은 '지보支譜'라고 한다.

족보가 숭조사상崇祖思想을 바탕으로 하여 가문의 내력을 후세에 전한다는 의미에서 우리 나라의 국민정서와는 불가분의 관계가 있을 것이다.

우리가 지금 쓰고 있는 각자의 이름자에는 거의 반드시 두 자 중 한 자가 항렬자로 되어 있다. 대체 이 항렬자를 누가 어떻게 정해놓았기에 몇백 년을 써도 끝이 없는가를 생각해본 일이 있는가. 그것이 바로 각 가문의 '종보'로 일컬어지는 '대동보'에 적혀 있다.

항렬자는 모두 스무 자(20세世까지)로 정해져 있지만, 때로는 한 대(1대)에 두 자를 정하여 위나 아랫자로 쓰게 한 경우도 있다. 어쨌거나 그 스무 자를 모두 사용하면 (20세世가 지나가면) 다시 처음으로 되돌아가게 되어 있다. 그러므로 한 대를 15년으로 본다면(실제로 '족보'는 15년을 주기로 증보 간행된다) 항렬자는 대충 3백 년을 주기로 처음 자리로 돌아오게 되어 있다.

자, 그럼 여기서 족보에 기재된 내용을 소상히 살펴보기로 한다. 외척의 두령으로 일세를 풍미하였던 윤원형의 족보(파평윤보)를 인용해보면 이렇다.

윤원형은 윤지임尹之任의 아들이다.

| 之任 | | | | | | | | | |
|---|---|---|---|---|---|---|---|---|---|
| 子<br>元衡<br>生員文科左 | 相<br>乙<br>巳<br>奸<br>魅 | 罪<br>削<br>○<br>配<br>延 | 安<br>金<br>氏<br>父<br>縣 | 監<br>安<br>逐<br>黜<br>妻 | 陸<br>妾 | 女<br>鄭<br>式<br>別<br>坐 | 女<br>○○○○<br>見<br>后妃錄 | | |

| 子 庶<br>孝源<br>子憬式<br>都守 | 子 庶<br>忠源<br>通政縣<br>監○子 | 子 庶<br>偈進士子刀察<br>訪 | 女 庶<br>李擊敏<br>斂樞<br>以士 | ○子致中武判<br>族后娶陸妾芝<br>官女丹川正壽<br>鵰女申洽 | 女 庶<br>火郎令貴南 |
|---|---|---|---|---|---|

윤원형의 부인 김씨는 본관이 연안延安이며 현감을 지낸 김안수金安遂의 딸이었으나, 윤원형은 적실을 물리치고 첩을 얻은 것으로 되어 있다.

또 윤지임에게는 두 딸이 있는데, 장녀는 별좌 정식鄭式에게 출가하였으나, 차녀의 경우 사위의 이름을 적지 못한 채 '女 ○○○○'라고만 되어 있고, 그 끝에 견후비록見后妃錄이라고 적은 것은, 딸 ○○○○는 왕비가 되었으므로 뒷장에 따로 적었으니, 그 항목을 찾아보라는 뜻이다.

윤원형은 슬하에 두 아들(효원孝源·충원忠源)과 두 딸을 두었는데, 모두 서자庶子와 서녀庶女라고 적혀 있다. 이로 미루어 적실인 연안 김씨를 쫓아내고 맞아들인 소실小室의 소생들이 분명하나, 그 소실의 인적 사항은 한 자도 적혀 있지 않다.

나와 같이 역사 드라마나 역사소설을 쓰는 작가들은 그 소실이 누군지를 알아야 하는 것이 때로는 절체절명일 수도 있다. 천만다행으로 율곡 이이가 자신의 《석담일기石潭日記》에 윤원형의 애첩은 정난정이라고 기록해두었기에 비로소 그녀의 출신과 가계를 알게 되었다.

윤원형의 족보를 읽으면서 주의할 점은 조선조에서는 소실의 소생인 서자와 서녀는 양가의 자제와 통혼할 수가 없음에도 불구하고, 윤원형의 소실 소생들은 양가와 통혼하고 있다. 자칫 거짓을 적은 것 같지만 실상은 그렇지 않은 것이, 《명종실록》에 "원형의 자녀가 비록 서자요 서녀지만 양가와 통혼하게 하라"는 명종의 어명이 있는 것으로 미루어 외척의 두령이 누린 특례였을 것으로 생각된다.

# 임진왜란 그리고 운명적인 한일 교류

나의 평생에 한 마디의 말을 체득하고 있는데,
그것은 나의 허물을 말해주는 사람은 곧 나의 스승이요,
나의 좋은 점을 말해주는 사람은 곧 나의 해적害賊이라는 그 말이다. — 김성일

제2차세계대전이 막바지에 접어들면서 조선총독부는 《간양록看羊錄》을 분서焚書로 지정하였다. 간행되어 있는 서책을 거두어 불태우는 일은 문화를 말살하는 가장 비열하고 저급한 일이라 진시황과 같은 전대미문의 폭군들이나 저지르는 일이지만, 간악한 조선총독부는 일본 민족의 치부를 들추어냈다 하여 《간양록》을 불살라버리고자 하였다.

일본의 극우파나 비뚤어진 지식인들, 특히 보수 성향의 정치인들은 지금도 제 나라 고등학교 역사 교과서의 내용을 왜곡하는 일을 다반사로 여기며, 조선 침략을 미화하려는 파렴치를 심심찮게 드러내 보이고 있다. 이러한 일본인들의 비뚤어진 역사 인식은 한국인들을 크게 분노하게 하였고, 마침내 '독립기념관'을 건립하게 하는 등 결집력을 북돋우는 데 기여하기도 하였다.

대체 《간양록》에 적힌 내용이 무엇이기에 조선총독부가 그토록 불태

워 없애고자 하였을까? 그 진상을 알아보기 위해서는 먼저 저자인 강항姜沆의 행적을 더듬어보아야 한다.

강항은 세조 때의 큰 문장가였던 사숙재私淑齋 강희맹姜希孟의 5대손으로 1567년 전라남도 영광군 불갑면에서 태어났으며 자를 태초太初라 하고, 호를 수은睡隱이라 하였다. 일곱 살 때 맹자孟子 한 질을 하룻밤 사이에 읽어버릴 정도의 신동이었던 강항은 스물일곱 살에 문과에 급제하여 공조좌랑을 거쳐 형조좌랑이 되었을 때 임진왜란의 참상을 체험하게 된다.

때마침 고향에 내려와 있던 강항은 정유재란(1597)을 당하면서 두 사람의 형과 함께 왜장 도토 다카도라(藤堂高虎) 군의 포로가 되어 지금의 시고쿠 에히메 현(愛媛縣)의 나가하마(長浜)로 끌려갔다가 곧 오쓰 성(大津城)으로 옮겨졌으며 그곳에서 포로생활을 하게 된다.

비록 고관대작은 아니었다 해도 조선 조정의 관원이었고, 또 주자학에 통달한 기개 있는 선비인지라, 미개하고 보잘것없는 왜국 땅에서 포로생활을 해야 하는 것은 죽기보다 더한 수치가 아닐 수 없다. 그러한 연유로 여러 차례 탈출을 시도하게 되지만, 실패만을 거듭하다가 2년 뒤인 1598년에는 교토(京都)의 후시미(伏見)에 있는 번주의 별저로 이송되어 치욕의 포로생활을 계속하게 된다.

《간양록》은 저자 강항이 적지에서 보고 들은 왜국의 실상과 왜인들의 무지한 모습을 소상히 적어 주군인 선조 임금에게 올리는 상소문 형식으로 된 글이다.

비록 1597년을 전후한 왜국의 실상을 적었다고 하더라도 그 내용이 워낙 소상하고 적나라하여 오늘을 사는 일본인들에게조차 수치감을 불러일으키게 할 정도라면, 당연히 한국인들에게는 자부심을 부추기는 내용이 아니겠는가.

조선총독부는 바로 이 점을 두려워하여 《간양록》을 거두어 불태우기로 한다. 그러나 역사란 무심히 흘러가는 것이 아니어서 《간양록》의 초간본은 오히려 일본의 내각도서관內閣圖書館에 보존되어 있으며, 아울러 그 귀중한 내용을 불태워 없애고자 하였던 조선총독부의 만행까지를 함께 적어서 전하고 있음에랴.

강항이 포로로 잡혀가 있을 때의 일본 문화란 문자 그대로 한심한 지경이었다. 예컨대, 도자기는 옥과 같이 귀한 것이라 지배계급인 상급무사들의 다기茶器로 사용되었을 뿐, 일반 서민들은 밥그릇에서 물통에 이르는 모든 생활용구는 목기로 된 것을 쓰고 있었다. 또 백성이라고 불리는 상민들은 평생을 잡곡으로만 살아야 할 정도로 가난한 살림을 꾸려가던 시절이다.

게다가 문자를 터득한 사람들이 또한 많지 않아서 주자학은 그 개념조차 정립되어 있지 않았고, 따라서 인쇄술도 초보 단계를 벗어나지 못했다. 다만 오랜 전국시대를 겪으면서 살았던 탓에 무기를 만드는 기술만은 조선에 비길 수 없을 만큼 발달되어 있었다.

사정이 이러하였으므로 도요토미 히데요시는 특히 정유재란 때에 이르러 여러 휘하의 장수들에게 주인장(朱印狀, 명령서)을 내어, 도공과 인쇄공, 학자 등을 닥치는 대로 잡아올 것을 명했다. 이러한 까닭으로 일본에서는 정유재란을 '도자기 전쟁'이라고도 한다.

＊

오쓰에서의 포로생활을 2년 남짓 보낸 강항은 번주의 별저가 있는 교토의 후시미로 옮겨졌지만, 후시미는 시골과 달라서 식자들이 더러 있었다. 비록 포로의 신분이었지만 강항의 인품과 학덕이 알려지면서, 그의 휘호를 받겠다는 사람과 글을 배우겠다는 사람들이 몰려들기 시작하였다.

강항은 그들의 도움으로 비교적 편안한 삶을 누릴 수가 있었고, 글씨를 판 돈이 모이면 또다시 배편을 마련하여 고국으로의 탈출을 시도해보지만 그 결과는 언제나 실패만 거듭될 뿐이었다. 그러나 강항은 낙담하지 않은 채 다시 글씨를 팔아서 탈출자금을 마련하곤 하였다.

바로 이러한 때 강항의 문하로 입문을 청한 사람이 있었다. 그 고장 묘수원(妙壽院. 절)의 순수좌舜首座라는 승려였다. 여기서 미리 밝혀두지만 바로 이 순수좌라는 왜승이 후일 일본 주자학의 개조가 되는 후지와라 세이카(藤原惺窩)이다.

승려의 신분이었던 후지와라 세이카는 강항으로부터 조선 주자학을 배우면서 그 학문의 깊이에 매료되기 시작한다. 또 후지와라의 후견이었던 번주용야(幡州龍野)의 성주인 아카마쓰 히로미치(赤松廣道), 해운왕海運王 요시타(吉田素庵) 등도 조선 주자학에 매료되면서 강항과 후지와라의 후견인이 되겠다고 자청한다.

후지와라는 조선 주자학에 빠져들면서 승복을 벗어던지고 유학자로 변신하게 된다. 그는 몸소 조선 도포를 입고 서책을 대하는 것으로 조선 주자학의 진수를 온몸으로 터득하고자 하였고, 평소에도 유건儒巾을 쓰고 있을 만큼 명실상부한 조선 주자학의 신봉자로 자처하더니, 마침내 강항이 친필로 써준《사서오경四書五經》에 왜인들이 읽을 수 있도록 '왜훈倭訓'을 달아서 '일본 유학'을 싹트게 하였다.

또 그것은 일본 땅에 심어지는 퇴계학退溪學의 싹틈이었고, 그것을 바탕으로 일본 유학이 정립되는 알찬 결과를 거두게 된다.

백제 때 왕인王仁으로부터 '천자문'을 전해 받아서 문자를 익힐 수가 있었던 일본이 이때에 이르러 강항의 가르침으로 주자학을 배워서 일본 유학을 싹틔웠다면, 그들의 학문적 근원이 어디에서 연유되었는지를 명백히 밝혀놓는 것이며, 더구나 《간양록》의 내용에는 왜인들의 참담한 생활까지 상세하게 기록되어 있는데다가 특히 도요토미 히데요시의 죽음을 기록한 대목에 이르러서는 일본인들의 복장을 끓게 하고도 남을 내용을 담고 있다.

도쿠가와 등은 발상發喪하기를 꺼려하여 이놈의 죽은 사실을 꼭 덮어두기로 하였습니다. 죽은 놈의 배때기를 갈라 그 안에다 소금을 빽빽이 처넣고 아무렇지도 않을 것같이 꾸미기 위해서 평소에 입던 관복을 그대로 입혀 나무통 속에다 담아두었습니다.

죽은 시체의 배를 가르고 거기에다 소금을 빽빽이 처넣었다는 구절을 강조하는 것은 그럴 만한 까닭이 있다. 도요토미 히데요시가 살아 있을 때 조선으로 향하는 병사들에게 죽인 조선 병사들의 코와 귀를 베어 소금에 절여오라는 명령을 내렸기 때문이다. 강항은 그 명령을 이렇게 적고 있다.

사람마다 귀는 둘이요 코는 하나야! 목을 베는 대신에 조선놈의 코를 베는 것이 옳다. 병졸 한 놈이면 코 한 되씩이야! 모조리 소금에 절여서 보내도록 하라.

조선 병사들의 코를 베어서 소금에 절여 보내라고 하였으니, 죽은 그의 뱃속에 소금을 처넣게 된 것은 당연한 것이라고 강항은 믿었을 것이다.

지금도 일본 교토의 번화한 거리에는 조선 병사들의 귀를 묻었다는 미미스카(耳塚, 귀무덤)가 그 모습을 자랑하고 있어 오가는 사람들의 마음을 상하게 한다(이 대목을 쓰고 있을 때 교토의 귀무덤이 한국으로 옮겨질 것이라는 보도가 있었다).

도요토미 히데요시의 장사를 치른 다음 그의 위패가 있는 곳에 황금전黃金殿을 짓고, 그 밑에 '대명일본大明日本에 일세를 떨친 호걸, 태평太平의 길을 열었으니 바다는 넓고 산은 높다'라고 글을 써붙였다.

강항은 구경삼아 그곳에 갔다가 그 문구를 뭉개고 다음과 같이 써놓고 돌아왔다.


半生經營土一盃

十層金殿漫崔嵬

彈丸亦落他人手

何事靑丘捲土來

반생 동안 한 일이 흙 한 줌인데

십층금전은 울룩불룩 누굴 속이자는 것이더냐.

총알이 또한 남의 손에 쥐어지는 날

푸른 언덕 뒤엎고 내닫는 것쯤이야.


우연히 후지와라가 그 앞을 지나가다가 그와 같은 글귀를 발견하고 황급히 뜯어내고는 강항에게 달려와 목청을 높였다. 글귀를 보아서는 분명히 당신이 지은 것인데, 왜 조심성이 그리도 없느냐고 항변을 겸

한 충고를 거듭했다고 강항은 적었다. 이 또한 일본인의 수치심을 자극한 내용이 아니고 무엇인가.

일본 땅에서 포로생활에 시달리던 강항은 잡혀간 지 4년 만인 1600년에 꿈에 그리던 고국으로 돌아올 수가 있었다. 그가 살아서 고향땅을 밟을 수가 있었던 것은 후지와라 세이카가 스승의 은혜에 보답하기위해 막부의 장군에게 몸소 탄원하여 허락을 받아낸 때문이다.

＊

지금의 일본 땅 시코쿠, 이요의 작은 교토라고 불리는 에히메 현(愛媛縣) 오쓰 시에 가면 강항과의 인연을 소홀히 하지 않는 이 고장 사람들의 아름다운 마음씨와 만날 수가 있다.

4백여 년 전 강항이 포로로 머물렀던 오쓰 성의 언덕에서 도보로 내려오면 오쓰 시 문화회관에 이르는데, 그 광장 왼편에 강항을 기리는 현창비가 서 있다. 화강석으로 된 비면에는 '홍유 강항 현창비鴻儒姜沆顯彰碑'라는 비명이 새겨져 있고, 그 하단에는 검은 오석판에 강항의 연보가 간략히 소개되어 있다.

또 현창비 왼편에 두 개의 비문석을 따로 세웠는데, 놀랍게도 똑같은 크기의 비면에 일문日文과 한글로 비문을 새겼다. 일문의 제목은 '일본 주자학의 아버지 유학자 강항의 비'라고 적었으며, 그 내용은 다음과 같다.

조선왕조 시대의 뛰어난 학자 강항(睡隱)은 도요토미 히데요시가 조선에 재출병(정유재란)하였을 때 후지도 다카도라 군에 잡히어 두 형(준·환) 및 가족들과 함께 이요 오쓰에 연행되었습니다.

10개월에 걸친 오쓰 성에서의 강항 선생의 생활은 학자로서 우대받고, 금산金山 출석사出石寺의 중들과 교유하며 한시의 창수唱酬로 나날을 보내는 자유로운 신분이었습니다. 경도 후시미(伏見)의 도토(藤堂) 저택으로 압송되면서부터 에도(江戶) 유학의 개조가 되는 후지와라 세이카, 용야성주 아카마쓰 히로미치, 해운왕 요시타 소앙 등과의 자유로운 교제 속에서 세이카는 사서오경 왜훈을 완성하였습니다.

강항 선생과 두 형 등 10여 명이 사서오경의 대자본을 필사하고 거기에다 세이카는 왜훈을 붙여서 간행하였습니다. 근세 일본 사상사의 전환기에 강항 선생과 후지와라 세이카의 우정은 일본 사람들이 부러워할 정도였으며, 세이카가 유학자로서 자립할 수가 있었음은 강항 선생에게 힘입은 바라고 생각됩니다.

강항 선생이 일본 유학사상에 미친 영향은 지대합니다.

－1990년 3월 연파煙波 김용석金容錫 필사筆寫


이 현창비가 세워지게 된 데는 일본의 오쓰 시 시민들과 한국의 영광 군민들이 힘을 합쳐 건립기금을 모금한 탓도 있지만, 강항의 인품에 매료된 무라카미 쓰네오(村上恒夫)라는 한 일본인의 헌신적인 노력과 봉사가 있었기 때문이다.

무라카미 씨는 오쓰 시의 호적과에 근무하는 공무원이었는데, 실로 우연히 오쓰 시를 찾은 외국인 1호가 조선 유학자 강항이라는 사실에 착안하고, 그에 대한 사료를 조사하던 중에 《간양록》을 읽게 되었다. 그는 《간양록》에 적힌 강항의 행적을 추적하면서 강항의 고향인 한국의 영광까지 다녀오는 등 그의 학문과 인품에 매료되어 한 · 일 양국의 문화교류에 열정을 쏟게 된다.

결국 무라카미 씨는 자신의 직장인 오쓰 시의 호적과를 그만두고 《간양록》의 연구에 몰두하기 시작한다. 그는 강항의 발길이 머물렀던 모든 곳을 완전하게 답사하는 것은 말할 나위도 없었고, 강항이 오쓰에서 탈출하던 행로까지 찾아내면서 해당지역에 표석을 새우는 등 지나간 역사를 오늘에 되새기는 일에 매진하였다. 그는 또 '수은 강항 선생 행적지 순례단'을 조직하여 한·일 양국의 방문객들에게 몸소 안내역을 자청하기도 하였으며, 《유학자 강항 선생》이라는 저서를 출간하기도 하였다.

강항의 출생지인 한국의 영광과 포로생활에 시달렸던 일본 에히메 현의 오쓰 시에 강항 선생을 기리는 현창비가 건립되고, 그 제막식에 두 도시를 대표하는 인사들이 교대로 참석하는 등의 아름다운 광경이 연출된 것은 한·일 양국 문화교류의 원류를 밝히려는 무라카미 쓰네오 씨가 뿌린 씨앗에 싹이 트고 꽃이 피는 일이 아닐 수가 없다.

＊

일본을 대표할 만한 역사소설가인 시바 료타로(司馬遼太郎)가 쓴 《고향을 어찌 잊으리까》라는 소설을 읽고, 나는 상당한 흥분과 부끄러움을 함께 느꼈다. 솔직히 말해서 이렇게 엄청난 얘깃거리가 있었던가 하는 것이 흥분의 요인이었고, 이런 얘기를 왜 일본인 작가가 써야 했으며, 대체 우리 나라의 작가들은 무엇을 하고 있었느냐가 부끄럼을 느끼게 하는 요인이었다. 그래서 읽고 다시 읽는 동안 시바라는 작가가 아무리 일본 제일의 역사소설가라고 하더라도 그가 일본인이라는 한계에서 벗어나지 못해 상당한 오류를 범하고 있다는 사실을 알게 되었다.

일본 땅 규슈로 달려가서 현장을 확인해야겠다고 생각하고 있을 때, 이와타 레이몬(岩田玲文)이라는 일본 작가가 쓴 또 하나의 소설《이조도공의 말예末裔》를 읽을 수가 있었다. 이 소설도 앞서 소개한 시바의 소설과 같은 시대, 같은 인물을 다루고 있었다. 이 소설도 잘못을 저지르고 있기는 마찬가지, 내게는 어서 현장으로 떠날 것을 채근하는 것이나 다를 바가 없었다.

사쓰마야키(薩摩燒)의 고장으로 가는 비행기에 올랐다. 오래 전인 1977년 5월 19일이었다.

일본 규슈의 가고시마(鹿兒島).

임진·정유년의 양란에 걸쳐 10만여 명이라는 엄청난 수의 조선인 포로가 끌려와서 오늘에 이르기까지 4백 년 세월을 살고 있는 우리와는 정말 인연 깊은 땅이다. 조금 성급하게 얘기를 몰아본다면, 그때 일본인들에게 잡혀온 10만여 명의 조선인 포로 가운데 약 5만 명이 포르투갈이나 네덜란드 등에 인신매매로 팔려갔다는 기록이고 보면, 규슈에 남아 있었던 조선인 포로의 수가 대충 5만여 명일 것이고, 그로부터 오늘에 이르기까지 약 4백여 년 동안 핏줄을 이어오면서 자손을 번창하게 했으니, 지금의 규슈 인들은 거의 대부분이 조금은 조선인의 피를 받고 있음이 아니겠는가. 이 사실을 가고시마 대학의 교육학부장 요쓰모토(四本) 교수에게 물었더니, 그는 서슴없이 정정해주었다.

"거의 대부분이 아니라, 전부라고 하는 편이 옳겠지요."

너무도 명쾌한 대답이어서 듣고 있는 내가 민망해할 정도였다.

가고시마는 일본 사람들이 동양의 나폴리라고 자랑할 만큼 아름다운 항구도시다. 긴고오 만(錦江灣)의 한가운데 떠 있는 그림같이 아름다운 사쿠라지마(櫻島)는 그대로 활화산이라 이날도 분연을 뿜어올리고 있었다.

가고시마 시내에서 서쪽으로 달리면 일본 특유의 산과 농촌풍경을 볼 수가 있다. 약 50분가량 달려가노라면 이주인(伊集院)을 지나 히가시 이치키(東市來)라는 곳에 이르게 된다. 거기서 다시 5분 정도의 거리에 유노모토라는 유황 온천장이 있다. 여장은 거기다 풀었다. 유황 냄새 물씬 풍기는 일본식 여관 하루모토소(春本莊)에.

심수관沈壽官 씨 댁에 전화를 걸고 방문할 뜻을 전했다. 와도 좋다는 허락을 받은 다음, 그렇게 가고 싶었던, 아니, 가야 했던 미야마(美山) 로 달렸다. 택시로 10분 정도의 거리였다.

지금은 미야마라고 부르지만, 이 지역의 옛 이름이 그 유명한 나에 시로가와(苗代川), 4백여 년 전 조선인 도공들이 포로로 잡혀와서 자리 를 잡았던 유서 깊은 고장이다. 우선 산세가 한국과 흡사하다.

물론 나중의 일이지만, 심수관 씨는 "어떻습니까, 남원과 같지요. 우 리 선조들은 남원과 지세가 유사한 여기에 짐을 풀었습니다"라고 했을 만큼 낯설지 않은 고장이었다.

이 미야마로 들어서는 초입에 '사쓰마야키의 발상지'라는 선전탑이 서 있어서 방문객의 가슴을 설레게 하였다. '사쓰마야키'란 일본이 세 계에 내놓고 자랑하는 도자기의 이름인데, 바로 이 사쓰마야키가 조선 인 포로의 손에 의해서 구워졌다는 사실, 그 사실의 뿌리를 캐러 오는 나에게 '사쓰마야키의 발상지'라는 선전탑이 주는 인상은 하나의 충격 이며 흥분일 수밖에 없다.

바로 여기서 나직한 언덕을 하나 넘으면 조용하고 아름다운 마을이 눈에 들어온다. 이 포근하고 따뜻한 마을의 인상이 한국 사람인 나에 게 조금도 낯설게 느껴지지 않는 것은 참으로 이상한 일이다. 이국적

인 풍취가 느껴진다면 직경이 10cm 이상인 왕대(盟宗竹)가 즐비하게
서 있다는 것, 따뜻한 지방의 관상수가 많이 눈에 띈다는 정도였다.

심수관 씨 댁의 낡은 목조 대문이 첫눈에 들어왔다.

이 건물에도 필시 한국 사람이 살고 있겠다는 생각이 들 만큼 눈에
익은 대문이었다. 옛날 일본 사람들의 집은 담장이 없고 대문이 없었
다. 담장을 치고 대문을 세울 수 있다면, 그것은 사무라이의 집안에나
허용되었던 일이다. 이것도 나중에야 알게 된 일이지만, 심수관 씨 댁
의 이 대문은 가고시마에서도 세 번째로 큰 대문이었다고 하니, 조선
인 도공들이 누렸던 한때의 영화를 짐작하고도 남는다.

심수관.

그는 어느 모로 뜯어보나 그 골격부터가 한국 사람이다. 하긴 그렇
다. 심수관 씨의 피에는 단 한 방울도 일본 사람의 피가 흐르지 않고
있으니, 그의 국적이 비록 일본으로 되어 있다고 하더라도 그의 외모
가 한국 사람임은 당연하지 않겠는가.

지금부터 4백여 년 전, 심당길(沈當吉, 본명 讃)이 일본 땅에 포로로
잡혀온 이래, 13대 심수관에 이르기까지 일본인 여성과 결혼을 한 조
상은 단 한 사람도 없고, 오직 14대인 지금의 심수관 씨만이 일본인 여
성을 아내로 맞았을 뿐이다. 여기서 먼저 밝혀두고 갈 일은 심수관이
라는 이름에 대해서다.

처음에 일본 땅으로 잡혀온 초대는 심당길이었고, 2대가 심당수沈當
壽, 3대가 심도길沈陶吉, 4대가 심도원沈陶圓, 5대가 다시 심당길, 6대가
심당관沈當官, 7대가 심당수沈當壽, 이런 식으로 11대 심수장沈壽藏까지
가 서로 다른 이름을 쓰다가, 12대에 이르러 심수관이라는 이름이 습
명襲名으로 사용되기 시작하였다.

그러니까 14대인 지금의 심수관 씨의 본명이 오사코 게이키치(大迫惠吉)였지만, 아버지(13대)가 세상을 뜨자, 그 유업을 이어받게 됨으로써 심수관의 이름을 습명하게 되었다.

"당신의 선조들이 낯선 땅에 끌려와서 사쓰마야키라는 명품을 남길 때까지의 노고를 한국의 텔레비전의 드라마에 담고자 실례를 무릅쓰고 방문하였습니다"라고 찾아온 목적을 밝히자, 그는 반가워하지 않았다. 몇 분의 순간을 흘려보낸 다음에야 그는 일본의 여러 매스컴에 시달리고 있노라고 실토하였다.

"아버지의 제삿날도 아닌데, 아버지의 무덤 앞에서 절을 해달라는 주문도 너무 자주 받으니까 지겹다는 생각이 들기도 했고…"

충분히 그럴 수 있는 일일 것이다. 그러나 내가 쓰고자 하는 드라마에는 유명한 탤런트가 등장하여 심수관 씨의 역을 맡아 할 것이기 때문에, 당신의 집을 오픈 세트로 빌려주고, 당신은 가능한 협조만 해주면 될 것이라고 했을 때, 그는 안색을 바꾸면서 반가워하였고, 아낌없는 지원을 할 것이라는 확약을 해주었다.

이로부터 나는 본격적인 취재를 할 수 있게 되었고, 그는 가보로 소장하고 있는 귀중한 자료들을 흔쾌히 제공해주었다. 인상적인 기록으로는 포로로 잡혀온 처지면서 자손들에게 일본어를 가르치는 교본이 만들어진 것이었고, 당시의 물산동향을 기록한 문서도 있었으며, 필사본으로 된 고전소설 《숙향전淑香傳》이 비교적 양호하게 보존되고 있었다.

시바 료타로가 그의 소설에서 크게 잘못 설명하고 있는 〈오날이소서〉라는 시조에 관해서도 언급을 해야겠다. 이 시조가 잡혀온 조선인 도공들에 의해 즐겨 불려졌던 탓에 마치 거기서 지어진 것처럼 설명하

고 있지만, 실상은 시조집 《청구영언靑丘永言》에 수록되어 있는 다음과
같은 원시原詩가 약간 변형된 것이었다.


  오날이 오날이소서 매일每日에 오날이소서

  뎔그디도 새디도 마르시고

  새라난 매양장식에 오날이소서.


심수관 씨는 비로소 선조들의 즐겨 불렀다는 〈오날이소서〉라는 시조
의 참뜻과 출전出典을 알게 되었다면서 기뻐했다.

책상 앞에서 할 수 있는 취재를 대충 마친 나는 그를 따라서 마당으
로 나갔다. 전형적인 일본식 정원으로 꾸며진 후원의 담장 밑 풀숲에
이르렀을 때, 나는 왈칵 눈물을 쏟아야 했다. 그것은 형언할 수 없는
충격이었으며 또 감동을 동반한 슬픔이기도 하였다.

풀숲에는 두 개의 돌비석이 서 있었는데(높이 40cm 정도) 비석에는 놀
랍게도 '반녀니'라는 한글 비명이 새겨져 있었기 때문이다. '반녀니'
라면 분명히 여자 이름이 아니던가. 마치 '언녀니'와 같은…, 그러니까
필시 성도 몰랐음직한 천한 조선 여인의 이름이 분명한데, 그런 이름
을 새겼다는 사실, 그런 일이 정녕 본국(그들이 본다면)에서 있을 수 있는
일이던가. 낯선 이국 땅에 끌려와서 얼마나 고생을 하고 죽었으면, 보
잘것없는 아낙의 죽음을 이렇듯 애통하게 기릴 수가 있을까.

심수관 씨는 내가 흘리는 눈물의 의미가 무엇이냐고 물었다. 나는
조선조 사회의 유교적 개념을 설명하고, 적어도 한국 땅에서는 상민
여성의 이름자가 한글로 새겨진 비석은 찾아볼 수가 없을 것이기에,
만리타국에 끌려와서 형언할 수 없는 고초를 겪다가 세상을 뜬 '반녀

니'를 위해 비석을 세워주었던 남성들의 마음씨를 떠올린 때문이라고 설명해주었다. 그는 적이 놀라면서 잘 보존하고 간수해야겠다는 다짐을 잊지 않았다. 나는 그 비석이 세워진 연대를 물었다. 그는 구체적인 예증은 없으나, 어른들로부터 2백 년 이상 된 것이라고 들었다고 증언해주었다.

내가 그에게 역사드라마 〈타국他國〉을 쓰면서 가장 주의해야 할 점이 무엇이냐고 물었을 때, 그의 표정은 숙연해졌고 마치 선조의 유훈遺訓을 전하듯 진지하게 말했다.

슬픔이나 괴로움이 응결되어 있는 사람만이 무엇인가를 이루어놓습니다. 사쓰마야키는 일본인일 수 없으면서 일본인이어야 했던 조선 도공들의 응결된 괴로움과 슬픔의 결정이라고 생각합니다. 언어가 통하지 않고 풍속이 다른 이국 땅에서 생존하기 위해서는 그들 나름대로의 지혜가 생기게 마련입니다. 자신들을 위해서 반발도 참을 줄 알아야 했고, 장차를 위해서는 그들 스스로 일본인들을 도울 줄도 알았지만, 아첨이 되지 않는 선에서 슬며시 손을 놓아 자신들의 긍지를 자위할 줄도 알아야 했습니다. 이러한 어려움 속에서 자신들의 뜻이 이루어지면, 언제 그런 일이 있었느냐는 듯 묵묵히 일해가면서 생존의 집념만을 생각했을 것입니다. 이와 같이 복잡 미묘한 감정이 사쓰마야키를 구워내는 원동력이 되었습니다. 그래서 일본인과의 대항 의식만은 가급적 삼가주었으면 합니다.

놀라운 설명이 아닐 수가 없다.

지금도 국경일이나 명절이 되면 일장기를 내거는 일, 세금을 잘 바치는 일만은 미야마에 사는 사람들이 일본 땅에서 손꼽힌다고 하면서,

그것은 4백 년을 전해져 내려오는 일종의 삶의 지혜이며 철학이라고
했다.

＊

옥산신사玉山神社를 찾았다.

미야마의 동서편 쪽 언덕 위에 자기잡고 있는 옥산신사의 본이름은
'옥산궁玉山宮'이다. 참으로 놀랍고 대견한 것은 일본 땅에 포로로 끌
려온 조선인 도공들이 옥산궁을 창건하여, 거기에 단군의 위패를 모시
고 해마다 8월 한가윗날에 제사를 지냈다는 사실이다.

그 당시(4백여 년 전) 단군의 위패(혹은 영혼)를 모시고 망향제를 지내자
는 발의를 할 수 있었다면, 잡혀온 사람 중에 상당한 지식인이 있었다
는 뜻도 되지만, 이역만리에 잡혀온 조선인 포로들이 자신들의 앞치레
도 하기 어려운 마당일 것인데도 조상을 섬기고 크게는 나라를 사랑했
다는 사실이 나에게 큰 감동으로 다가왔다.

1867년, 게이오(慶應) 3년에 씌어진 《옥산궁유래기玉山宮由來記》에
'옥산궁은 개조開祖 단군의 묘'라고 적혀 있는 것으로 봐서도 당시의
조선인 포로들의 뜻이 참으로 당당했음을 알 수가 있다. 지금도 씌어
지고 있는 옥산신사의 제기祭器를 보면 장고가 있는데 길이가 짧아졌
을 뿐 모양은 우리 것과 같고, 시루떡을 찌는 작은 시루에 구멍이 뚫려
있는 것은 참으로 신기할 지경이며, 제주가 추는 춤의 형태도 우리 나
라의 무당들이 추는 춤과 검무를 합친 것과 흡사하였다.

옥산신사는 미야마에서 바다를 바라볼 수 있는 유일한 언덕 위에 자
리잡고 있다. 고향으로 돌아가고 싶은 조선인 도공들이 '옥산궁'으로
달려와서 그 염원을 단군 신에게 빌고, 남중국해의 푸른 물결을 바라

170

보며 하염없이 눈물을 흘렸을 것이며, 한가위 달 밝은 밤에 서로에게 의지하면서 〈오날이소서〉를 불렀을 것이라는 생각이 들자 내 가슴도 미어졌다.

드라마 〈타국〉이 방송될 때 서울대학의 이두현李杜鉉 교수가 〈옥산궁 묘제玉山宮廟祭〉와 같은 귀중한 자료를 우송해주었다. 이러한 후의는 당시의 나에게 큰 격려였으며, 용기와 분발을 일깨워주었다고 기억된다.

＊

아름답고 작은 어항인 가고시마 현 구시키노(串木野)에 가면 조선인 도공들이 상륙한 지점을 기념하는 돌비석이 서 있는데, 14대 심수관의 필치로 다음과 같은 비문이 새겨져 있다.

경장 3년(1598) 겨울
머나먼 풍도風濤를 넘어
우리들의 개조開祖 이 땅에 상륙하다.

그 비석을 지나 섬의 언덕에 오르면 아름답고 푸른 구시키노의 남쪽 바다를 건너다볼 수가 있다. 바로 그 해안을 시마비라하마(島平浜)라고 하는데, 여기에 조선인 도공을 비롯한 포로들을 태운 배가 도착하였다. 조금 더 남쪽으로 내려가면 가미노가와(神の川)의 하구河口가 있다. 여기도 조선인 도공과 포로를 태운 배가 도착한 곳이다.

일본측 기록에 따르면, 구시키노의 시마비라하마에 박평의朴平意와 그의 아들 정용貞用을 비롯하여 43명의 남녀가 상륙을 했고, 가미노가 하구에 김해金海를 비롯한 남녀 10명이, 그리고 규슈의 남단을 돌아서 가고시마에 남녀 20명이 도착한 것으로 되어 있다.

박평의와 김해는 일본 사람들이 하늘처럼 떠받든 도공들이어서 지금까지 그 기록이 상세히 전해지고 있다. 특히 김해의 경우는 그 가계家系까지가 문서로 남아 있고, 박평의의 경우도 조선인 도공 최초로 쇼야(庄屋, 촌장과 같은 지위)가 되어 사족士族의 대우를 받았다는 기록이 보이는 데 반해, 심수관 씨의 선조인 심당길에 관한 기록은 전혀 보이지 않는다. 이 점으로 미루어 심당길은 도공으로 잡혀온 것이 아니라, 후일 박평의의 문하에서 수련하여 도공이 되었을 것이라는 추측이 가능하며, 심수관 씨도 이 같은 내 견해에 전적으로 동의해주었다.

임신한 아내와 함께 잡혀왔던 김해는 구시키노에 도착한 지 3년 후인 1601년에 동족을 배반하고 호시야마(星山)라는 일본 성을 받았으며, 아이라 군(始良郡) 조사우도(帖佐宇都)에서 가마를 열고, 당시의 사쓰마 번주인 시마즈 요시히로(島津義弘, 임진왜란 때 조선에 나왔던 왜장)의 극진한 예우를 받았다는 기록이 이를 뒷받침하고 있다.

구시키노에 도착한 조선인 도공들이 최초로 도자기의 가마를 연 것은 도착한 다음해인 1599년이었고, 이때 처음으로 구워낸 그릇은 검은 색이었다. 그것은 백토白土가 없었기 때문이었는데, 그러나 번주 시마즈는 너무도 기뻐한 나머지 교젠쿠로(御前黑)라고 이름 지으면서 하나하나 검사할 만큼 대견히 여겼다. 그러면서도 북쪽 지방의 아리타(有田 : 조선도공 이참평李參平에 의해서 주도된…)에서 생산되는 백자가 부럽기 한량없는 일이다.

마침내 시마즈는 박평의에게 묘지다이토(名字帶刀)를 명한다. 다시 말하면 성과 이름을 쓰고 칼을 찰 수 있는 사족 계급을 준 것이다. 그리고 다시 병사와 말을 내려서 백토를 찾을 것을 몸소 독려하고 나선다. 이 같은 노력이 있었음에도 실제로 박평의 부자가 백토를 찾은 것은 1614년, 그러니까 일본 땅에 잡혀온 지 실로 16년 세월이 흐른 다음이었다.

사쓰마야키의 특징은 빛깔에 있다. 아주 흰색이 아니고 엷은 베이지색(상아빛)인데, 맥토의 성분에서 비롯되는 것이지만, 지금은 오히려 그들만의 색으로 자랑하고 있다.

이들 도공보다 먼저 가고시마의 본성 밑에 도착하여 사족 대우를 받고 있었던 주가선朱嘉善을 비롯한 역관들도 있다. 이들이 살고 있는 마을은 고려촌高麗村이며, 지금도 도처에 이들이 살고 있었던 흔적이 남아 있다.

이들은 임진년의 왜란 때 역관을 지내다가 왜병과 더불어 철수한 사람들로 전해지고 있다. 그들이 조선 땅에 남아 있었다면 동족들의 응징을 받아 목숨을 잃었을지도 모르는 사람들이었을 것이다. 이에 대한 입증은 이들에게 그릇을 구울 수 있는 기술이 없었는데도 본성本城 밑에서 살고 있으면서 일본 이름을 쓰고 있었다는 사실이다.

당시 일본에 산재하고 있었던 각 번藩의 도시 구조를 보면, 본성 밑에서(혹은 곁에서) 사는 무사들을 죠카시(城下士)라고 했으며, 이들의 신분이 무사 중에서도 상위에 속했기 때문이다.

＊

임진 · 정유년에 걸쳐서 무려 7년 동안이나 조선의 강토를 초토화시켰던 왜란은 조선과 일본의 인적 교류를 다양하게 하였고, 그것은 또 운명적인 교류나 다를 바가 없었다.

유학자 강항이나 박평의를 비롯한 수많은 도공, 인쇄공 등이 일본 땅으로 잡혀가 오늘의 일본 문화를 형성하는 데 크게 이바지하기도 하였지만, 그와는 반대로 일본인 사무라이가 한국에 귀화하여 그 자손을 번창하게 한 사람도 있다.

1592년 4월 13일.

왜병 3천여 명이 현해탄을 건너 부산포에 상륙하였다. 이른바 임진왜란의 시작이다. 왜병의 선발대에 해당하는 이들은 가토 기요마사(加藤淸正)의 휘하에 있는 왜병들이었다. 이들 3천여 명 왜병을 지휘하고 있는 사람은 우선봉장 사야가(沙也可)라는 무장으로 나이는 스물두 살이었다.

사야가는 일본에서 태어난 것을 큰 불행으로 여길 만큼 중국의 문물을 늘 사모하고 있었다. 그러한 까닭으로 스스로 모화당慕華堂이라고 자처하기도 하였다. 또 그는 "남자로 태어난 것은 천만다행이나, 불행하게도 중국에서 태어나지 못하고 오랑캐 나라에서 태어나서 오랑캐의 차림을 면하지 못하고 죽게 된다면 이 어찌 영웅의 한이 아니랴"라고 탄식하기도 했다.

비록 왜장일지라도 이러한 생각을 하고 있었기에, 막상 조선 땅에 상륙하고 보니 조선의 문화가 중국 못지않게 아름답다는 사실을 깨닫게 되었다. 설사 그가 그리던 중국에는 못 간다 하더라도, 중국에 못지않은 조선 땅에 왔으니 일대 전기를 마련해야겠다는 결심을 하고, 군진에 명을 내렸다.

남의 나라에 들어와서 남의 토지를 빼앗고 남의 재물을 탐내서 죽이고 노략질하는 것은 병가에서 가장 금하는 길이다. 너희들은 다만 진세를 바르게 하고 군기軍紀를 세우며, 기운을 가다듬고 마음을 단속하여 나의 명령을 기다리고 있으라.

왜병의 장수로는 취할 길이 아니었으나, 사야가는 이런 조처를 취해 놓은 다음 이틀 뒤인 15일에 이르러서는 조선 백성들에게도 싸울 뜻이 없다는 것을 밝히고 백성들은 안심하고 생업에 종사하라는 효유서曉諭書를 내다붙였으며, 20일에는 조선절도사에게 강화를 청하는 글을 보내기까지 하였다.

이 무렵 울산군수 이언성李彦誠이 좌위장이 되어 동래성으로 달려갔으나, 왜병의 세력을 보고 황급히 도망치다가 죽으니, 병사들도 앞다투어 도주하기에 이르렀다. 이를 딱하게 여긴 사야가는 울산 사람 서인충, 서봉호 등의 결사대와 힘을 합쳐 왜병을 공략하여 큰 공을 세우기도 하였다.

조선군 체찰사體察使가 사야가의 귀환과 큰 공을 세웠음을 알고 이같은 사실을 선조 임금에게 아뢰자, 선조는 크게 기뻐하여 사야가를 어전에 불렀다. 선조는 사야가의 무예를 친히 시험하고 그의 사람됨을 살핀 다음, 가선대부嘉善大夫로 가자加資하고, 남쪽 방면의 방위를 책임지게 하였다.

사야가는 조선장수가 되어 조선 땅을 방위하는 한편, 본도 병영에 글을 올려 조선의 무기가 시원치 않으니 각도의 각 진영에 조총과 화약 만들기를 강력히 주장하였으며, 또 각지에 있는 조선장수들과 서신을 내왕하며 작전 문제를 숙의하기도 하였다.

다음해인 1593년에는 선조 임금께서 사야가의 공을 치하하여 성과 이름을 하사하고, 다시 자헌대부資憲大夫로 가자하였다. 이때에 하사한 이름이 김충선金忠善이다. 왜장 사야가가 명실상부한 조선인이 되는 순간이었다.

김충선은 이후에도 우병사 김응서 장군과 만나 작전 수립에 지대한 공을 세워 그 용명이 날로 더해졌고, 체찰사 유성룡 정승에게도 왜병과 대처하는 방안을 건의하기도 하였다.

임진 · 정유년의 왜란이 끝나갈 무렵인 1600년(선조 33년), 김충선은 진주목사 장춘점張春點의 딸인 인동 장씨와 결혼하였다.

장장 7년에 걸친 왜란이 끝나자 김충선은 다음과 같이 자신의 심중을 토로하였다.

8년간 나의 일은 거의 끝났다. 그러나 고국은 멀고 친척도 떠난지라, 나는 어디로 가야 할 것인가. 내가 고국을 사절한 것은 한漢의 이릉李陵과 같아 돌아갈 수 없어서도 아니요, 조선에 붙어사는 것이 흉노에 잡힌 소무蘇武처럼 갇혀서도 아니다. 나라를 떠난 것은 섭섭한 일이지만, 오랑캐를 벗어난 것은 나의 원하는 바라, 남산의 남이나 북산의 북, 어디에 간들 마땅하지 않으리오.

참으로 처절하게 표현된 김충선의 심중이라고 아니할 수가 없다. 이로부터 김충선은 그를 따르던 무리를 거느리고 우록동友鹿洞에 들어가 은거하였다. 지금의 대구 근교에 있는 그 우록동이다.

우록동에서 조용히 기거하면서 슬하에 5남 1녀의 자녀를 두었고, 이후에도 이괄李适의 난을 평정코자 출병한 일이 있었으며, 병자호란 때도 몸소 출전하여 큰 공을 세우기도 하였다.

1642년에 세상을 떠나니 조정에서도 슬퍼하였고, 향리와 이웃에서도 부모상을 당한 것처럼 슬퍼하였다는 기록이 전해지고 있다.

왜장 사야가.

김충선은 자신이 직접 쓴 문집에 성은 사요, 이름이 야가라고 분명히 적어놓고 있지만, 일본을 대표하는 역사소설가요, 일본 국민으로부터 국사國師라고까지 불리는 시바 료타로는 김충선의 문집인《모화당 문집慕華堂文集》을 확인하고도 사야가의 존재를 인정하려 들지 않는다. 일본인의 성씨에는 사씨가 없다는 이유 때문이다.

시바 료타로와 절친한 조선 도공 14대 심수관은 사야가는 본명이 아닐 것임을 아주 유머러스하게 설명하면서 웃었지만, 대단한 탁견일 수도 있겠기에 여기에 소개해두고자 한다.

일본어에 '사요오카(左樣か)'라는 말이 있는데, 우리 뜻으로는 '그렇던가?', '그렇군'이라고 감탄하는 것과 같은 뉘앙스가 된다. 조선 땅의 문물에 소상하지 않았던 사야가는 이것저것 묻는 것이 많았고, 친절하게 대답해주는 조선 사람에게 맞장구를 치면서 '사요오카'라고 감탄을 연발한 것을 음독音讀으로 적으면 '사야가沙也可'로 되질 않겠는가.

그러므로 조선인들은 사야가를 그의 별호로 불렀을 것이며, 따라서 조선으로 귀화한 사야가는 일본 이름을 흔쾌히 버리고 조선인들이 즐겨 부르는 사야가를 새 이름으로 정했을 게 분명하다면서 너털웃음을 토했지만, 나에게는 음미해볼 만한 탁견이 아닐 수가 없다.

어찌되었거나, 이 대목을 쓰고 있을 때 시마 료타로가 향년 일흔두 살로 오사카의 한 병원에서 세상을 떠났다는 부음(1996년 2월 12일)이 들려왔다. 나는 그와 더불어 한·일간 역사 교류에 관해 진솔하고도 허심탄회한 의견 교환을 한 일이 있었고, 또 그가 역사소설만으로 일본인 독자(국민)들의 역사 인식을 새롭게 가다듬고 있었음을 너무도 잘 알고 있었기에, 그의 부음은 나에게도 큰 아쉬움과 허전함으로 다가올 수밖에 없었다.

＊

　임진·정유년에 걸친 왜란은 한·일 양국에 몸서리치는 전율과 한을 심었지만, 그 인적인 교류를 가벼이 여길 수가 없다. 특히 일본 쪽에서는 그들의 새로운 문화를 형성하는 원동력이 되었고, 오늘에 이르러서는 심수관 씨의 예와 같이 뿌리를 찾기 위해 선인의 유적지를 찾는 경우가 날로 흔해지고 있다.

　비록 그 교류가 전쟁을 매개로 한 비극적인 교류라고 하더라도, 4백여 년의 세월이 흐른 오늘에 이르러서는 실로 운명적인 교류라고 아니할 수가 없다.

　그 운명적인 교류 중에서도 아주 불가사의한 예가 있기에 여기에 적어서 역사의 묘미를 곱씹어 보기로 한다.

　왜장으로 참전하였다가 조선인으로 귀화한 김충선은 우록 김씨友鹿金氏라는 관향으로 한 가문을 형성하고 그 시조가 되었는데, 그로부터 4백 년 세월이 흐른 다음 한국 정부의 장관을 배출하게 된다. 법무부 장관과 내무부 장관을 지낸 김치열 씨가 바로 김충선의 후예이다.

　한편, 정유재란 때 일본 땅 가고시마로 끌려갔던 조선인 도공 박평의는 '명자대도名字帶刀'의 예우를 받으면서 도고(東鄕)라는 성을 쓰게 되었는데, 그의 후예에서도 일본의 대신이 배출되었다.

　제2차세계대전이 한창일 때 일본 외무대신이었던 도고 시게노리(東鄕茂德)가 바로 그 사람이며, 그의 아명은 박무덕朴茂德이다.

　선대의 운명적인 교류는 비극적인 것이었지만, 4백여 년 뒤에 그들의 13대손이라는 공통점으로 귀화한 나라의 장관으로 발탁되는 사실

을 지켜보면서 정말로 '역사를 관장하는 신'이 있다는 생각을 하게
된다.

# 성공한 문학인도,
# 실패한 정치인도

성공과 실패는 다만 한때에 행하여지는 것이나, 시비是非의 분별은 곧 만세萬世에 정해지는 것입니다. 예로부터 국가에서 사관史官을 소중히 여기는 까닭은, 한때의 득실得失을 기록하여 그것으로 만세의 시비를 가리기 때문입니다. 그러므로 나라가 망할 수는 있어도 사기史記를 없앨 수는 없습니다. ― 이항복

신동神童이라는 말에는 얼마간 환상적인 분위기가 담겨져 있다. 특히 조선시대의 경우가 그렇다. 요즘은 영어의 단어를 많이 왼다든가, 수학적인 재능 등으로 '신동'임을 말하지만 조선조의 경우는 얼마나 어려서, 어떤 내용의 한시漢詩를 지었느냐에 따라서 그 신동됨을 확인하고 평가하였다.

설혹 다섯 자, 네 줄로 지어지는 오언절구의 짧은 한시라고 하더라도 거기에는 운韻자를 써야 하고 또 기승전결의 규칙을 지켜야 하는 등 작법상의 제약과 어려움이 있었기에 대단한 천재성이 요구된다.

우리의 마음속에 생육신의 한 사람으로 새겨진 매월당梅月堂 김시습金時習의 경우가 이른바 조선시대 '신동'의 개념을 명료하게 보여주고 있다.

조금 과장된 표현이기는 하지만, 김시습은 태어난 지 여덟 달에 능

히 글을 알았다고 하였고, 말은 늦게 깨치고 더듬거렸으나 총기는 일찍 깨어서 글을 입으로 읽지는 못해도 뜻은 다 알았다는 기록이 있는가 하면, 놀랍게도 세 살에 시를 지어서 사람들이 모두 괴이하게 여겼다는 대목에 이르면 탄성이 절로 나오게 된다.

桃紅柳綠三月慕
珠貫青針松葉露
無雨雷聲何處動
黃雲片片四方分

복사꽃 붉고 버들 푸르니 삼월이 저무는구나,
구슬을 푸른 바늘로 꿰였으니 솔잎의 이슬이로다.
비도 안 오는데 천둥소리는 어디서 울리나,
누른 구름 점점이 사방으로 흩어지네.

이 시가 신동 김시습이 세 살 때 지은 것인데, 마지막 두 줄은 맷돌에 보리를 가는 광경을 보고 읊은 것이라니, 그 착상과 비유가 참으로 놀랍기만 하다.

다섯 살에 《대학》을 깨치고 글을 짓는 데 막힘이 없다는 소문이 자자하자, 세종조의 명신 허조許稠가 몸소 김시습의 집을 찾아와 시험을 해보았다.

"내가 늙었으니 늙을 노老 자를 넣어 시를 지어보아라."

老木開花心不老

늙은 나무에 꽃이 피었으니, 마음은 늙지 않았네.

허조는 탄복을 아끼지 않았다. 이 사실을 보고받은 세종대왕은 지신사知申事(승지의 별칭) 박이창朴以昌으로 하여금 어린 김시습을 승정원으로 불러 다시 시험해보게 하였다.

박이창은 김시습을 무릎에 앉히고, 먼저 시 한 구절을 읊으며 대구對句를 하게 하였다.

童子之學白鶴舞靑空之末
동자의 공부가 백학이 푸른 하늘 끝에서 춤추는 듯하도다.

어린 김시습의 화답은 막힘이 없었다.

聖主之德黃龍飜碧海之中
성군의 덕은 황룡이 푸른 바다 가운데서 뒤집으며 노는 듯하도다.

박이창은 말할 나위도 없었고, 지켜보던 좌중 또한 놀라지 않을 수가 없었다. 박이창은 벽에 걸린 산수도山水圖를 가리키며 신동 김시습에게 물었다.

"저 그림을 두고도 시를 지을 수 있겠느냐?"

"예."

그것은 강가에 작은 정자가 있고, 그 밑에 빈 배가 매어져 있는 그림이었다. 김시습은 잠시 생각하더니 곧 소리내어 읊었다.

小亭舟宅何人在
작은 정자와 배 안에는 누가 있는고.

이쯤 되면 신동의 영특함을 넘어섰다고 아니할 수가 없다.

김시습은 시적인 재능으로 그 신동됨과 천재성을 입증하였지만, 산문의 경우라면 선조조의 천재 여류시인 난설헌 허초희의 예를 들 수 있을 것이다.

난설헌은 여덟 살에 '광한전백옥루상량문廣寒殿白玉樓上樑文'이라는 아주 환상적인 글을 지어 세인들을 놀라게 하였다. '광한전백옥루'가 실재하지 않는 환상의 전각이기에 난설헌의 천재성을 더욱 빛나게 한다.

무릇 보옥으로 만든 차일은 창공에 걸려 너울거리고, 구름 같은 휘장은 색상의 한계를 떠나 그저 황홀하기만 하며, 은다락은 햇빛에 번쩍거리고 노을 같은 주두는 헤매는 속세의 티끌 세계를 벗어났도다….

이 아름답고 환상적인 명문(더구나 한자로 된)을 어찌 여덟 살 난 여아가 쓴 것이라고 하겠는가. 이 같은 천재성으로 그녀는 후일 동양 3국(조선, 중국, 일본)에서 으뜸 가는 여류시인으로 추앙받게 되는 것이리라.

*

조선시대의 모든 학문은 문학에 기초를 두고 있다.

문자를 체계적으로 습득하기 위해 처음 대하게 되는 《천자문千字文》의 구성이 4자시(四字詩) 250수로 되어 있었으므로, 시를 통해 우주를 알고, 시를 통해 자연과 역사를 알게 하였으며, 또 인성을 바른 곳으로 인도하기 위한 도덕적인 가치도 시를 통해 터득하게 하였다.

知過必改

得能莫忘

내게 잘못이 있음을 알았거든 반드시 고쳐야 하고,

내가 능히 할 수 있는 일을 얻었거든 잊지 말아야 한다.


殆辱近恥

林皐幸卽

위태롭고 욕스러운 일이 잦으면 곧 수치스러운 일을 당할 것이니,

숲이 있고 물이 있는 곳에서 한가롭게 지내는 것이 옳을지어다.


두 가지 경구는 모두 《천자문》에 적혀 있는 구절이지만, 삶의 지혜를 일깨워준다는 점에서는 더없이 귀중한 교훈이 아닐 수 없다.

네 살짜리 코흘리개 어린 아이들에게 이 같은 구절을 수백 번씩 외게 하여 몸에 익히게 하는 인성교육의 방법도 본받을 만하지만, 그것을 문학적인 형식을 통해 이해시키고자 한 지혜로움에는 실로 감탄하지 않을 수가 없다.

그리고 《명심보감》《통감通鑑》《소학》《논어》 등에 기술된 아름답고도 가치 있는 내용을 되풀이 읽게 함으로써, 지혜로운 삶이 무엇인지를, 혹은 그것을 지행知行해야 하는 이치까지를 깨닫게 하는 것으로 학문과 인격의 완성을 동시에 도모하다가, 결국 《시경詩經》에 이르러 문학(시)의 이치로 만물의 생성과 소멸을 살피게 하는 안목을 갖게 하는 교육과정은 오늘 우리들의 찌들고 맹목적인 교육환경을 개선하는 지침으로 삼는 것이 진실로 옛것을 오늘에 되살리는 온고이지신의 아름다운 정신이 아니겠는가.

조선시대를 살았던 뛰어난 경세가나 명성을 남긴 정치가는 모두가

문학(시)을 바탕으로 인격을 도야하고 교양을 넓혔으며, 또 자신의 의지도 그런 방법으로 토로하였다. 그러나 문학의 본질론이라는 면에서 살핀다면 예술로서의 문학이라기보다 학문으로서의 문학이거나, 생활로서의 문학이라는 편이 옳다.

그러므로 조선시대의 사대부로 문학을 예술적인 차원으로 승하시킬 수가 있었던 사람들은 정승의 반열에 오르는 경우가 거의 없었고, 따라서 훌륭한 정치가로서의 명성을 남기지는 못했다.

다시 말해서 성공한 문학인이기에 정치가로서는 실패한 경우가 되는 셈이다. 여기에 해당되는 사람이 송강松江 정철鄭澈, 고산孤山 윤선도尹善道, 교산蛟山 허균許筠일 것이다.

송강 정철은 고산 윤선도와 더불어 조선조 가사문학歌辭文學의 쌍벽이자 우리 문학사를 여는 큰 별이라는 점에서는 누구도 이의를 제기하지 않는다. 그러므로 송강 정철을 천재적인 시인으로 평가하고 그가 남긴 주옥 같은 가사문학을 상찬하는 데만 주력해온 것이 우리의 현실이다.

대학에서 국문학을 전공한 나로서도 송강 정철을 그렇게만 보아왔고, 더구나 정철 최초의 가사인 《관동별곡關東別曲》에 내 고향 강릉의 경포대와 강문江門 포구의 절경을 노래하고 있어 남다른 친근감을 느끼게 했다.


우개지륜이 경포로 내려가니
십리빙환을 다리고 고쳐 다려
큰 소나무로 에워싼 속에 마음껏 펼치니
물결도 잔잔하여 모래를 헤이로다.

고주해람하여 정자 위에 올라가니

강문교 너머 옆에 대양이 거기로다.


어찌 놀랍지 않으랴. 4백여 년 전에 씌어진 위의 정경은 지금의 실경과도 별로 다를 게 없다. 나는 지금도 관동팔경의 하나인 경포대에 즐겨 오르고 강문교도 자주 건너는 편이다. 그때마다《관동별곡》의 이 대목을 흥얼흥얼 외면서 송강 가사의 진수 속으로 빠져들곤 한다.

송강 정철을 가사문학의 거벽만으로 보아왔던 내가 그의 전 생애에 관심을 갖게 된 것은 대하소설《조선왕조 500년》을 쓰면서였다. 《조선왕조실록》에 등재된 그에 관한 기록과 또 다른 여러 전적에 나타난 기록을 살펴보면 문학사적인 면에서의 송강 정철만으로는 그의 파란 많았던 생애를 정확하게 살펴볼 수가 없다는 사실을 깨닫게 되었다.

송강 정철은 조선시대의 선비가 그러했듯 문인이기 전에 관직에 등용된 공직자였고, 가장 어려웠던 시대를 살았던 정치인이었다. 그의 가사문학에는 통한으로 점철된 정치인 정철의 번뇌는 찾아볼 수가 없다. 따라서 그의 가사문학은 천재적인 시재詩才로서의 문학성을 집대성한 것일 뿐, 인간 정철의 진면목은 파악하기는 태부족일 뿐이다.

선조는 정철을 이렇게 말했다.


정철은 그 마음이 정직하고 그 행동은 올바르며 그의 혀는 곧 직언함으로써 사람들에게 미움을 줄 뿐이며, 직職에 임하여서는 불고가사不顧家事, 몸이 쇠척하도록 온힘을 다했고, 충성과 절의는 초목이라고 할지라도 그의 이름을 다 아는 바이니, 참으로 이른바 군계일학이며 전상戰上의 맹호猛虎라, 만약 그를 벌한다면 이는 마치 주운(朱雲, 한나라 때의 충신)을 베는 것이나 같다.

임금이 신하를 평하는 글로는 대단한 찬사가 아닐 수 없다. 그럼에도 불구하고 정철은 입에 침이 마르게 자신을 극찬한 바로 그 선조의 명으로 파직을 되풀이하였고, 끝내는 귀양살이까지 하게 된다. 동서로 갈라진 정쟁이 극심했던 시대를 살았기 때문이다.

송강 정철은 이른바 서인의 거벽이었고, 그는 꺾일지언정 휘어질 줄 몰랐던 탓으로 타협은 고사하고 차선次善도 몰랐다. 그가 사헌부 지평(持平, 정5품직)으로 있을 때였다.

명종明宗의 사촌 형인 경양군景陽君이 처가의 재산을 탐내어, 그의 아버지와 함께 처족을 모함하여 마침내 처남을 죽이고 처가의 재산을 탈취한 사건이 있었다. 정철이 이 사건을 맡게 되자 명종은 그에게 관대히 처분하도록 밀지를 내렸다. 정철은 왕명을 거부하고 경양군을 중형(사형)에 처했다.

법도와 정의를 으뜸으로 여기는 공직자의 표상이자 용기 있는 행동이 아닐 수가 없다. 그후 정철은 명종의 미움을 사게 되어 벼슬길이 막히는 등의 불이익을 당했으나 그럴수록 정철의 강직한 성품은 일세를 풍미하게 되었다.

송강 정철의 강직함이 이와 같았으므로, 당대의 거유 퇴계 이황도 그에게 찬사를 아끼지 않았다.

"옛 간관諫官의 풍도風度가 있다."

정철은 대쪽 같은 선비의 기상으로 이미 젊은 날에도 끊임없는 핍박과 우여곡절을 겪었으나, 임진왜란이 일어나기 직전 서둘러 광해군을 세자로 책봉할 것을 주청함으로써, 마침내 파직되어 부처되기에 이른다. 이때의 사단을 여기에 소상히 적을 겨를이 없으나, 이 또한 임금(선조)의 내심을 헤아리지 않은 채 명분과 공론을 내세웠던 당당한 소신의 결과였다.

조선조와 같은 봉건군주 시대에 고위관직에 몸담고 있으면서 임금의 뜻을 거역하면서까지 공론을 주장하는 것은 자신에게 밀어닥칠 불이익을 감수하겠다는 각오가 없이는 불가능한 일이다. 설혹 그 주장이 옳은 것이라고 하더라도, 그로 인해 목숨을 잃게 되는 경우가 허다하였기에 더욱 그렇다.

송강 정철은 명종·선조의 2대에 걸쳐 어의에 거슬리는 공리공론을 내세웠으면서도 쉰여덟을 일기로 세상을 마감할 수가 있었던 것은 기적이나 다를 바가 없다(그는 만년에 벼슬에서 물러나와 강화 송정촌에 은거하다가 죽었다). 그것은 그가 비록 수많은 사람들에게 죄주기를 주장하였으나 옳고 그른 일을 분명하게 가렸기 때문일 것이며, 그에게 내려진 시호가 문청文淸이라는 사실로도 이를 미루어 짐작할 수가 있다. 그러나 송강 정철에게 밀어닥치는 곡절은 그가 죽은 다음에도 삭탈관직과 복직을 거듭하게 하였다. 사람들은 이를 강직이 지나쳤기 때문이라고 평한다.

사계沙溪 김장생金長生이 우암 송시열에게 물었다.

"송강 정철을 어떤 사람으로 보는가?"

송시열의 대답은 이러하다.

"내 부형께서 일찍이 정철은 청직淸直하나, 속이 비좁은 사람이라고 말씀하셨지요."

이에 김장생이 다시 부연하였다.

"옳은 말이오. 정철은 자신이 청백하고 아무런 혐의가 없음만 믿는 안하무인으로, 이것이 끝에 가서 일세의 원수같이 미움을 받는 사람이 되었지."

송강 정철을 평가하는 이 같은 견해를 깊이 있게 살펴본다면 자신의 결백함만을 표준으로 삼아 불의를 척결해야 한다는 주장을 끝까지 밀고나갔고, 그로 인해 많은 사람들에게 피해를 입혔다는 뜻이 된다. 그러므로 "학문이 높아지면 도량도 넓어지는데, 정철도 역시 학문이 낮은 탓이다"라고, 부정적인 평가를 내리는 사람도 적지 않았다.

어찌되었거나 정철은 법도와 명분을 소중히 한 불출세의 선비였다.

사가史家들은 그를 말할 때, 천성이 소통하고 준결하다고 적었으며, 부모를 섬김에는 효성을 다하였고, 형제간의 우애는 화목을 으뜸으로 했다고 찬사를 아끼지 않는다.

또 정철은 어떤 글이라도 세 번 읽으면 능히 암송하였고, 《근사록近思錄》, 주자朱子의 학문에 정진하였으며, 특히 시문을 잘하고 글씨에 능했다고 적었다.

송강 정철. 그가 남긴 주옥 같은 가사문학을 읽으면서 문학사적인 의미에서는 성공한 문학인이지만, 실패를 거듭한 정치인 정철이라는 면에서는 문학사의 뒷장에 가려질 수밖에 없다.

다만 그의 전생애에 걸쳐 일관되게 유지되었던 '꺾일지언정 휘어지지 않았던 선비의 표상'이 오늘날 우리에게 큰 교훈으로 다가오고 있음을 부정할 수가 없다.

\*

문학적인 소양을 바탕으로 과거에 등과하게 되고, 그것이 입신양명의 길로 들어서는 기초가 되었던 것은 조선시대의 제도와 관행에서 비롯되었다. 그러므로 문장이나 시문의 대가는 대개가 고위관직에 몸담고 있었던 정치인인 경우가 많다. 그러나 누구도 그런 사람들을 문학인이라고 말하지 않는다.

송강 정철이나 고선 윤선도가 당대의 시문으로 명성을 떨쳤으면서도 성공한 정치인이 되지 못했던 것은 예술적, 문화적인 소양이 정치적인 성향을 앞서고 있었기 때문이다.

그런 유형의 대표적인 인물, 다시 말해서 문학적으로는 대성하였으되 정치적으로는 참담한 패배를 맛본 인물로는 교산 허균을 따를 사람이 없다.

이 땅에서 싹튼 저항문학의 효시이자, 개혁 성향의 사회소설이요, 참여문학의 백미라고 평가되는 《홍길동전》의 내용은 적서嫡庶의 폐단을 통렬하게 비판하면서, 만민이 평등하게 살 수 있는 이상국가인 율도국律島國을 향해 떠나가는 이른바 핍박받는 민중들의 생생한 모습을…, 당시로서는 상상할 수도 없는 문학적인 저항을 구체적으로 담고 있다.

더구나 유불선濡佛仙에 통달하였다고 평가받을 만큼의 높은 학문을 갖추었던 교산 허균이 자신의 소설 《홍길동전》을 이 나라 최초의 '한글소설'로 완성했다는 점은 그의 양식과 용기를 말해주는 대목이 아닐 수 없다.

문학사적의 의미에서는 불멸의 작품을 남겼으면서도, 판서(지금의 장관)의 지위까지 올랐던 정치가 허균이 반란의 수괴로 지목되어 형장의 이슬로 사라져갔으니, 정치적으로는 큰 실패작이 아니고 무엇이겠는가.

그런 허균의 생애와 사상을 살펴보기 위해서는 그를 끔찍이도 아꼈던 누님, 난설헌 허초희를 함께 거론하는 것이 효과적일 것이리라.

난설헌 허초희의 관향은 양천陽川이고, 자는 경번景樊이다. 그녀가 강원도 강릉의 초당동에서 허엽許曄의 셋째 따님으로 태어난(1563년, 명종 9년) 것은 거기에 외가가 있었기 때문이다.

외조부 김광철金光轍은 학문이 깊고 풍류를 아는 예조참판(지금의 교육부 차관)이었다. 그는 지금의 강릉시 사천면에 있는 이무기재(蛟山)에 애일당愛日堂이라는 정자를 짓고 동해에서 솟아오르는 아침 해를 바라볼 만큼 자연과 낭만을 사랑하는 사람이었다. 먼저 태어난 난설헌이 그랬던 것처럼 교산 허균도 외조부의 무릎에 앉아 자연을 사랑하는 낭만을 몸에 익히면서 자랐다.

난설헌의 아버지 허엽이 자신의 호를 초당草堂이라고 한 것은 장인(처가)의 고장을 따서 지은 것이 아닌가 싶고, 허균이 호를 '교산'이라고 한 것은 외조부의 정자인 애일당이 있는 '이무기재'에서 연유된 것이라면 그 고장의 풍광이 수려한 탓도 있었겠지만, 오히려 그 고장의 생기와 숨결을 간직하려 했음일 것이다.

＊

허엽은 서평군西平君 한숙창韓叔昌의 따님을 아내로 맞았으나, 슬하에 아들(허성許晟, 임진왜란 전에 통신사의 서장관으로 일본을 다녀옴) 하나와 딸 둘을 두고 사별하였다. 그러니까 허난설헌과 허균의 생모인 강릉 김씨(김광철의 따님)는 허엽의 재취가 되는 셈이다.

허엽과 김씨 사이에서 태어난 소생으로는 천하의 대문장으로 일세를 풍미한 하곡荷谷 허봉許篈과 허균, 그리고 난설헌의 3남매가 있다. 이런 연유로 허엽, 허성, 허봉, 허균, 허초희를 일러 당대의 5문장가의 가문이라고 하였다.

난설헌이 태어났을 때, 오라버니 허봉의 나이가 열두 살이었으므로, 난설헌은 문장가의 가문에서 자라면서 학문하는 분위기를 몸에 익힐 수가 있었고, 또 오라버니 허봉의 가르침을 받으면서는 천재소녀의 문학적인 자질이 유감없이 개발될 수가 있었다. 그러나 허균의 경우는 달랐다. 유년시절을 외가에서 보낸 허균이 서울의 본가로 돌아왔을 때 참으로 훌륭한 스승과 만날 수가 있었으니 그가 바로 이달李達이다.

이달은 뛰어난 학문과 당시唐詩에 능한 세 사람이라 하여 '삼당三唐'이라고 불리면서도 계집종의 자식이라는 이유 때문에 관직에 나갈 수가 없었는데, 오직 허엽만이 그를 인간적으로 대하면서 자신의 집에 드나들게 하였다. 물론 자식들의 학문을 보살피게 할 생각에서였다.

중형인 허봉이 율곡 이이를 탄핵하였다 하여 귀양살이를 하게 되는 불운도 겪었지만, 형기를 마치고 적지에서 돌아온 허봉은 아우인 허균에게 몸소 옛글(古文)을 가르치는 한편, 친우 이달에게는 허균을 위해 이백의 시를 강론해줄 것을 간곡히 청하였으며, 또 자신과 절친했던 유성룡으로부터는 문장을 배울 수 있도록 주선해주었다.

스승 이달에게서 당나라 시인들의 낭만적인 시세계를 배우면서 서얼의 뼈아픈 모습이 어떤 것인지를 가까이서 지켜보게 되었고, 통한과 좌절에서 헤어나지 못하는 스승의 모습에서, 재주와 능력을 갖추었어도 서얼이라는 신분 때문에 입신할 수 있는 기회를 박탈당해야 하는 봉건적 신분제도의 모순에 격분하게 된다.

교산 허균의 '유재론遺才論'은 그렇게 싹트고 익어갔다.

고금은 멀고도 오래고 천하는 넓으나, 서얼 출신이라고 하여 현자를 버리고, 어미가 개가한 자손이라 하여 재능 있는 자를 등용하지 않는다는 말은 듣질 못했다. 우리 나라만이 그런 자손에게 영영 벼슬길을 막고 있다. 작은 나라, 더구나 양편에 적을 두고서도 반역을 도모할까 봐 그들의 재능을 쓰지 않고, 그들의 경세를 이용할 줄을 모른다. 이렇게 스스로 환로를 막고서도 우리 나라엔 인재가 없다고 탄식한다.

허균이 뒷날 서양갑, 심우영 등 소위 여강칠우驪江七友의 정신적인 지주이자 후원자가 되는 것도, 《홍길동전》을 지어서 적서의 제도를 폐지하고 평등사상을 고양하고자 하였던 것은 모두가 그의 스승 이달의 영향을 받으면서 확립한 '유재론'에 바탕을 둔 것이다.

그러면서도 허균은 누님 난설헌을 끔찍이도 따랐다.

여덟 살 어린 나이로 '광한전백옥루상량문'과 같은 아름답고 환상적인 글을 지어 세인을 놀라게 했던 누님이 출가를 하고 나서부터, 만권서적을 벗하면서 밤마다 독수공방으로 지새운다는 소식을 전해 들으면서, 정한情恨으로 가득한 누님의 시가 바람결에라도 실려오는 날이면 허균은 펑펑 눈물을 쏟으면서 누님의 시에 심취하곤 하였다.

비단폭을 가위로 결결이 잘라
겨울 옷 짓노라면 손끝 시리다.
옥비녀 비껴들고 등잔가를 저음은
등잔불도 돋울 겸 빠진 나비 구함이라.
— '밤에 홀로 앉아(夜座)' 전문

선경仙境(난설헌의 문학세계이기도 하지만)의 세계를 넘나들 수 있었던 그녀만이 그려낼 수 있는 절창이 아니고 무엇인가. 특히 마지막 두 줄, 옥비녀 비껴들고 등잔가를 젓는 것이 불꽃도 돋울 겸 빠진 나비 구함이라는 절구는 오직 그녀만이 구사할 수 있는 절묘한 비유가 아닐 수 없다.

허균은 누님을 가까이서 지켜보고 있는 듯한 착각이 들 만큼 착잡해진다. 명문가에 출가하였으나 남편 복은 지지리도 없다. 밤마다 홀로 앉아 만권 서적을 벗하며 환상의 세계를 문장에 담아본다 한들 어찌 지아비와 함께하는 사랑만 하랴.

난설헌에게 닥치는 불행은 끝이 없었다. 그녀는 사랑하는 아들딸과도 사별해야 했다. 뒷동산 언덕 위에 어린 자식들의 무덤을 만들어야 하는 어미의 심정은 고사하고 그 참담한 아픔을 시를 써서 달래는 난설헌의 회한을 무엇이라고 형용해야 할까.

지난해 사랑하던 딸을 여의고
올해는 사랑하는 아들을 잃었네.
슬프고도 슬픈 광릉의 땅이여
두 무덤 마주 보고 나란히 섰구나.
사시나무 가지에 소소히 바람 불고
도깨비 불빛은 숲 속에서 반짝이는데
지전을 뿌려서 너희 혼을 부르노라
너희들 무덤에 술잔을 붓노라.
아! 너희들 남매 가엾은 외로운 혼은
생전처럼 밤마다 놀고 있으리
이제는 또다시 아기를 가진다 해도
어찌 무사하게 키울 수 있으랴.

하염없이 황대의 노래 부르며

통곡과 피눈물을 울며 삼키리.

   — '곡자哭子' 전문


미인박명이라는 말이 있다. 이 말은 난설헌을 두고 한 말인지도 모른다. 그녀는 천재였고 가인佳人이었다. 그리고 수많은 명시를 남길 만큼 다정다감했다. 그녀에게 마지막 설움을 안겨다준 것은 스승이나 다름이 없었던 오라버니 허봉의 죽음이었다. 난설헌에게는 세상의 모든 것을 잃은 것과도 같은 큰 좌절을 안겨다 주었다. 난설헌은 비탄에 잠겨 실성한 것이나 다를 바가 없었다.

이때가 스물여섯 살, 난설헌은 1년 동안을 통곡으로 지새우다가 세상을 떠나고 만다. 한恨, 그렇다. 그녀는 한을 남기고 하곡 오라버니가 기다리는 세상으로 떠나간 것이다. 꽃 같은 나이 스물일곱 살에. 1589년(선조 22년) 3월 19일의 일이었다.


碧海侵謠海

靑鸞倚彩鸞

芙蓉三九朵

紅墮月霜寒

푸른 바닷물이

구슬 바다에 스며들고

푸른 난새는

채색 난새와 어울렸구나.

연꽃 스물일곱 송이

붉게 떨어져

달빛 서리 위에서 차갑기만 해라.

    − '꿈에 노닐던 광상산의 노래' 전문


참으로 놀랍도록 아름답다. 또 환상적이다.

그녀가 꿈속에서 노닐었던 광상산廣桑山은 물론 실재하지 않는 산이다. 그 산에 오르면 푸른 바다의 구슬 물이 손에 잡힐 듯하고, 새 중의 새라고 하는 난새(봉황새의 일종)가 현란한 색채를 뿜어내는 무릉도원이었다.

여기가 바로 난설헌이 살고자 하였던 이상세계였으니, 바로 선계仙界가 아니고 무엇이겠는가.

특히 주목되는 구절은 '부용삼구타芙蓉三九朶'라는 원시原詩의 구절이다. 물론 '부용'은 연꽃을 말하는 것이지만, '삼구타'는 구구단으로 해석하는 것이기에 '스물일곱 송이'가 늘어졌다가 다음 구절인 '붉게 떨어져 달빛 서리 위에서 차갑기만' 하였다로 이어지고 있다. 그 스물일곱이라는 수는 그녀의 짧은 생애와 같은 27이기에, 이로 미루어 난설헌은 자신의 죽음을 예견하고 있었던 것으로 생각된다. 이러한 예견을 우리는 선도사상仙道思想이라고도 한다.

사람들은 난설헌 허초희의 죽음을 천주에 삼한三恨을 품고 갔다고들 애석히 여겼다. 첫째는 중국과 같이 큰 나라가 아닌 조선과 같이 작은 나라에서 태어난 것을 한하고, 둘째는 남자가 아닌 여자로 태어난 것을 한하고, 셋째는 인품과 시재를 겸비한 두목지杜牧之와 같은 지아비를 만나지 못했고, 자녀가 없어 모성애를 알지 못하고 간 것을 한했다는 것이다.

난설헌은 세상을 떠나면서 자신의 시집과 시편들을 모두 불태우라
고 유언을 하였지만, 그 뜻은 이루어지지 않았다.

*

교산 허균이 진사시進士試에 합격하던 해(1589), 난설헌은 정한으로
점철된 비극적인 생애에 종지부를 찍으며 요절하였다.

허균은 누님의 시편들을 수습하기 시작하였다. 자신의 죽음을 앞에
두고 모든 문장과 시편을 함께 불태워 없애라는 누님의 유언보다 더
소중한 것이 선도사상으로 다듬어진 누님의 시세계라는 사실을 허균
은 알고 있었기에, 누님의 시가 있다는 곳이면 천릿길도 마다할 수가
없었다.

허균은 자신에게 보내졌던 누님의 시편들과 난설헌 주변에 있었던
사람(시댁의 가족, 안동 김문)들을 통해 한 편 한 편 모아가기 시작하였고,
더러는 구전되는 것을 받아 적어서 재현하기도 하였다. 그렇게 모아진
시편이 모두 210편, 허균은 그 시편들을 쓰다듬으며 누님의 환생만큼
이나 기뻐하였다.

이미 세상을 떠난 난설헌 허초희의 시편들이 이렇게 모아졌던 탓으
로 후일 남의 말하기를 좋아하는 사람들이 '난설헌의 시는 아우 교산
에 의해 고쳐진 것' 이라고 매도되기도 하였다.

허균은 누님의 시편들을 책으로 엮어서 서애 유성룡에게 보이면서
서문을 청했다. 유성룡은 극찬을 아끼지 않았다.

…이상하구나. 이건 여자의 글이 아니다. 어떻게 허씨의 집안에만 뛰어
난 재주를 가진 사람이 이토록 많단 말인가.

나는 시학詩學에 관해서는 잘 모른다. 다만 보는 바에 따라 평한다면 말을 세우고 뜻을 창조하는 솜씨가 허공의 꽃이나 물 속에 비친 달과 같았다….

허균은 난설헌의 시집을 목판본으로 간행하여 자칫 사장될 수도 있었던 천재 여류시인의 시편들을 세간에 알렸고, 시를 사랑하는 사대부들은 그녀의 시를 읽으면서 절절하게 전달되는 정한의 미학과 선도사상의 깊이에 탄성을 토하게 되었다.

이로써 조선의 여류문학이 기방妓房이나 그 주변에서만 생성된 것이 아니라, 사대부의 내당에도 실재하고 있었음이 비로소 입증된 셈이다.

허균은 이에 만족하지 않았다. 그는 난설헌의 시를 조선보다 땅덩이가 더 크고 넓으며, 수준 높은 문학이 실재하는 중국에 알림으로써 누님의 시적인 천재성을 이백이나 두보의 반열에 올려놓고 싶었다.

난설헌 허초희의 시집이 간행된 때로부터 9년 뒤인 1598년에 이르러서야 허균은 중국의 사신으로 조선을 방문한 주지번朱之蕃에게 《난설헌집》을 보여줄 수가 있었다.

주지번의 감동과 경탄도 이만저만한 것이 아니었다. 허균은 누님 난설헌의 시세계를 중국에 소개하고 싶다는 뜻을 솔직하게 토로하면서 협력을 요청하였다. 주지번은 허균의 청을 흔쾌히 받아들였다.

마침내 《난설헌집》은 중국에서 간행되어 조선 여류시의 진수를 뽐낼 수가 있었고, 이를 계기로 《난설헌집》은 다시 일본에서까지 발간되어 널리 읽히게 됨으로써 그녀로 하여금 동양 3국에서 으뜸가는 여류시인으로 칭송받게 하였다.

모두가 누님 난설헌을 아끼고 따르면서 그녀의 선도사상을 흠모하였던 교산 허균의 눈물겨운 노고가 있었기 때문이다.

*

교산 허균의 문학적인 인생은 나무랄 데 없이 빛나는 것이었지만, 관직에 입사하여 그 직이 높아지는 데 비례하여 그의 행적은 기인奇人의 길로 들어서게 된다. 그는 주자학을 학문과 행실의 근간으로 삼는 유학의 나라에서 태어났으되, 그로 인한 고질적인 제도와 관행에 대해서는 비판적이었으며, 따라서 개혁적인 차원에서의 참여의식을 분출한 때가 많았다.

허균의 '호민론豪民論'이 이를 잘 말해준다.

대체로 자기가 처한 상황을 깊이 인식하지 않고 그저 흘러가는 대로 살면서 윗사람에게 충성을 다하는 백성을 항민恒民이라 한다. 이들은 조금도 무서울 것이 없다. 다음은 살이 닳고 뼈가 으스러지도록 모은 재산을 착취당하고 혼자 우는 백성들이 있다. 이들은 위정자를 원망하는 백성, 즉 원민怨民이라 한다. 이들은 그렇게 무서운 존재는 아니다. 다음으로 호민豪民이다. 이들은 잘못되어가는 세상일에 불만을 품고 인적이 없는 곳으로 잠적한다. 이들이 몸을 감추는 것은 잘못된 세상을 자기 손으로 바로잡을 기회를 노리기 위함이다. 이들이 무서운 존재들이다. 이들이 주먹을 흔들며 개혁의 뜻을 외쳐대면 원민들은 소리만 듣고 모여든다. 이렇게 되면 수종하던 항민들도 호응한다.

이른바 민초들의 저항의식을 자극하고 예견할 수 있는 '호민론'은

《홍길동전》의 주제의식으로 구체화되면서 허균의 삶을 관통하게 된다.

허균은 유학의 나라에서 태어나 주자학을 익혀서 관직에 등용되었고, 판서의 반열에 오를 만큼 학문에 통달했으면서도, 제도의 모순점에 대해서는 개혁의지를 날 세웠던 진보적인 사상가였고, 배불숭유하는 나라의 고위관직에 몸을 담고 있으면서도 불경에 통달하여, 퇴청후에는 먹장삼을 걸치고 승려들과 교유하였다 하여 간관들의 탄핵을 받은 바 있었으며, 강원도 삼척부사가 되어 임지에 도착하여서는 기생들과의 스캔들이 문제 되어, 또 부처를 섬겼다는 비방이 추가되어 임지에 도착한 지 13일 만에 파직되는 등 그의 행적은 파격의 연속이었다. 허균을 말할 때 유불선에 통달하였다고 하는 것은 이런 연유에서였을 것이다.

허균은 47세가 되던 해(1616년), 형조판서에 제수되었다가 다섯 달만에 파직된다. 그의 파격적인 행적으로 미룬다면 파직은 예정된 것이나 다를 바가 없었겠지만, 다시 1년 뒤에 좌참찬으로 발탁되는 것은 기적적인 그의 회생이라기보다는 광해조 말기의 난정의 결과일지도 모른다.

허균은 난설헌처럼 자신에게 닥쳐오는 비극적인 종말을 알고 있었음에 분명하다. 그는 이미 4년 전에 자신의 문집을 완벽하게 정리한 다음, 절필을 밝히고 있다.

마흔세 살 되도록
글이나 짓는다고,
천금을 널리 털어
애쓰며 버티었네.

시와 문장 열 권을

방금 옮겨 쓰길 마쳤으니,

오늘부턴 이 몸이

다시는 시를 짓지 않으리.

  ─ '문집을 다 엮고 나서' 전문


급기야 정치가 허균에게 비극적인 종말이 밀어닥친다.

허균의 애제자인 예조좌랑 기준격奇俊格이 아버지(기자헌奇自獻)를 살리기 위해 허균의 반정계획을 고발하는 비밀상소를 두 번에 걸쳐 올린 것이다.

《광해군일기》 9년(1617) 12월 24일 조에, 성공한 문학인이자 행동하는 양식이었던 교산 허균의 비극적인 종말을 예고하는 기준격의 상소가 실려 있다.

비밀상소라고 강조되어 있는 것이 다소 꺼림칙하지만, 여기에 그 비밀상소의 내용과 형이 집행되기까지의 과정을 옮겨놓는 것은 교산 허균이 '폐모론廢母論'에 연루되어 사형이 되었다는 등, 그에 대한 마지막 정리가 대단히 애매하고 미흡한 데서 오는 여러 가지 오해의 소지를 없애기 위한 고충임을 헤아려주기를 바란다.


삼가 생각건대, 국가가 불행하여 역변이 계속 일어났습니다. 그중에 역적의 뿌리는 실로 혁균인데, 그가 아직도 목숨을 부지하고 있으니 신은 몹시 분통합니다. 지금 허균이 역적 의를 세워서 서궁西宮을 끼고 정사를 보게 하려 한 진상을 일일이 아뢰겠습니다. 그러고 나면 전하께서는 아마 죄인을 알게 될 것이고 종묘사직도 공고해질 것입니다.

기유년 겨울에 신의 아비는 외지에 있었고 신만 서울에 있었는데, 하루는 허균의 집에 갔더니, 신의 아비의 안부를 묻고 이어 말하기를,

　"의창義昌은 선왕이 아끼던 자식이었으므로 매번 왕으로 옹립하려 하였으나 너의 아비의 저지로 옹립할 수가 없었다."

　하였습니다. 이 말은 아마 의가 출생하기 전이었기 때문에 옹립하고 싶어도 어쩔 수가 없었다는 말일 것입니다.

　…(중략)…

　허균이 또 말하기를,

　"내가 지금 연흥에게 지휘받고 있지만 일이 성사된 뒤에는 내가 병권을 장악하고 있다가 때가 되면 무력을 행사하여 연흥도 함께 죽임으로써 나의 권력을 가장 크게 만들고 대비를 끼고 온 나라를 호령하여 다른 사람들은 숨도 쉬지 못하게 할 것이니 이것이 바로 상책이다. 그리고 상에게는 입으로 말할 수 없는 이러이러한 일이 있다는 것을 황제에게 모두 진달할 것이다. 그리고 적자가 아니기 때문에 이미 폐지하고 적자인 의를 세웠다고 한다면 은을 1만여 냥까지 쓰지 않아도 일은 순조롭게 될 것이다."

　하였습니다. 또 말하기를,

　"내가 권력을 잡는 것은 좋지만, 심가 집에서는 그대의 집을 원망하고 있으니, 심가 뜻을 이루게 되면 그대의 집은 크게 패망하고 말 것이다."

　하였습니다. 이때 신이 그의 표정을 보니 의기양양하여 곁에 있는 사람은 안중에 없는 듯이 행동하였습니다.

　신이 이 말을 듣고 즉시 상소하려 하였으나 그 당시 온 조정이 동인·서인·남인·북인을 막론하고 모두 신의 집을 미워하는 사람들이었기 때문에 혹시 신을 위협하고 죄를 뒤집어씌우지나 않을까 하는 염려로 백방으로 생각을 해보았지만 뾰족한 수가 없었습니다.

신이 비록 용렬하지만 속으로는 노중련魯仲連과 이병길李丙吉의 높은 의리를 본받아 혼란된 것을 배제하고 큰 화변이 확대되기 전에 방지하고서도 감히 공로를 말하지 않았으니, 신을 일러 화단을 사전에 방지하였다고 말하더라도 옳을 것입니다.

그러나 허균은 역적의 주모자입니다. 대개 허균은 선왕을 해치려고 음모하였으나 이루지 못하였습니다. 공주목사公州牧使로 있다가 파면당하고 부안으로 돌아갔을 때 그 고을 수령은 바로 광세光世였는데, 균은 그와 함께 의를 세우고 권세를 잡을 것을 음모하였습니다.

또 경술년에는 죄를 받고 옥에 갇혔으며, 신해년 정월에는 귀양갔으며 석방되어 돌아온 뒤에는 균의 집에 광세와 문을 맞대고 있었으므로 아침저녁으로 상종하면서 감히 역적 음모를 하였습니다.

허균은 김제남과 공모하면서 서울을 옮기자는 논의를 주장하였습니다. 참서讖書의 본문에 없는 말을 더 써넣어 '첫째는 한漢, 둘째는 하河, 셋째는 강江, 넷째는 해海이다' 고 하였는데, 하河라고 한 것은 교하交河를 말하는 것이었습니다. 그리하여 온 나라의 인심을 원망하고 소란하게 한 다음 이어서 손을 쓰려 한다고 하였는데 이것도 그가 스스로 말한 것이었습니다.

허균이 일찍이 시문을 지어 우영에게 주기를 '나의 벗 심군' 이라고 하였습니다. 균은 한평생 정도전鄭道傳을 흠모하여 항상 '현인賢人' 이라고 칭찬하였으며, '동인시문東人詩文' 을 뽑을 때도 정도전의 시를 가장 먼저 썼고 우영의 시도 그 안에 뽑아 넣었습니다. 그런데 계축년 뒤로 허균은 말하기를,

"나는 복이 있다. 남쪽 지방으로 내려갔을 때 우영에게 준 시를 모두 가지고 나와서 나의 문집 속에다 넣으려 하였는데 때마침 일이 터져서 나만 화를 면하였다."

하였습니다.

심우영과 서양갑은 모두 허균이 친히 기른 자들입니다. 균이 양갑의 자를 석선石仙이라고 지어주었으니 그것은 전설 속의 신선 황초평黃初平이 돌을 양으로 둔갑시킨 일에서 뜻을 취한 것입니다. 허균이 매번 하는 말이 '오늘날 영웅은 내가 본 바로는 서석선徐石仙뿐이다' 하였는데, 허균이 법망에서 빠져나가게 된 것이 어찌 괴이한 일이 아니겠습니까.

계축년에 허균이 태인泰仁에서 올라온 후에 말하기를,

"옥사가 일어났다는 말을 듣고 신경이 쓰여서 음식을 제대로 먹지 못하였는데, 죄인이 죽었다는 말을 듣고 비로소 마음이 놓이게 되었다."

하였고, 또 말하기를,

"역적의 격문은 내가 지었지만 내가 우영으로 하여금 내 이름을 말하지 못하게 하였으므로 끝내 죄를 면할 수 있었는데, 허실許實은 어떻게 내가 지었다는 것을 알고 다른 사람에게 말했단 말인가. 매우 잘못하였다."

하였습니다. 또 계축년 전에는 허균이 스스로 말하기를 '의가 성사만 되면 원훈元勳을 바로 이루게 될 것이다' 고 하였으며, 또 매번 말하기를,

"이이첨의 집에 머리가 큰 뱀이 있는데 최영경과 김직재의 귀신이라고 한다. 그러니 얼마 후에 망할 것이다."

하였습니다. 그러나 변란이 발생하여 몸 둘 곳이 없게 되자 결국 이이첨에게 의탁하였습니다.

신이 계축년 가을 무렵 그에게 묻기를 '전에는 어찌 대비로 하여금 의를 왕위에 앉혀놓고 수렴청정하게 하겠다고 해놓고 오늘날은 그를 폐위시키겠다고 하는가?' 하니, 허균이 대답하기를,

"너는 나이가 어리니 무엇을 알겠는가. 말로末路를 걷는 사람은 화살이 떨어지는 곳에다가 과녁을 세워야 세상을 무사히 지낼 수 있는 것이다."

하였습니다.

아마 허균의 성품이 경솔하지 않았다면 신은 필시 허균의 말을 듣지 못했을 것이고 그의 마음도 편했을 것입니다. 그런데 이미 방자한 말을 함부로 하였기 때문에 지금은 그도 후회하고 있습니다.

그리고 생각건대 남곤南袞이 광국光國의 공훈에 참여하지 못하게 하는 것은 비록 허균이 없더라도 다른 사람이 있어서 변무하는 일을 감당할 것이며, 대론大論의 경우는 삼사三司와 우의정, 동벽東壁과 서벽西壁의 다른 관리들이 응당 수일 안에 처리할 것이므로 허균과 같은 역적이 간여할 일이 아닙니다. 그런데 그가 담당하면서 뒤로 물리고 또 물려 고의로 지연시키면서 오로지 신의 아비를 무함하는 것으로 일을 삼고 공적인 일을 빙자하여 사적인 원수를 갚으려 하고 있습니다.

허균이 말하기를,

"내가 만약 정권을 잡고 대비가 청정을 하게 된다면 내가 심이기審食其가 되는 것도 그다지 어려운 일이 아니다. 마땅히 원상院相이 되어 안에서 온 나라의 일을 결정할 것이다."

하였습니다.

이렇듯 무뢰하고 패려스러운데다 흉악하기까지 한 허균의 죄는 이루 다 셀 수 없을 만큼 많습니다. 지금은 대론이 이미 결정되었으니, 허균과 같은 역적의 도움이 없더라도 일을 변론할 수 있을 것입니다.

삼가 원하건대, 성상을 모해하고 의창義昌을 세우려 한 죄와 의를 내세워 서궁으로 하여금 수렴청정하게 하려 한 허균의 죄를 다스리소서.


기준격이 올린 비밀상소문은 역모를 꾀했다는 확증을 제시하지 못한 채 산만한 내용과 허술한 진술로 일관하고 있다. 또 역모를 고변하는 내용을 담고 있는 데도 처리되는 과정이 애매하였던 것으로 미루어, 당시에도 이 상소문에 담긴 내용에 대해 반신반의하지 않았나 하는 추측을 가능케 한다.

역모를 고변한 상소문이라면 지체 없이 관련자를 잡아들여서 사실의 확인을 서둘러야 하는 데도, 몇 달 동안이나 방치하여 두었다는 사실이 같은 날짜의 실록에 '해설기사'로 등재되어 있음이 이를 입증하는 것이 아니고 무엇이랴.

상소를 오랫동안 궁중에 머물러두었다가 무오년 윤4월 14일에 추국청에 계하하였다. 당시에 기자헌은 강가에서 명을 기다리고 있었는데 준격이 이 상소를 올려 그의 아비를 구하였다. 허균의 세력도 이때부터 떨치지 못하게 되었다.

조정의 반응이 신통치 아니하자, 기준격은 이틀 뒤인 26일에 다시 비밀상소를 올려 허균의 반역모의를 고변하였지만 그 내용도 먼저 올린 비밀상소문과 대동소이할 뿐 더 새롭고 구체적인 사실은 포함되어 있지 않다.

이 과정에서 대단히 흥미로운 대목은 교산 허균이 기준격의 상소를 반박하는 비밀상소를 올렸는데, 그 상소문이 분실되어 구체적인 내용을 알 수 없다는 것을 실록이 적고 있다는 사실이다.

《조선왕조실록》의 편찬과정을 고려한다면 허균의 상소문은 누군가에 의해 파기되지 않고는 분실될 수가 없고, 또 분실되어서도 아니 되기에, 의도적으로 그를 무고하였거나 모함했을지도 모른다는 의구심이 생기게 되는 것이다. 그러나 1617년 12월 26일자의 《광해군일기》는 우참찬 허균이 비밀리에 상소문을 올렸으나 그 내용이 유실되었음을 적었고, 다시 1618년 윤4월 7일자에는 궁색하게도 허균이 올린 비밀상소문의 '대체적인 내용을 요약해서 등재'한다는 애매모호한 기사까지 있고 보면 허균에 대한 국문에 문제가 있었음을 자인하는 것이 아니고 무엇이랴.

삼가 정원의 계사를 보건대, 곽영의 상소에 신의 이름과 경준의 말이 있었습니다. 이에는 명확한 말의 출처가 있을 것이 분명하니, 곽영과 함께 궐정闕庭에서 신문을 받아 그 출처를 끝까지 캐내어 허실虛實을 밝힘으로써 모함당한 신의 원통함을 씻을 수 있도록 해주소서.

물론 허균의 반대상소는 채택되지 않았고, 조정은 그를 국문하기 시작하였다. 그러나 역모의 확증이 드러나지 않아 이 사건을 의심하고 해괴이 여기는 사람들이 늘어나는 형편이었고, 교산 허균의 자복을 받아내지 못한 채 그를 극형에 처해야 한다는 논란이 일게 되었다. 물론 허균의 확실한 자복이 있을 때까지 국문을 계속해야 한다는 상소도 있었다.

이같이 황망하고 어려운 상황에서도 사관들은 '해설기사'를 써서 이 사건의 애매함을 기록으로 남기고 있다.

하인준과 황정필이 대체로 공초에 자복하였으나, 또한 서로 미루고 핑계대어 옥사의 실정을 다 캐내지 못했는데, 국청이 급급히 허균을 아울러 죽이고자 계청하였으니, 이는 대개 이이첨이 옥사를 완결짓고자 했기 때문이다. 이후에 형을 받은 사람들은 불과 한두 차례의 형신에 잇따라 죽어나갔으니 그 음험하고 비밀스러운 상황을 알 수 있다.


이후에도 광해군은 정승들과 의금부의 당상들을 거느리고 친국에 임했다. 잡혀온 사람들은 살이 찢어지고 뼈가 부서지는 문초에 시달릴 수밖에 없다. 그런 혹독한 매질 속에서 작성된 현응민玄應旻의 공초는 음미해볼 만한 내용을 담고 있다.

"전후의 흉서는 모두 신이 한 짓으로 허균은 모르는 일입니다. 단지 신만을 정형하소서. 허균이 죽는 것은 억울합니다."

친국이 더 길어지면 허균이 입을 열지도 모른다. 그가 입을 열어서 '서궁을 핍박한 일' 등을 거론한다면, 폐모의 난정이 백일하에 드러나면서 공초에 적혀야 하지를 않겠는가.

이를 두려워한 이이첨 등은 서둘러 정형하기를 목청 높이 주청하기에 이르렀고, 마침내 광해군이 이를 가납함으로써 친국을 끝내게 되었다.

허균은 결안에 승복하지 않은 채, 광해군 10년 8월 24일에 이르러 서쪽 저잣거리로 끌려나와 형장의 이슬로 사라지게 된다. 진실로 파란 많았던 인생을 마감하는 허균다운 죽음이 아닐 수 없었다.

허균이 처형되었다는 소식을 전해들은 기자헌은 탄식하지 않을 수가 없었다.


예로부터 형신도 하지 않고 결안結案도 받지 않은 채 단지 공초만 받고 사형으로 나간 죄인은 없었으니, 훗날 반드시 이론이 있을 것이다.


자신의 죄를 용서받게 하기 위해 허균을 역모의 괴수로 몰아 형장의 이슬로 사라지게 한 것이 바로 자신의 아들(기준격)이 아니었던가. 그런데도 기자헌의 탄식에는 조선 선비의 양식이 담겨 있고, 또《왕조실록》은 그것을 적어서 후세에 전하고 있음에 가슴 뿌듯한 감동을 느끼게 되는 것이다.

# 심양에서 돌아온 환향녀

학문을 하는 자는 오직 정성을 다하는 것과 오래 계속하는 데에
그 뜻이 있는 것이다. 정성을 다하면 통하지 않는 것이 없을 것이요,
오래 계속하면 얻지 못할 것이 없을 것이다. — 이수광

서울 시민들의 휴식공간으로 각광받고 있는 강남 땅 석촌호수가에
커다란 돌비석이 서 있고, 그것이 약 350여 년 전 청나라의 강압에 의
해 세워진 치욕의 '삼전도비三田渡碑'라는 사실은 어느 정도 알려져 있
지만, 그 비석에 담겨진 통한의 역사는 고사하고 비문의 내용이 무엇
인지를 아는 사람을 만나기는 정말로 쉽지가 않다.

우리는 치욕적인 과거의 역사를 뒤돌아볼 때마다 모두 약속이나 한
듯 일본제국의 조선 침략과 36년간의 식민통치를 입에 담으면서도, 실
상은 그보다 더 참담하고 더 수치스러웠던 병자호란의 비극은 되새겨
보고자 하질 않는다.

고려왕조가 원나라를 상국으로 섬겼던 까닭으로 임금의 묘호廟號에
충(충숙왕, 충혜왕, 충목왕 등) 자를 써야 할 만큼 치욕적인 시달림을 당했
고, 조선왕조는 창업의 이념이 곧 향명배원向明排元이었기에 명나라에

바치는 조공을 당연한 것으로 여겼다. 그와 같은 맥락으로 후일 상국으로 섬기게 된 청나라에 당한 것이기에 일시적인 응징이거나 보복쯤으로 생각한 때문이라면, 역사 인식을 날 세우기 위해서라도 병자호란을 전후한 치욕의 역사를 다시 한번 더듬어보지 않을 수 없다.

인조 15년(1637) 1월 30일.

남한산성에 몽진하여 적군과 대치하고 있던 인조는 추위와 굶주림에 시달리는 백성(병사)들을 더 이상 방치할 수 없다는 명분을 내세우면서 휘하를 거느리고 성문을 나선다. 적장에게 항복을 하기 위해서다.

물론 적장이란 후금을 창업한 누르하치의 아들인 청태종 홍타이지(皇太極)를 말하지만, 명나라를 섬기던 조선 조정과 조선의 사대부들은 그를 오랑캐(만주족)의 괴수로 멸시해왔으므로 그에게 머리를 숙여야 하는 것은 죽기보다 더한 수모를 감내해야 하는 일이다.

인조는 삼전도에 마련된 수항단受降檀에 올라 청태종 홍타이지에게 세 번 절하고 아홉 번 머리를 조아리는 치욕의 삼배구고두三拜九叩頭로 항복의 예를 올렸다. 조선왕조가 창업된 지 246년, 조선의 임금이 적장 앞에 나가 몸소 머리를 조아린 일은 이것이 처음이자 마지막이다.

청태종 홍타이지는 항복한 조선왕조에 대해 견딜 수 없는 수모를 강요하였다. 전쟁의 책임을 조선 조정에 전가하는, 이른바 전후 처리라는 착취의 감행이었다. 그중의 하나가 수항단이 마련되었던 자리에 비석을 세워, 청태종 홍타이지의 위명을 영원히 기리되 그 비문은 자신들이 검증한다는 것이었다.

조선 조정은 오랜 논의 끝에 대제학 이경석李景奭에게 비문을 짓게 하고, 참판 오준吳竣에게 쓰게 했으며, 참판 여이징呂爾徵으로 하여금 전서하게 하였다. 짓는 사람도 쓰는 사람도 통한의 눈물을 쏟을 수밖에 없다. 오랑캐의 괴수를 황제라 부르고, 그의 은혜를 입어 조선 종사가 유지되며 따라서 백성들이 편하게 살게 되었음을 돌비석에 새겨 만세에 전해야 하는 욕스러운 문장을 지어야 한다면, 조선의 사대부로서는 피눈물을 쏟아야 할 수모가 아니고 무엇이겠는가.

그 전문을 여기에 옮기는 것은 수치스러운 역사에 담겨진 교훈을 채찍으로 삼고자 함이지만, 혹여라도 '삼전도비'를 스쳐지나거나, 가까이 다가서는 기회가 있을 때 비문의 내용을 알고 보면 색다른 감회를 느낄 수가 있을 것이기 때문이다.


대청 숭덕 원년大淸崇德元年 겨울 12월에 관온인성황제께서, 우리 편에서 먼저 화의를 깨뜨렸으므로 크게 노하시어 병위兵威로 임하시어 바로 동녘을 치시니 감히 항거하는 자가 없었다. 이때 우리 임금께서 남한산성에 계셨는데, 위태롭고 두려워 마치 봄날 얼음을 밟는 것 같으시어, 밝은 해를 기다리시기를 5순旬이었다.

동남쪽 여러 군사가 잇따라 패해 무너지고, 서북쪽 장수들은 산골짜기에 틀어박혀 한 걸음도 나오지 못하였으며, 성 안의 양식 또한 떨어져갔다. 이러한 때에 황제께서 대군大軍으로 성에 육박하시니, 마치 서릿발과 같은 바람이 가을 대나무 껍질을 휘몰아가려는 것 같고, 화로의 이글거리는 불이 조그만 새털을 태워버리는 것 같았다.

그러나 황제께서는 죽이지 않는 것으로 병위를 삼으시고 오직 덕을 펴시는 것을 앞세우셨다. 그리하여 곧 칙유를 내리시어, "오라. 짐은 너를 온전하게 할 것이다" 하셨고, 용龍골대와 마馬부대 등 여러 대장들이 황제의 명에 따라 길에 가득 차 있었다. 이때 우리 임금께서 문무 모든 신하들을 모아놓으시고,

"내가 대국에 화호和好를 의탁한 지 10년인데, 이제 이 지경에 이르렀다. 이것은 내가 어둡고 미혹하기 때문에 스스로 천토天討를 재촉하여 만백성이 어육魚肉이 되게 한 것이니, 죄는 나 한 사람에게 있다. 그런데 황제께서는 차마 죄인을 도륙하지 않으시고 이와 같이 타이르시니, 내 어찌 감히 타이르심을 받들어, 위로 우리 종묘사직을 안전하게 하고 아래로 우리 생령들을 보호하지 않으리오."

하셨다. 내신들이 찬성하여 마침내 임금께서는 수십 기를 거느리시고 군전軍前에서 죄를 청하였는데, 황제께서는 예로써 맞으시고 은혜로써 가까이하시어, 한번 보고 심복으로 허락하셨으며, 물품을 하사하는 은택이 신하들에게까지 고루 미쳤다.

예가 끝나자 황제께서는 곧 우리 임금님을 서울로 돌아가게 하시고, 그 자리에서 남쪽으로 내려간 군사를 부르시어 서쪽으로 돌아가게 하셨으며, 백성을 무마하시고 농사를 권장하시니, 멀고 가까운 곳에 새떼처럼 흩어졌던 사람들이 모두 돌아와서 우리 나라의 수천 리 산하가 이전과 같이 되었다.

돌이켜보면 소방小邦이 상국에 죄지은 지 오래되었다. 기미년의 전쟁에 도원수 강홍립姜弘立이 명나라를 돕다가 패하여 사로잡혔는데, 태조 무황제(太祖武皇帝, 누르하치)께서는 다만 홍립 등 몇 사람만 머물러 있게 하고 그 나머지는 모두 석방하여 돌려보내셨으니 그 은혜가 한없이 컸다. 그런데도 소방은 미혹하여 깨달을 줄 모르다가 정묘년에 지금의 황제께서 동정東征을 명하시자 우리 임금과 신하는 성으로 피해 들어가서 화평을 청하였다. 황제께서는 이를 허락하시고 형제의 나라와 같이 보시어 강토를 복원하시고 강홍립 또한 돌아왔다.

이로부터 예우가 변치 않으시어 관개(冠蓋, 높은 벼슬아치가 타는 수레)가 서로 오고갔는데, 불행히 근거 없는 논의가 일어나서 소란 꾸미기를 선동하므로 소방이 변방의 신하들을 선칙하였으되, 불손한 말이 계속 돌아다녔다. 그 문서를 상국의 사신이 얻었으나 황제께서는 오히려 관대하게 용서하시어, 즉시 군사를 가하지 않으시고 먼저 명지明旨를 내려 나라에 출정할 시기를 효유하셨는데, 이리 핑계 저리 핑계 할 뿐 아니라, 군사를 일으키지 않다가 몸소 명령을 받고 끝내 모면하지 못하였으니, 소방 군신의 죄가 더욱 모면할 길이 없게 되었다.

황제께서 대병으로 남한산성을 포위하시고 다시 일부 군대에 명하시어 먼저 강도江都를 함락시켜 궁빈宮嬪, 왕자王子와 경사卿士의 가족들까지 다 포로로 하셨는데, 황제께서는 여러 장수들을 경계하시어 소란 떨거나 해치지 못하게 하시고, 종관從官과 내시로 하여금 간호하게 하셨다. 또 크게 은전을 내리시어 소방의 군신과 포로 된 권속들을 옛집으로 돌려보내셨다.

서리와 눈은 따뜻한 봄으로 변하고, 가뭄은 단비가 되었으며, 망한 것이 다시 살아나고, 끊어진 것이 다시 이어졌다. 동토東土 수천 리가 고루 생성의 혜택을 입었으니, 이는 실로 만고의 기록에 드문 일이다.

한수漢水 상류 삼전도의 남쪽은 곧 황제께서 머물러 계시던 곳이라 단壇과 뜰이 있는데, 우리 임금께서 수부水部에 명하시어 그 단을 더욱 높고 크게 하시고, 또 돌을 깎아 비석을 세워서, 황제의 공덕을 드날리어 영원히 전하게 하셨다. 참으로 천지자연과 함께 함이니, 어찌 우리 소방만이 대대로 영원히 의지하랴. 또한 대조大朝의 인仁을 행하고 무武를 올바르게 다스리면, 아무리 먼 곳에 있던 자라도 귀순하지 않는 자가 없으리니, 그것은 다 이에 기인하는 것이다.

하늘과 땅의 큼을 본뜨고, 해와 달의 밝음을 그린다 하더라도, 그 만의 하나라도 방불케 하기에는 모자랄 것이나 삼가 그 대략을 실을 뿐이다.

＊

청태종 홍타이지는 조선의 세자 내외와 대군 한 사람을 인질로 요구했다. 조선에 대한 더 많은 요구와 거기에 따르는 핍박의 여지를 남겨 두려는 속셈이다.

조선 조정으로서는 거절할 수 있는 명분이나 힘도 없다. 인조는 피눈물을 쏟으면서 자신의 뒤를 이을 소현세자昭顯世子와 민회빈愍懷嬪 강씨, 그리고 봉림대군鳳林大君과 그의 부인 장씨를 홍타이지에게 인질로 내주었다.

세자 내외와 대군 내외가 인질이 되어 청나라의 서울인 심양(瀋陽, 북경으로 옮기기 전이다)까지 끌려가면 그들을 호위하고 수행해야 하는 조정의 관원들과 내시 상궁들도 있어야 하질 않겠는가.

춘성군春城君 남이웅南以雄을 재신宰臣으로 삼고, 대사간 박황, 참의 김남중 등의 품계를 올려 부빈객副賓客으로 삼아서 세자를 호종하게 하였으니, 또 이들을 따를 수행의 규모도 만만치 않았다. 게다가 이들과는 별도로 전범戰犯으로 지목된 척화신斥和臣들의 강제 연행도 있었다. 그중에서도 대쪽 같은 지조로 홍타이지의 면전에서조차 조선 선비의 기개를 꺾지 않았다 하여 병자년의 삼학사三學士로 추앙받게 될 홍익한洪翼漢, 윤집尹集, 오달제吳達濟 등의 당당한 모습은 청사에 빛날 것이리라.

조선 세자 일행이 심양에 당도하자 청태종 홍타이지는 몸소 조선인 인질들을 친국하겠노라 선언하고, 먼저 전범(척화를 주장하였다 하여)으로 지목된 홍익한 등 삼학사를 친국장으로 끌어냈다.

3월 7일, 청태종 홍타이지는 홍익한에게 자신의 신하가 되어준다면 부귀와 영화를 내려서 극진히 우대할 것이라는 등 온갖 감언이설로 회유하려 하였으나, 홍익한은 조금도 굽힘이 없다가 홍타이지의 말이 끝나자 지필묵을 요구하여 자신의 심회를 글로 적어서 보여주었다.

조선에서 잡혀온 신하 홍익한은 척화한 사실의 내용을 분명히 말하고자 하나 말이 통하지 않으므로 글로써 대신하고자 하오.

온 세상은 다 형제가 될 수 있으나 천하에 아비가 둘 있는 자식은 없소. 조선은 본래 예의를 존중하고 간신諫臣은 오직 바른 대로 주장함이 풍습으로 되어 있는 까닭으로 지난해 봄 간관의 직을 맡고 있을 때, 금국(金國, 청나라의 전신)이 장차 맹약을 배반하고 황제를 참칭하려 한다는 말을 듣고, 만약 정말 맹약을 어긴다면 이는 곧 천자가 둘 있게 되는 것이오, 한 집안에 어찌 형제가 어그러지는 일이 있을 것이며, 하늘과 땅 사이에 어찌 두 천자가 존립할 수 있을 것인가.

이제 나는, 위로 임금과 어버이가 다 계시되 모두 안전하게 부호扶護해드리지 못하여 왕세자와 대군을 포로가 되게 하였고, 늙으신 어머니의 생사조차 모르고 있소. 내 한 장의 상소로 인해 나라에 환란을 가져오게 하였으니 충효의 도리가 땅에 떨어졌는데 어찌 삶을 바랄 것인가. 천만 번 죽더라도 마음에 달게 여기고 피를 북에 바르면 넋은 하늘을 날아 고국으로 돌아가 놀 것이니, 이 얼마나 좋고 즐거운 일이오. 이밖에 더 할 말은 없으니 어서 나를 죽여주기 바라오.

홍익한의 뒤를 이어 윤집과 오달제도 홍타이지의 친국장에 끌려나왔다. 인조가 남한산성을 나가기 전날인 1월 29일에 두 사람은 최명길에 의해 적장에게 넘겨졌다. 적진에 당도하기 전 최명길은 윤집과 오달제에게 죄를 자복하고 용서를 빌면 무사할 것이니 자신의 말을 따라줄 것을 간곡히 당부하였으나 두 사람은 조용히 웃으며 고개를 저었다.

홍타이지는 역시 타이르는 말로 두 사람을 극력 회유하였으나 끝내 뜻을 이루지 못하자 그는 분노를 참지 못하고 소리쳤다.

"저들의 목을 쳐라!"

세 사람의 조선 선비들은 오랑캐에게 머리를 숙일 수 없다는 결기를 굽히지 않은 채 심양성의 외양문 밖에 마련된 형장에서 남쪽 하늘을 바라보며 참되고 값진 삶을 마감하였다.

후일 청나라 조정에서도 삼학사의 높은 기개를 가상히 여겨, 그들이 형장의 이슬로 사라진 심양성 외양문 밖에 사당과 비석을 세우고, 그 비에 '삼한산두三韓山斗'라 새겼다. 조선의 태산, 북두와 같이 빛나는 사람들이라는 뜻이다.

죽어서 아름다운 이름을 영원히 남기는 사람이 있는가 하면 죽어도 이름을 남길 수 없는 사람들이 있다. 이른바 민초라 불렸던 백성들의 죽음이 바로 그것이다.

독자들이여, 놀라지 마시라. 병자년의 호란으로 만주땅에 끌려간 조선인 남녀의 수는 자그마치 60여 만 명을 헤아렸다는 설이 있고, 그들의 대부분이 곱고 나이 어린 규중 처녀들과 사대부가의 내당마님이었기에, 후일 그녀들이 용케도 목숨을 부지하여 고향에 돌아왔을 때 조선 땅에는 화냥년(還鄉女)이라는 새로운 말이 생겼을 정도로 병자년의 호란이 안겨다준 치욕적인 비극에 우리는 다시 한번 몸서리치게 된다.

　심양성.

　심양성은 청나라의 첫 도성으로 만주대륙으로 이어지는 서북쪽 길목에 자리잡고 있는 요충지이다. 한때 봉천奉天이라고 불린 때도 있었으나, 지금은 옛 지명을 따서 그대로 심양으로 불리며 동북3성의 요충임을 자부하고 있다.

　보행으로 왕래하던 조선시대는 심양과 한양의 거리를 대략 1,660리로 여겼으나, 지금은 아팠던 지난날의 역사를 쉽사리 살펴볼 수 있게 되었다.

　심양은 옛날 읍루의 땅으로 한나라 때에는 요동군에 속하였고, 당나라 때에는 안동도호부에 속하였다. 요·금 시대에 이르러 비로소 요양에 동경을 세우고 심주소덕군瀋州昭德軍을 설치하였는데, 원나라 때에는 심양로瀋陽路라 불렸다. 명나라에서는 심양위를 두어 만주의 여진족을 경계하였으나, 광해군 13년(1621)에 수금의 태조 누르하치에 의해 함락되었다.

　누르하치는 중원으로 진출하기 위해서는 무엇보다도 심양의 점령이 시급하다는 생각으로, 4년 후인 인조 3년(1625)에는 수도를 요양에서 이곳으로 옮겨 중원진출의 터전을 마련했다. 그 누르하치의 뒤를 이어 왕위에 오른 청태종 홍타이지는 인조 9년(1631)에 거대한 내외 성곽을 쌓고 내성에 여덟 개의 문을 세웠다.

　성의 모양은 방형方形이고 문로門路는 가로 세로 성안을 꿰뚫어서 마치 우물 정井 자 모양을 이루고 있다. 남과 북, 동과 서의 네 길이 서로 교차하는 곳에는 모두 십자누각이 서 있고, 그곳을 중심으로 민가가 즐비하고 시장이 성해 사람들의 생활이 무척 사치스럽다. 종루는 북소 문北小門이랄 수 있는 북승문 안의 큰 시가에 있고, 고루鼓樓는 지제문 안의 큰 거리에 있다.

소현세자와 봉림대군이 기거하던 '조선관朝鮮館'은 성내 동남쪽에 있었다고 전해지는데, 환력이 여섯 번이나 돌고 난 새 병자년(1996)에 그 조선관의 규모를 알리는 '조선관도朝鮮館圖'가 발견되어 화제가 되었다.

청나라로 가는 사신에게 심양에 들러 조선관이 있던 위치를 찾아서 그림으로 그려오라는 영조의 명을 받은 사신에 의해 그려진 그림이라면, 소현세자가 볼모살이를 한 지 120년 뒤의 일이다.

이에 대해 〈조선일보〉의 이규태 씨는 칼럼에서 다음과 같이 적었다.

3년 전 옛 문헌에 기재된 글을 모아 이 심양의 조선관을 찾아본 일이 있었다. 김창업金昌業의 〈연행록〉에 보면 심양의 대남문을 들어가서 1백여 보를 걸어가 동쪽으로 꺾어드니 조선관 터가 나왔다 해서, 그 기록대로 방향을 잡아 발자국을 헤아리며 걸어갔더니 화양절충식和洋折衷式의 'ㅁ'자형 2층집이 나왔다.

옛 심양 지도에 바로 이 골목이 고려관호동高麗館好同으로 되어 있고, 일본제국주의 시대에는 이곳에 대동학원이 자리잡고 있었다는데, 바로 그 건물임을 확인할 수가 있었다. 지금은 시립 심양아동도서관으로 쓰이고 있었으며 도서관장은 장국철張國哲이라는 한국인 2세였다. 물론 그 장씨는 그 자리가 인질관 터인지 모르고 있었다.

중국 문헌인 《성경통지盛京通志》에 보면 조선관 당시의 건물 배치상황이 자세히 기록돼 있어 이번에 발견된 그 120년 후의 조선관 배치도와 비교해보면 이렇다.

대문은 3칸으로 남향이고, 문을 들어서면 5칸의 정방正房과 동서 양편에 5칸씩 상방廂房이 있다 했다.

뒷방에는 세자와 대군이 기거하고, 호방戶房 법규와 예절을 담당한 예방禮房, 마필과 행차를 담당한 마방馬房, 각종 수선을 맡은 공방工房이 들어 있었다. 이번에 발견된 '조선관도'에 보면 두 개의 상방 가운데 동상東廂은 남아 있는데, 서상西廂만은 그려져 있지 않아 그간에 헐려 사라졌음을 알수 있다.

또 중문이 가로질러 있어 그 문 밖에 하인들이 움막을 짓고 기거했으나, 노숙하는 자도 있었다 했는데 조선관도에는 그 중문이 보이지 않는다.

세자는 사신이 들렀다 떠날 때마다 이 조선관 기둥에 기대어 대남문 밖으로 나갈 때까지 지켜보다가, 그 문 밖으로 나가면 신발을 끌고 문 밖까지 나가 요동벌 아스라이 콩알만 하게 겨자씨만 하게 작아지다가 하늘과 땅이 맞닿을 때까지 지켜보았다고 한다.

치욕 문화제를 없애버린다고 그 치욕이 사라지는 것이 아니다. 오히려 후세로 하여금 분발하게 하는 반사효과를 위해 보존하는 것이 앞서가는 나라들의 추세다.

이로써 문헌과 그림으로 확인된 심양의 조선관 터만이라도 정부 차원이건 민간 차원이건 이를 매입 재건함으로써 관광자원·역사자원으로 영구히 남겼으면 하는 바람이다.

＊

요즘 신문지상에 가끔 오르내리는 말에 '열지자裂之者도 가可요, 습지자拾之者도 가라'는 것이 있다. 이것을 알기 쉽게 풀면 '찢는 사람도 옳고, 줍는 사람도 옳다'가 된다. 이 말이 갖는 의미는 대단히 심오하다. 어떤 일이 극단적인 이견으로 대립되어 있을 때, 그 상반된 견해에 대하여 양쪽 모두 일리가 있다는 일종의 명분론으로 자주 인용되는 것이지만, 실제에 있어서는 협상의 길을 여는 중요성을 의미하는 말이기도 하다. 이 양시론兩是論이 생겨난 데는 역사적 배경이 있다.

1623년, 광해군을 밀어내고 임금의 자리에 오른 인조는 광해군이 암암리에 추진해온 실리외교에 대한 방향 전환에 골머리를 썩여야 했다. 반정反正으로 광해군을 밀어냈던 그인지라 광해군의 향금정책向金政策을 지지할 수가 없었기 때문이다. 물론 조정 중신들의 의향도 향명배금向明排金이었다.

이런 연유로 인조 5년(1627)에 정묘호란이라는 미증유의 국난을 당하게 된다. 이 무렵에 등장하는 것이 최명길이 주도하는 '화친론'과 김상헌金尙憲이 주도하는 '척화론斥和論'이다. 이 두 견해는 목숨을 건 대립이었지만, 여기서는 그 배경을 상세히 기록할 지면이 없으므로 간략히 적기로 한다.

최명길이 주장하는 화친론은 당시 조선의 힘으로는 욱일승천의 기세인 후금의 국력을 당할 수 없으므로 서로 화친을 하여 조선의 안위를 보전하자는 것이었고, 김상헌의 척화론은 이미 2백 년이나 섬겨온 명나라가 있으니 오랑캐(후금)와 화친을 꾀하는 것은 도리를 모르는 금수의 소행이므로 끝까지 싸워야 한다는 것이었다.

지금 우리는 이 두 가지 대립을 놓고 객관적으로 평가할 수 있는 위치에 있기 때문에 최명길의 화친론에 타당성을 부여하게 되지만, 당시의 사정으로는 그 명분에 있어서 김상헌의 척화론이 우위에 있었으므로 최명길의 화친론은 오랑캐에 머리를 숙인다는 매국노의 누명을 써야 할 만큼 위험한 것이었다. 그러므로 최명길이 보여준 공직자로서의 소신과 용기에 아낌없는 박수와 찬사를 보내게 된다. 만일 최명길이 명리에만 급급하는 안일무사한 생각으로 자신의 소신을 아랑곳하지 않고 시세에만 영합했다면, 오늘 우리의 처지가 어찌되었을까 하는 아찔한 생각마저 들게 한다.

이와 같은 화친론과 척화론의 첨예한 대립이 계속되는 가운데 조선 조정은 또다시 인조 14년(1636)에 병자호란이라는 전대미문의 국난을 맞이하게 된다. 결과론이지만 최명길의 화친론이 조정의 공론으로 채택되었다면 병자호란과 같은 참극은 겪지 않았을 테지만, 그가 매국노로 몰릴 만큼 척화론이 우세한 당시의 정세로서는 속수무책일 뿐이다.

남한산성이 청나라 병사들에게 완전 포위된 지 23일째인 1637년 1월 18일, 조선 조정은 마침내 청나라의 진영에 화친을 청하는 국서를 보내기로 했다. 바로 그 국서를 최명길이 쓰고 있었는데, 김상헌이 그 사실을 알고 달려와서 국서를 찢어 팽개치면서 최명길을 질타했다.

"지천(遲川, 최명길의 호), 자네의 선대부先大夫께서는 사우士友들 사이에서 지조 있는 선비라고 추앙을 받았는데, 자넨 어찌 그 모양인가. 선대부께서 통곡하고 계실 것일세!"

그러나 최명길은 태연히 대답했다.

"대감께서는 찢으셨지만, 저는 도로 주워야 되겠습니다."

그리고는 김상헌이 찢어 팽개친 국서를 주워모아서 풀로 붙였다.

찢은 사람은(裂之者)은 김상헌이었고, 주운 사람은(拾之者)은 최명길인 셈이다. 여기서 '열지자도 가요, 습지자도 가'라는 말이 생겨났는데, 두 사람의 상반된 경해를 모두 옳다고 보는 것은 두 사람의 참뜻이 모두 불가피했기 때문이다.

나라를 아끼고 사랑하는 방법이 꼭 한 가지일 수만은 없다. 김상헌의 명분론도 때로는 필요한 것이었으나, 그 어려웠던 시기에 실리론을 펼칠 수 있었던 최명길의 용기는 더욱 귀한 것이었다. 그러나 역사라는 것은 참으로 절묘한 결과를 우리에게 보여주기도 한다.

삼전도의 수항단에서 인조가 청태종 홍타이지에게 치욕의 삼배구고두의 예를 올리면서 항복하는 것으로 병자호란은 매듭지어졌지만, 화친을 주장했던 최명길과 척화를 주장했던 김상헌은 똑같이 청나라로부터 시달림을 받게 된다.

\*

1641년, 전범의 죄인으로 청나라의 도성인 심양 땅으로 잡혀가 하옥되어 있던 김상헌이 의주옥義州獄으로 옮겨졌다가 다시 심양 땅으로 끌려가서 무기수들이 수감되는 남관南館의 옥사로 옮겨졌는데, 바로 그 자리에 투옥되어 있던 최명길과 마주치게 된다. 이 무슨 운명의 만남이던가.

그렇게도 자신의 주장만을 고집했던 두 사람은 비로소 시심詩心으로 서로의 진심을 털어놓는다. 김상헌이 먼저 읊었다.

從尋兩世好
頓釋百年疑
조용히 두 사람의 생각을 찾아보니
문득 백 년의 의심이 풀리는구려.

이에 대해 최명길은 다음과 같이 화답한다.

君心如石終難轉
吾道如環信所隋

그대 마음 돌 같아서 돌리기 어렵고
나의 도는 고리 같아 경우에 따라 돌리기도 한다오.


참으로 기막힌 비유가 아닐 수 없다. 서로 상극과도 같았던 주장을 되풀이하다가 그토록 사랑하던 조국은 패전국이 되었는데, 두 사람 모두 적국의 감옥에 유폐되지를 않았는가. 그 애타는 이심전심의 우애로 두 사람은 7년 만에 서로가 품었던 오해를 풀어내는 순간이기도 했지만, 두 사람의 강직한 사상은 다시 시로써 표현되어 나타난다.

여기서는 원문을 생략하고 핵심적인 부분만을 소개하기로 한다.


아침과 저녁은 바꿀 수 있을망정
윗옷과 아래옷을 거꾸로야 입을쏘냐.


김상헌의 명분론은 패전국의 전범이면서도 이와 같았고, 불행을 같이 하는 최명길의 실리론도 물러설 줄을 모른다.


끓는 물도 얼음장도 다 같은 물이요
털옷도 삼베옷도 옷 아닌 것이 없느니.


전쟁은 패전으로 끝나고 민초들의 고초는 끝없이 이어지고 있는데도 두 사람의 심저에 깔린 정기는 조금도 변하지 않는다. 만리타국에 있는 옥중에 유폐되어 있으면서도, 서로의 명분론과 실리론을 우정에

깃들여서 주고받을 수 있는 우리 선현들의 경륜이 아름답기 한량없다. 이 같은 선비들의 의식을 어찌 당파싸움으로만 매도할 수 있겠는가.

최명길과 김상헌이 주고받은 시문 화답을 조선 땅에서 전해들은 이경여李敬興는 너무도 감동하여 한 편의 송시頌詩를 지어 두 사람에게 보냈다.


　　二老經權各爲公

　　擎天大節濟時功

　　如今爛漫同歸地

　　俱是南館白首翁

　　두 어른 경經, 권權은 각기 나라를 위한 것이니

　　하늘을 떠받드는 큰 절개요(김상헌), 한때를 건져낸 큰 공적일세(최명길)

　　이제야 원만히 마음이 합치는 곳

　　남관의 두 분은 모두가 백발일세.


최명길과 김상헌.

오늘에 이르기까지도 흑백논리에 젖어 있는 많은 사람들은 이 두 사람을 화친론과 척화론의 상극된 대명사로만 평가하는 경향이 있다. 모두가 조선시대의 정쟁을 이단시하는 식민지 사관에 젖어 있기 때문일 것이다. 그러나 당대의 지식인들은 아무래도 둥글면서도 도道를 잃지 않은 최명길의 경륜과 용기를 더 높이 본 듯하다. 당시의 석학이었던 택당澤堂 이식李植도 다음과 같이 말하지 않았던가.

청음(淸陰, 김상헌)이 남한산성에서 나와 바로 고향으로 돌아간 것이 비록 지조가 높은 행위이기는 하나, 역시 그가 남한산성에서 나올 수 있었던 것은 완성군(完城君, 최명길)이 그 문을 열어놓았기 때문이다.

정치에 관여하게 되면 국익 우선이라는 이념은 같을지라도 대책에 있어서는 얼마든지 다른 방법을 취할 수가 있다. 이러한 의견의 상충을 유독 조선시대의 경우만을 당파싸움으로 규정하고, 마치 그것으로 인해 나라가 망한 것으로 생각하는 것은 역사 인식이 편협한 데서 기인된 것이라고 믿어진다.

＊

적지에서의 유배생활을 마치고 고국으로 돌아온 최명길은 다시 심양으로 보내줄 것을 인조에게 청했다. 첫째는 소현세자 내외와 봉림대군 내외의 귀환을 서둘러야 하고, 둘째는 조선인 장정들에게 내려진 징병안의 철폐를 요구해야 하며, 셋째는 아직 돌아오지 못하고 있는 조선인들의 속환을 교섭해야 한다는 것이었다. 인조는 윤허하지 않을 수가 없었다.

최명길은 떠나기에 앞서 청나라로 잡혀간 인질 중에서 연고자가 없거나. 속환에 필요한 금품을 마련할 수 없는 가난한 사람들을 위해 은 2천 5백 냥을 마련하였다. 물론 국고금을 전용한 것이었다.

최명길이 도성을 떠난 것은 9월이었고, 심양에 도착한 것은 동짓달 그믐께였다. 청태종 홍타이지는 동관문 밖까지 나와서 몸소 최명길을 맞이하였다. 물론 조선이 자진해서 보낸 첫 사신인데다가 화친하는 데 공이 큰 최명길이 정사로 왔기에 그들에 대한 극진한 예우를 과시함일 것이었다.

최명길은 전란의 후유증으로 민심까지 흉흉해진 조선의 사정을 세세히 알리고 앞에서 적은 세 가지 간청을 관대히 처분해줄 것을 간곡히 청했다. 지성이면 감천이라 했던가. 홍타이지는 소현세자 내외와 봉림대군 내외의 귀국만을 불허한 채 나머지 두 가지는 흔쾌히 받아들여 주었다.

최명길은 심양에서 새해를 맞았다.

인조 16년(1638) 2월, 최명길은 소현세자와 봉림대군 내외에게 작별을 고하고 심양을 떠났다. 연고자가 없는 조선 7백여 명과 연고자가 있는 2만 9천여 명에게 속환이 허락되었던 까닭으로, 최명길과 함께 귀국하는 사람들은 무려 3만여 명에 이르는 어마어마한 행렬이었다.

최명길의 귀국은 조선 강토를 들뜨게 했다. 영영 돌아올 수 없으리라 여겼던 가족, 친지들이 대거 돌아온 때문이다. 그러나 환호도 잠깐이었다. 화냥년, 청나라에서 돌아온 여인이라 하여 환향녀還鄕女라고 적은 것이 그렇게 읽히고, 그렇게 와전되고 멸시되기 시작한 것이었다. 심양에서 돌아온 기혼여성들은 갈 곳이 없었다. 사대부가에서 돌아온 처첩들을 화냥년이라 하여 받아들이지 않았기 때문이다.

뜻하지 않았던 난제가 아닐 수 없다. 우의정 장유張維까지도 속환되어 돌아온 며느리를 받아들이지 않았다. 더구나 장유의 딸이 봉림대군의 부인이 아니던가. 이름 있는 사대부가에서는 모두 장유와 뜻을 같이하였다.

여인의 절개가 도덕의 척도로 평가되던 시대, 설사 그것이 전란으로 인한 후유증이라고 하더라도 이미 더럽혀진 여인들에게는 오직 화냥년이라는 치욕의 굴레가 씌워질 뿐이다.

버림받은 여인들은 죽어가기 시작했다. 더러는 목을 매고 죽었고,

더러는 강물에 몸을 던지기도 하였다. 길가에는 여인들의 주검이 즐비하였다. 모두가 '화냥년'들의 시신이다.

최명길은 인조의 배알을 다시 청했다. 환향녀에 대한 대책을 세우기 위해서다.

"전하, 비록 환향녀들이 절개를 잃고 몸을 망쳤다고는 하오나, 이는 스스로 음행을 자행한 것이 아니옵고, 극심했던 전란과 적지에 인질이 되었던 만부득한 데서 비롯된 것이라고 사료되옵니다. 신이 차마 입에 담기 민망하오나, 나라에 힘이 있었던들 어찌 이 같은 일이 있었으리까."

인조는 탄식만을 거듭하였고, 최명길은 궁여지책을 진언하였다. 각 고을에 있는 강을 지정하고, 정해진 날에 환향녀들로 하여금 지정된 강에서 몸을 깨끗이 씻게 하는 것으로 심신을 모두 닦은 것으로 하되, 그런 연후에는 따뜻이 맞아들이도록 하라는 전교를 내리자는 것이었다.

이에 인조는 최명길의 진언에 따른 교지를 내렸다.

도성과 경기도 일원은 한강, 강원도는 소양강, 충청도는 금강, 황해도는 예성강, 평안도는 대동강을 각각 회절강回節江으로 삼을 것이다. 환향녀들은 회절하는 정성으로 몸과 마음을 깨끗이 씻고 각각 집으로 돌아가도록 하라. 만일 회절한 환향녀를 받아들이지 않는 사례가 있다면 국법으로 다스릴 것이다.

사대부가에서는 울며 겨자 먹기로 인조의 수습책을 따를 수밖에 없었다. 그러나 화냥년으로 음독이 변해버린 말을 오늘에 이르기까지 전해지고 있음에랴.

＊

　장장 8년 동안 인질로 잡혀 있었던 소현세자는 명나라가 멸망하는 것을 계기로 청나라의 정책에 동조하게 되었고, 보다 넓은 새로운 세계에 눈뜸으로써 비극의 길을 걷게 된다.

　청나라의 섭정왕 다이곤이 오삼계를 거느리고 북경으로 진군할 때, 그는 소현세자에게도 동행을 청했다. 강요나 다름이 없는 청함이라 썩 내키는 일은 아니었으나, 조선에 다녀온 뒤로 우울해 있었던 소현세자는 마음도 달랠 겸, 새로운 문물에 접할 수 있을지도 모른다는 기대 때문에 다이곤을 따라 북경으로 향했다.

　나라는 망하고 없어도 문물과 풍속은 고스란히 남아 있었다. 조선과도 다르고, 심양과도 다른 북경의 풍물은 소현세자의 모든 관심을 끌기에 부족함이 없었다. 특히 서양에서 들어온 신문물이 그를 눈뜨게 하였다.

　소현세자가 북경에 머문 것은 기껏해야 이레 남짓이었으나, 그에게는 7년에 버금가는 변혁의 시간이 아닐 수 없었다. 특히 심양에서와는 달리 소현세자의 행동은 아무 구속도 받지 않는 자유로운 것이었다. 명나라가 이미 멸망하였으므로 청은 더 이상 소현세자를 구속할 필요가 없었다.

　소현세자는 북경에서 많은 사람들과 접촉할 수가 있었다. 그중에서도 특히 서양 선교사이자 과학자인 아담 샬(Adam Schal, 중국명 탕약망湯若望)과의 교유는 그의 사상을 바꾸어놓는 결정적인 계기가 되었다.

　소현세자는 아담 샬과 자주 만나면서 역법, 천문학, 천주교 등과 같은 서양문물에 거침없이 심취해 들어갔다. 이에 부응하듯 아담 샬은 친절하고 자상하게 소현세자의 의문을 풀어주었다. 그로서는 장차 조선의 임금이 될 소현세자에게 서양문물의 깨우침과 더불어 천주교를 전파할 수 있다는, 앞날을 위해서도 긴요한 포석일 것이라고 확신했던 것이리라.

소현세자는 촌각을 아껴 쓰며 되도록 많은 것을 배우기에 힘썼다. 그 자신에게도 크나큰 포부가 있었을 것임은 말할 나위도 없다. 아담 샬은 자신이 한역漢譯한 《천문역산서天文曆算書》와 여지구輿地球, 천주상天主像 등과 같은 진귀한 서책들과 물건들을 소현세자에게 선물하기도 하였다.

귀하가 주신 천주상과 여지구와 과학에 관한 서책은 얼마나 반갑고 고마운지 모르겠습니다. 즉시 그중 몇 권의 책을 읽어보았는데, 그 속에서 정신수양과 덕행을 실천하는 데 적합한 최상의 교리를 발견하였습니다. 천문학에 관한 책은 귀국하면 곧 간행하여 학자들에게 널리 알리고자 합니다. 그것들은 조선인이 서구 과학을 습득하는 데 큰 도움이 될 것입니다. 서로 멀리 떨어진 나라에서 태어난 우리들이 이국 땅에서 상봉하여 형제와 같이 서로 사랑해왔으니 하늘이 아마 우리를 이끌어준 것 같습니다.

이 글은 소현세자가 아담 샬에게 답례로 보낸 서한이다. 우리는 이 서한을 통해 서구 과학에 대한 소현세자의 관심과 흥미가 얼마나 깊었는지를 알 수 있으며, 아담 샬과의 우의도 꽤나 도타웠음을 짐작할 수 있다.

또 이 서한에는 구체적으로 언급되지 않았지만, 천주교에 대해서도 긍정적인 생각을 가지고 있었음을 확인할 수가 있다.

인조 22년(1644) 11월 26일, 마침내 소현세자는 장장 8년 동안의 볼모살이를 마치고 민회빈과 두 아들인 석린石麟과 석견石堅을 대동하고 북경을 떠났다.

그가 그리던 고국으로 돌아와 인조의 미움을 받지 않고, 또 일찍 세상을 떠나지 않았다면 조선과 서양문물의 교류를 적어도 백 년 이상을 앞당겼을 테지만, 그 절호의 기회가 무산된 것은 조선 왕조사에 있어서도 큰 손실이 아니고 무엇이겠는가.

# 찬란한 여명, 그리고 선각자의 고독

천하를 다스리는 사람은 진실로 인민에게 이익이 되고 나라에 도움이 되는 일이라면,
비록 그 법이 오랑캐한테서 나왔다 하더라도 장차 들어서 본받아야 할 것이다. ― 박지원

청소년들에게 꿈을 실어줄 수 있는 선각자가 있어야 나라의 미래가
보장된다. 어둡고 답답했던 혼돈의 시대를 살면서도 나라의 미래를 향
해 등불을 높이 들었던 선각자의 행적을 바로 살피고 널리 알리기 위해
서는 학문으로서의 역사도 인물사적인 연구를 소홀히 해서는 안 된다.

그러나 불행하게도 우리 근대사의 경우는 활동이 눈부셨던 선각자들
의 행적을 애써 외면하고 알려진 사실에만 매달려 있었던 탓에, 그들
선각자들의 인물사적인 연구마저도 소홀해질 수밖에 없었다. 게다가
일제가 심어놓은 식민지 사관에서도 헤어나질 못하고 있었기에 자주적
이고도 진취적인 역사 인식을 정립하지 못한 큰 오류를 범하고 있다.

가령, 홍선대원군의 유아독존적인 아집 때문에 개항에 실패하였다
든가, 같은 맥락으로 홍선대원군과 중전 민씨와의 끝없는 갈등과 대립
으로 정치 부재의 현상을 빚어내면서 망국의 길로 들어섰다는 등의 터

무늬없는 역사 인식에서 벗어나지 못하고 있는 오늘의 현실이 바로 그런 오류를 선명하게 보여주고 있음이 아니겠는가.

봉건전제국가가 자력으로 개항을 하기 위해서는 국가의 미래를 예견할 줄 아는 선각자가 있어야 하고, 그들의 꿈과 고독, 그리고 뼈아픈 좌절이 있지 않고서는 근대 국가로의 발돋움은 불가능하다.

19세기가 저물어가는 조선왕조에도 국가의 미래를 내다볼 줄 알았던 선각자가 있었기에 자주적인 개항의지를 불태우며 그것을 행동으로 옮겼던 개항 2세대가 탄생할 수가 있었다. 이 엄연한 사실이 학문의 방법으로도 정립되어 있지 않다는 점에서, 학계의 게으름도, 예술계의 안일함도 함께 질타를 받아서 마땅하다. 그것이 바로 청소년들에게 들려주어야 할 꿈을 앗아낸 결과를 초래하였기 때문이다.

조선 개항사開港史를 자세히 살펴보면, 그 사상적인 변천이 두 세대로 이어진 것을 알 수가 있다. 개화사상의 정상이자 원로격으로 평가되는 박규수朴珪壽, 그는 실사구시實事求是의 거벽인 연암燕巖 박지원朴趾源의 손자였으므로 실학 중에서도 할아버지의 북학사상北學思想을 이어받은 신망 두터운 선각자였다.

박규수는 고종 3년(1866) 7월, 대동강을 거슬러올라왔다가 평양 부민들에 의해 화공으로 격침된 미국 상선 제너럴 셔먼 호와의 우여곡절이 계속될 때 평안감사로 그 현장에 있었다. 조선의 개항사를 이끌었던 박규수의 위치로 보아 그 사실도 우연이랄 수가 없다.

그러나 박규수의 개화사상이 그 자신에 의해 구체적으로, 혹은 직접적으로 주장되거나 거론되지 않았다는 사실은 큰 아쉬움으로 남지만, 그의 영향하에 유홍기劉鴻基, 오경석吳慶錫, 이동인李東仁과 같은 선각의 젊은이가 있었다는 사실에 주목해야 한다.

유홍기는 역관의 집안에서 태어났다. 그는 가계에 따라 당연히 역관이 되어야 할 운명인데도 스스로 한의漢醫의 길로 들어설 만큼 자신의 삶을 소중히 여긴 선각자였다. 어려서는 담헌湛軒 홍대용洪大容의 실학사상에 심취하였고, 그의 영향으로 양명학陽明學의 대가로 성장할 수가 있었다.

양명학이란 중국 명나라 중기 사람인 양명 왕수인王守仁이 이룩한 신유가철학으로, 송대에 확립된 정주학과 대립적인 성격이 있어 심학心學이라고도 불린다. 인식과 실천이 둘이 아니라 하나이므로 앎과 행함이 하나이니, 이른바 지행합일知行合一이 강조된다.

양명학의 성격을 보다 극명하게 설명하자면 맹자의 실천적인 도덕심과 마음의 발양을 통해 타인들, 나아가서 인간세계와 우주를 성실하고 바르게 하자는 이상을 구현하는 것이라고 할 수 있겠지만, 청대의 실학자들에게 비판의 대상이 되었던 탓에 조선에서도 양명학을 탐탁지 않게 여겼다. 그러나 유홍기의 경우는 인식과 실천이 하나라는 의미에서 이를 적극적으로 수용하였다.

그러면서도 유홍기가 국제정세에 능통하고 조선의 개화를 그 누구보다도 앞서서 생각할 수가 있었던 것은 미래를 향한 진취적인 사고와 정세를 분석할 수 있는 조직적이고도 탁월한 두뇌의 소유자였고, 특히 청나라에 자주 출입하는 역관 오경석과 같은 죽마고우가 가까운 이웃에 살고 있었기 때문이다.

금석학金石學의 대가였던 오경석은 청나라에 다녀올 때마다 수많은 전적들을 가지고 왔다. 유홍기는 그의 주선으로 개항사상에 눈뜰 수 있는 전적들을 섭렵할 수가 있었으므로, 중국에서 일어나고 있는 격동적인 국제정세를 비록 문자로나마 터득할 수가 있었다. 그러므로 같은 오경석에 의해 조선의 개화에 눈뜨고 있었던 박규수로서도 그와 마주 앉아 급변하는 국제정세에 관한 의견을 나누고 있노라면 언제나 새로운 사실에 눈뜨고 있다는 희열에 빠지곤 하였다.

후일 고균기념회古筠記念會에서 간행한 《김옥균전》에는 유홍기에 관해 다음과 같이 기술되어 있다.

대치 선생 유홍기의 집은 장교長橋와 광교廣橋 사이에 삼각정三角町에 이르는 외나무다리가 있고, 다리를 건너서 지금의 관철정貫鐵町으로 가는 좁은 길이 있는데, 대치 선생의 집은 바로 그 좁은 길가에 있다. …(중략)… 대치 선생은 원래 역관의 집안에서 태어났지만 의醫를 업으로 삼았고, 불교에 깊이 빠져들었으며, 학문으로서의 사학史學에 조예가 깊어서 조선 고금의 역사에 통달했으며, 또 세계 각국의 역사에도 두루 통했다. 변설은 유창하고, 신체는 장대하였으며, 홍안백발, 언제나 활기찬 행동으로 일관하였다.

유홍기와 오경석의 우애는 그야말로 남다른 데가 있었다. 두 사람은 동갑내기 중인계급이면서도 가계가 깊은 역관의 집안에서 태어났고, 또 어려서부터 중인들이 모여 사는 동네(지금의 관철동)에서 함께 뛰놀면서 학문을 익히고 견문을 넓혔다.

오경석이 청년기에 접어들면서 자신의 서재를 '천죽재天竹齋'라고 하자, 유홍기는 이에 뒤질세라 자신의 서재를 '송죽재松竹齋'라고 할 만큼 두 사람의 친분은 지극하였고, 따라서 선의의 경쟁이라는 면에서도 앞뒤를 다투었음을 엿볼 수가 있다.

자, 그럼 《한양유씨세보漢陽劉氏世譜》를 살펴보자.

(一世)—多佛—忠贊衛—基楊州海東村牛耳洞云—中間失傳痛恨

(中略)

(十三世) 運元

字稚和哲宗丁巳六月二十七日生・配三
陟金氏・父譯科鎭世・祖譯科麟男・
曾祖譯科正景瑋・外祖日科淸州韓守慶
・哲宗乙卯八月三日生

運斗(字景和)

女=李承俊(全主人・父武科仁鈜)
女=金孝哲(慶州人・雲科父壽曾)

(十二世) 翰基

字聖佐・上護軍・純祖丁亥四月六
日生・配全州李氏・父譯科希網・
祖譯科觀民・曾祖日科格善宗賞・
外祖醫科正江陵崔啓進純祖甲申八
月二日生

鴻基(號大致)

字聖達・司甬・純祖辛卯十月一四
日生配江陵崔氏・父雲科蔡訪榮遠
・祖同樞贈工判箕煥・曾祖贈工議

德樞

女=崔宅銓(朔寧人・惠民參奉・父惠民主簿墊)
女=崔圭珣(忠州人・惠民直長・父武科官傳官斗煥)
女=張鴻基(仁同人・武科五衛將・父僉樞性載)
女=趙鼎鼎(豐壤人・武塊人・父訓諫主簿益載)

(十一世) 盆昭

字而立・正宗丁巳八
月二日生配金海金氏・
・父禁漏滿敎授思默・
祖嘉善僉賓・贈
祖贈左尹尙戩・外祖
鎭川杜大植・正宗丙
辰二月一八日生

내가 에세이 형식의 읽기 쉬운 역사 얘기를 쓰면서도, 여기에 유홍기의 가족사항을 적은 한자투성이의 《한양유씨세보》를 제시하는 것은 나름대로의 까닭이 있어서다.

이미 경험한 독자들도 있을 것이라고 생각되지만, 유홍기의 이름이 거론될 때마다 그의 생몰生沒이 확실하지 않다는 등 터무니없는 말로 독자를 호도하고, 또 그의 가족사항에 관해서는 아예 거론조차 하지 않는 것을 마치 당연한 것으로 아는 사람(심지어 학계에서조차)들이 뜻밖으로 많다.

이같이 무책임한 풍조는 마침내 조선 개항사를 주제로 한 이름 있는 작가들의 역사소설에도 유홍기의 생몰과 가족사항에 관해서는 당연히 그려낼 수가 없게 하였고, 심지어 개항사에 기여한 인물만을 추려서 엮은 서책에서조차 그의 '생몰이 확실하지 않다'고 적고 있는 것이 우리의 현실이라면 이건 정말로 뉘우치고 고쳐야 할 일이 아니고 무엇이 겠는가.

비근한 예가 되겠지만, 이웃 나라 일본에는 당대의 역사소설가 시바 료타로가 쓴 《료마(龍馬)가 간다》라는 대하소설이 있다. 명치유신의 성사를 이끌어내기 위해 자신의 젊음을 아낌없이 불태워왔던 선각의 낭사浪士, 사카모토 료마(坂本龍馬)의 생애를 추적하는 내용이지만, 료마가 자신의 자매들과 주고받았던 편지의 내용은 물론 그가 밟았던 전국 각지의 풍물이 현장감 넘치게 그려진 탓으로 자칫 논픽션으로 착각될 정도의 가치 있고 재미있는 소설로 평가받고 있다.

사카모토 료마라는 걸출한 선각자가 있었고, 그의 꿈과 고독으로 점철된 고군분투에 힘입어 마침내 살장연합薩長聯合이라는 개항 세력을 이끌어내게 된다. 막부 타도라는 공동의 전선을 펴게 된 사쓰마 번(薩

摩藩)과 조슈 번(長州藩)의 연합은 개항을 외쳐온 인재의 보고寶庫나 다를 바가 없었다. 그 선각의 준재들에 의해 미개했던 일본이 국제정세에 눈뜨게 되었으며, 마침내 개항이 이루어지게 된다는 감동적인 내용을 담고 있기에 일본의 청소년들은 사카모토 료마를 선각의 전형으로 존경하게 되는 것이며, 따라서 료마에 버금가는 꿈을 간직하게 되는 것이다.

그런 때문인가, 사카모토 료마의 발길이 머물렀던 곳에는 어김없이 그의 동상을 세워서, 오가는 사람들의 가슴에 그의 선각이 얼마나 고독하고 아름다운 것이었던가를 절절하게 전하고 있다.

나라의 미래를 짊어지고 나갈 청소년들에게 선각자의 꿈을 심어주어야 하는 것은 학문적, 교육적 차원에서는 말할 나위도 없지만, 예술적인 차원에서도 소홀히 할 수가 없는 것은 이 때문이다.

그런 연유로 나는 한자투성이의 《한양유씨세보》를 여기에 제시하여 유홍기라는 걸출한 선각자의 가계와 가족사항을 있어야 할 자리에 놓아두고자 하는 것이다.

유홍기는 순조 31년(1831) 10월 14일에 역관인 아버지 유익소劉益昭와 어머니 김해 김씨와의 사이에서 6남매 중 둘째 아들로 태어났으며, 같은 역관인 최영원崔榮遠의 따님(강릉 최씨)을 부인으로 맞이하여 슬하에 외동아들(운두運斗)과 두 딸을 두었다.

이 족보에 적혀진 내용으로 보아서는, 유홍기의 가계가 비록 중인이라고 하더라도 반가班家와 통혼하고 있었음을 알 수가 있는데, 특히 유홍기의 두 사위를 유의해볼 필요가 있다. 작은사위 김효철金孝哲은 신분이 같은 역관 출신의 가문에서 맞이한 것으로 되어 있으나, 큰사위

이승준李承俊의 경우는 판이하게 다르다. 이승준의 아버지 이인현李仁鉉이 무과武科에 급제하였으니, 비록 서반西班이라고 할지라도 반가의 가문이 분명하다.

여기서 우리는 백의정승으로 예우받았던 유홍기의 인품을 다시 한 번 생각하게 되고, 그가 추구하였던 신분제도의 타파에 동조한 가문이 있었음을 확연히 알게 된다.

의원醫員 유홍기의 호는 대치大致, 사람들은 그의 학덕과 인품을 받들어 백의정승 유대치劉大致 선생이라고 불렀다. 금석학의 대가 오경석은 박규수의 연행을 수행할 정도의 이름 있는 역관이었고, 이동인은 봉원사奉元寺에 승적을 둔 행동파 승려였다.

당시의 신분제도로 본다면 의원, 승려, 역관은 모두 관직에 나갈 수가 없었던 중인이었으므로, 이들의 개항사상은 조정이나 사대부들에게 영향력을 행사할 수가 없었고, 따라서 조선의 초기 개항사상은 번져나갈 수 있는 통로가 막혀 있었던 것이나 다를 바가 없다.

박규수가 평양에서 금의환향하여 예문관 제학과 한성판윤을 거쳐 우의정에 오르는 동안 재동에 위치한 그의 집(지금의 헌법재판소 청사 뒤)에는 조선의 개항을 이끌어갈 나이 어린 귀공자들이 모여들게 된다.

열다섯 살의 유길준兪吉濬, 열두 살의 금릉위錦陵尉 박영효朴泳孝, 스물두 살의 김옥균金玉均 등이 바로 그들이다. 이들은 모두 사대부가에서 태어나고 자란 준재들이었고 특히 박영효는 철종의 부마였다.

박규수는 이들 사대부가의 귀공자들을 중인인 유홍기, 오경석, 이동인 등의 문하로 보내 조선의 근대화를 이끌어가 역군으로 다듬고자 하였다.

귀공자들은 비로소 《해국도지海國圖志》《영환지략瀛環志略》《중국견

문록中國見聞錄》 등과 같은 새로운 문물이 적힌 서책을 대하게 되면서
보다 넓은 세계로 향한 꿈을 키우게 된다.

*

1866년, 대동강을 거슬러올라왔던 제너럴 셔먼 호 사건은 충격이 아
닐 수 없었다. 선주는 미국인 프레스턴이었고, 덴마크 인 선장 페이지
와 영국인 선교사 토머스, 그리고 청국인 통역 이팔행 등을 포함하여
서양인 5명, 청국인 13명 등 총 23명의 승무원 중에는 흑인 5명도 포함
되어 있었다.

흑인을 오귀자烏鬼子라고 불렀던 일부 조선의 지식인들까지도 그 몰
골을 처음 보는 지경이었고, 또 신식 대포가 뿜어내는 화력에는 혼비
백산할 수밖에 없었다.

1866년 7월 12일부터 같은 달 24일까지 13일 동안, 대동강을 피로
물들였던 제너럴 셔먼 호 사건은 병인양요의 개막을 알리는 이양인과
의 본격적인 접촉이자, 조선 개항사를 여는 대단히 중대한 사건이었
다. 물론 제너럴 셔먼 호는 평양 부민들의 화공으로 참혹한 종말을 맞
았지만, 바로 이 점이 흥선대원군의 자부심에 불을 질렀다는 점에서
우리 근대사의 진로를 대단히 어렵게 하였다.

그리고 두 달 후인 9월, 프랑스 함대가 내침하여 천하의 요새임을 자
랑하던 강화도를 점령하여 쑥밭으로 만드는 이른바 병인양요가 발발
했다. 프랑스 군 병사들은 외규장각에 보존된 귀중한 문화재를 약탈하
는 만행을 저질렀다. 프랑스 군이 강탈해간 외규장각의 전적은 전체
340여 책 중에서 191종, 297책이나 되었는데 대개가 '왕실의궤王室儀
軌' 류의 귀중본이었다.

함대 사령관 로즈가 본국의 해군성 장관에게 보낸 서신에 다음과 같은 구절이 적혀 있다는 사실에 주목해야 한다.

역사적, 과학적 견지에서 관심을 불러일으킬 수 있는 물건들을 수색, 수집하였다.

이 문장으로 보면 저들의 조선 문화재 약탈은 치밀한 계획하에서 이루어진 야만적인 행위였음을 알 수가 있다. 그러나 역사는 무심히 흘러가지만은 않는다.

그로부터 128년의 세월이 흐른 1994년 9월에 프랑스의 미테랑 대통령이 내한하여 병인양요 때 약탈해간 《휘경원 원소도감의궤徽慶園 園所都監儀軌》 상권(上卷)을 김영삼 대통령에게 돌려주면서 '영구 대여'라는 구차한 명분을 달았으나, 실상은 자국의 테제베(TGV) 고속전철이 한국의 경북간 고속전철로 채택되기를 기대하는 염원에 불과했다.

역사가 지나간 과거만의 기록이 아니라, 미래로 이어지는 맥락이라는 사실을 이보다 더 선명하게 보여주는 사례도 드물 것이다.

병인양요로부터 5년 뒤인 1871년. 이번에는 미국 함대가 쳐들어와 다시 강화도를 유린한 신미양요가 일어났다. 조선으로서는 어재연魚在淵 장군 형제를 비롯한 4백여 명의 장병들을 잃어야 했던 참혹한 전쟁이었지만, 미국은 스스로 이 신미양요를 일러 "미국의 전쟁사상 가장 작은 전쟁"이라고 했고, 또 "승리는 승리였으나 누구 한 사람 자랑할 것도 못 되었으며, 누구 한 사람 기억에 남겨두고 싶어하지 않았다"고 자평하였다.

그러나 조선의 사정은 판이하게 달랐다. 신미양요를 기점으로 도성의 번화한 거리와 전국의 중요 도시에 척화비를 세워, 서양 오랑캐를 물리쳐서 나라를 보위한다는 이른바 개항과는 거리가 먼 양이·보국 정책을 더욱 강화했기 때문이다.

그로부터, 124년이 지난 지금도 강화도의 광성보에는 미 해병들에 의해서 쏘아진 총탄 자국이 선명하게 남아 있어 그때의 결전을 실감케 하고 있으며, 어재연 장군을 비롯한 4백여 명의 무명 순절 용사들의 넋을 기리는 위령비가 무심히 지나는 길손들의 눈길을 끌고 있다.

이때를 전후하여 명치유신에 성공한 근대 일본 정부는 왕정회복의 기치를 펄럭이며 공공연하게 정한론征韓論을 거론하였고, 조선과 충돌할 수 있는 전단을 찾는 데 혈안이 되더니, 마침내 대만을 무력으로 침략하여 점령하는 등 극동의 정세도 급변하기 시작하였다.

급기야 1875년 8월, 일본은 '운양호 사건'이라고 일컬어지는 무력도발을 감행하여 조선 침략의 마각을 드러냈고, 뒤이어 '강화도 조약'이 강제 체결되면서 조선 땅에 일본인들의 상륙이 허용되기에 이르렀다. 그러나 참으로 놀라운 사실은 저들의 공관(공사관 등)보다 앞서(1877) 일본 불교의 포교를 빙자한 사찰이 부산포에 상륙했다는 점이다.

일본 교토에 본찰을 둔 히가시홍간지(東本願寺)에서 승려 오쿠무라 엔싱(奧村圓心)과 그의 여동생인 오쿠무라 이오코(奧村五百子)를 부산포에 보내 히가시홍간지 부산별원을 개원하게 하였다.

오쿠무라 엔싱은 일본 규슈의 나가사키 현(長崎縣)에 있는 고덕사高德寺의 주지였는데, 이 고덕사의 역사에도 일단 주목할 필요가 있다. 고덕사는 임진왜란 때 부산포에 있던 일본 사찰이었다. 그 사찰을 오쿠무라 엔싱의 13대조 할아버지 오쿠무라 소신(奧村淨信)이 개창하였으니, 장장 3백여 년의 공백을 뛰어넘어 13대 선조의 유훈을 다시 이어받은 것이 되지 않겠는가.

1591년 도요토미 히데요시를 돕기 위해 일본으로 건너간 오쿠무라 소신은 다시 돌아오지 못했다. 그가 조선과 가까운 거리에 있는 가라쓰(唐津) 땅에 절터를 정하고, 번주 데라사와(寺澤志摩守)의 허락을 얻어 고덕사를 세운 것은 언제든지 조선 땅으로 다시 돌아가야 하는 소망 때문이었는데, 그로부터 3백여 년의 세월이 흐르고서야 뜻을 이룬 셈이다.

오쿠무라 엔싱과 함께 조선 땅으로 건너온 그의 여동생 오쿠무라 이오코의 존재도 소홀히 할 수가 없다. 그녀의 행적을 살펴보면 비록 여성이라고 하더라도 장부의 기상을 넘어서고 있음을 엿볼 수가 있다.

오쿠무라 이오코는 일본인 낭사들과 더불어 국사를 논할 만큼 남성적이며 정치적인 성향이 강했고, 이미 세 번에 걸쳐 이혼한 경력이 있으며, 정한론자들과도 가까이 지내면서 조선 진출에 대해 지대한 관심을 가졌던 여장부였다.

후일 청·일전쟁과 러·일전쟁이 발발했을 때는 스스로 종군하기도 하였고, 일본으로 돌아가서는 '일본애국부인회'를 창설하기도 하였다. 특히 갑신정변甲申政變 이후, 금릉위 박영효가 일본 땅에 망명하였을 때는 그의 통역이며 여비서요, 간호원임을 자처할 만큼 밀접한 관계를 유지하였다고 오라비 오쿠무라 엔싱이 자필로 적고 있다면, 조선 개항사를 거론하면서 오쿠무라 남매의 활동을 추적해보지 않을 수가 없다.

게다가 두 남매가 명치유신을 이끌어낸 근왕파勤王派의 일원으로 분류된다면 그들의 조선 진출이 정치적으로도 무관하지 않았을 것임이 분명하지를 않겠는가.

오쿠무라 엔싱이 조선에 머무르는 동안, 히가시홍간지의 별원은 전라도 광주에도 개설되었고, 함경도의 원산별원도 문을 열게 된다. 오쿠무라 엔싱은 조선에서의 포교활동을 세세한 기록으로 남기고 있다.

《조선국 포교일지》라는 일기체의 귀중한 기록에는 당시 조선국의 사정도 심심찮게 기록되어 있다.

예컨대, 고종 15년(1878) 4월 9일에는 부산포의 용두산을 포위하고 호랑이 사냥을 했다는 그림에 시를 남기고 있어, 당시 부산포의 사정이 어떠했는지를 간접적으로 전하고 있다는 점이다.


　　　四月九日 龍頭山中驅虎作


　　　鳴鐘擊鼓響春雲
　　　鶴翼魚鱗合又分
　　　縱使無生擒猛虎
　　　武威殆似鬼將軍


비록 호랑이는 잡지 못했어도 이 시로 미루어 118여 년 전의 용두산이 얼마나 숲이 울창한 심산이었던가를 미루어 짐작하게 할 뿐만 아니라, 예의 《조선국 포교일지》에는 개화당의 운영자금을 마련하기 위해 동분서주하는 유홍기의 모습도 그려져 있으며, 특히 이동인의 밀항과 일본에서의 활동을 소상히 기록하고 있어 조선개항사의 연구에도 귀중한 자료를 제공하고 있다.


　　　　　　　　　　　*


이동인은 밀항을 해서라도 일본 땅으로 건너가 존황토막尊皇討幕이라는 기치를 펄럭이며 저들의 명치유신을 성공시킨 비결이 무엇이며, 서양의 문물을 받아들여 부국강병의 근대국가로 탈바꿈할 수 있었던 일본의 저력이 어디에서 비롯된 것인지를 자신의 두 눈으로 확인하고 싶었다. 그런 이동인에게 오쿠무라 엔싱 남매가 부산포에 상륙하여 사찰을 열었다는 정보는 백만 원군이나 다를 바가 없다.

1878년 6월 2일부터 이틀간에 걸쳐 이동인은 히가시홍간지 부산별원을 찾아가 오쿠무라 엔싱과 양국간의 관심사를 주고받으며 친분을 두터이 하였고, 그해 12월에 이르러서는 부산항에 정박하고 있던 일본 군함 비예호比叡號에 승선하여 신식 군함의 위력과 설비를 눈으로 확인하게 되면서는 일본으로의 밀항을 더욱 서둘러 단행하지 않을 수가 없게 된다.

이동인은 오쿠무라 남매에게 애원하듯 매달리며 일본으로의 밀항을 성사시켜줄 것을 간청하였고, 일본 공사 하나부사 요시타다(花房義質)를 만난 자리에서도 자신의 밀항이 조선과 일본의 관계를 더 부드럽고 순조롭게 할 것임을 집요하게 설득하였다.

해가 바뀌어 1879년(고종 16) 6월, 서울에 다녀온 이동인은 김옥균, 박영효 등에게서 전별금으로 받았다는 금봉金捧을 증표로 제시하면서 자신의 밀항이 어느 개인의 소망이 아님을 역설하였다. 그것은 자신이 일본으로 가야 하는 필연적인 사유를 오쿠무라 남매에게 강조해 보인 것이나 다름이 없다.

마침내 그해 8월, 오쿠무라 엔싱의 주선으로 이동인은 일본으로 밀항할 수 있게 된다. 더구나 오쿠무라 엔싱과 동행하게 된 것은 큰 행운이 아닐 수 없다.

이동인을 태운 일본 군함이 규슈의 나가사키 항에 도착하여 정박하는 동안, 오쿠무라 엔싱은 그의 안전을 위해 서양식 양복을 입기를 권했고, 일본식 이름을 쓰는 것이 좋겠다고 조언한다. 이동인은 흔쾌히 이를 받아들여 조선인 최초로 서양식 양복을 입게 되었고, 아사노 게이잉(朝野繼允)이라는 일본식 이름을 사용하게 된다.

교토에 도착한 이동인은 진종본묘眞宗本廟의 거찰임을 자랑하는 히가시홍간지의 대침전大寢殿에 머물면서 일본어의 수련에 몰두하였고, 진종의 법통과 교리의 터득에도 매진하게 된다. 그리고 다음해 4월 5일 급기야 득도得道에 성공한 이동인은 진종의 승려가 되어 도쿄로 진출하여 아사쿠사 별원(淺草別院)에서 기거하게 된다.

아사쿠사 별원은 조선통신사가 머무는 대찰이어서 이동인의 마음을 들뜨게 하였고, 실제로 사절로 온 김홍집金弘集과도 여기서 만나게 된다.

도쿄에서의 이동인은 분주한 나날을 보내야 했다. 밀항한 목적을 달성하기 위해서는 촌각도 헛되이 할 수가 없었기 때문이지만, 특히 주일 영국 공사관의 2등 서기관 어니스트 사토Ernest Satow와의 교유는 그 자신에게는 말할 나위도 없고, 후일 조선 외교의 교두보를 마련했다는 점에서도 의미 깊은 일이 아닐 수 없다.

고종 17년(1880) 5월이라면 한미수교조약이 체결되기 2년 전의 일인데, 그러한 시기에 조선의 개화승과 영국의 직업 외교관이 마주 앉아서 일본어로 대화를 나누었다는 사실은 주목하고도 남을 일이 아니고 무엇인가.

어니스트 사토는 이동인과의 첫 만남을 이로부터 1백 년 뒤에 공개된 영국 정부의 외교문서 〈사토 페이퍼〉에 다음과 같이 적고 있다.

1880년 5월 12일.

오늘 아침 아사노라는 이름을 가진 조선인이 찾아왔다. 그는 조야朝野라는 이름이 조선야만(朝鮮野蠻, Korean Savage)이란 뜻이라고 재치 있게 설명하면서, 세계를 돌아보고 자기 나라 사람들을 개화시키기 위해서 비밀리에 일본에 왔노라고 말했다. 그의 일본어는 서툰 편이었지만, 우리는 서로를 충분히 이해할 수 있었다. 그는 외국의 문물이 엄청나다는 것이 거짓이 아님을 돌아가서 조선인에게 확신시키기 위해, 유럽의 건물이나 그밖의 흥미있는 사진들을 구입하고자 했다. 또한 영국을 방문하기를 열망하였다. 그는 자기가 서울 본토박이라고 하면서, 서울에서는 '쯔tz' 라고 발음하지 않고 '츠ch' 라고 발음한다고 말했다.

그는 일요일 아침 다시 오겠다고 약속했다.


이동인과 어니스트 사토의 극적인 만남을 상당히 소상하고도 흥미있게 기술하고 있음을 볼 때, 두 사람은 초면임에도 불구하고 서로의 관심사에 대해 허심탄회한 의견교환이 있었음이 분명하다.

이동인이 영국을 방문하기를 열망하였다는 대목이 그 점을 입증하는 것이며, 또 조선말의 발음을 교정하고 있는 것으로 보아서는 어니스트 사토가 이미 조선어를 학습하고 있었다는 사실도 알 수가 있다.

〈사토 페이퍼〉는 다시 이어진다.


1880년 5월 15일.

나의 조선인 친구가 다시 왔다. 그는 조선이 수년 내에 외국과의 관계를 맺게 될 것이지만, 그러기 위해서는 현 정부를 전복할 필요가 있을 것이라고 말했다. 그는 자기와 같은 생각을 가진 젊은 사람들이 날로 늘어가고 있다고도 했다.

…(중략)…

그는 한·일간의 무역은 전적으로 유럽 상품을 거래하고 있으며 조선이 다른 나라와 교역을 하게 되면 일본과의 무역이 사라질 것이라고 하면서, 영국이 조선과 교역할 생각이 없느냐고 나에게 물었다. 나는 영국으로서는 어느 나라와도 교역관계를 갖기를 열망하지만, 원하지 않은 나라에게 교역을 강요할 생각은 없으며, 교역을 원치 않는 나라에 사절을 보냈다가 사절이 거절당하고 돌아오게 되면 영국으로서는 이 모욕에 대해 보복을 해야 되기 때문에 그러한 나라에는 사절을 보내지 않을 것이고, 따라서 조선이 교역관계에 들어갈 의욕을 보일 때까지는 그대로 둘 것이라고 말했다. 그는 1878년에 내가 가지고 갔던 문서의 사본을 보고 내 이름을 익혀서 나를 찾아왔던 것이다.

그는 3시간가량 있다가 갔다. 나는 오는 20일 시계를 사기 위해서 그를 요코하마(橫濱)에 데려가기로 약속했다. 그는 금, 석탄, 철 및 연해의 고래 등 풍부한 조선의 자원을 개발하는 일에 큰 관심을 가지고 있었다. 그는 좋은 인삼과 나쁜 인삼의 견본을 나에게 주었는데, 유럽의 의사들이 인삼을 이용할 수 있게 되면 인삼이 조선의 중요 수출품목이 될 것이라고 생각하고 있었다.

〈사토 페이퍼〉는 더 계속되지만 이쯤에서 줄이기로 한다. 그러나 일본의 명치유신을 주도하였고, 일본 유신정부의 실세로 군림하고 있는 이토 히로부미(伊藤博文)와 이노우에 가오루(井上馨)는 모두 영국에 유학했던 사람들이다. 이를 모를 까닭이 없는 이동인이 어니스트 사토와의 교유를 통하여 무엇을 얻고자 하였는지를 유추하기는 어렵지 않다.

도쿄에서의 이동인의 활동에서 우리가 주목해야 할 또 한 가지는 게이오(慶應) 대학의 설립자이자 당대 최고의 사상가이면서 일본 조야에 막중한 영향력을 행사하고 있었던 후쿠자와 유키치(福澤諭吉, 일본 만 원권 지폐의 초상화)와 교유했다는 점이다.

　물론 어니스트 사토의 주선일 것이라고 믿어지지만, 이를 계기로 후일에 이르러 김옥균 등이 후쿠자와의 후원을 받게 되었고, 유길준과 유정수柳定秀가 최초의 조선인 유학생이 되어 게이오 의숙에 입학하게 되면서 설립자 후쿠자와 유기치의 집에서 기거하게 되는 등 일본 지식인들과의 유대관계를 맺게 되는 터전을 마련한 것이다.

　이동인은 일본에서 개화의 견문을 넓히고 일단 귀국한다. 그가 귀국할 때 가지고 온 수많은 서적을 김옥균, 박영효 등이 밤을 새우면서 읽었다는 서재필의 회고문은 너무도 유명하다.

　그가 가지고 온 서적이 많았는데 역사도 있고, 지리도 있고, 물리, 화학과 같은 것도 있었으며, 그것을 보기 위해서 3, 4개월간 그 절(봉원사를 말함)에 자주 들렀지만 다시 이러한 책은 적발되면 사학邪學이라 해서 중벌에 처해졌기 때문에 한 장소에서 장시간 독서할 수가 없어, 그 다음에는 동대문 밖의 영도사라는 절에서 독서하고 다시 봉원사로 옮겨가는 등, 이와 같이 되풀이하기를 1년이 넘어서야 그 책들을 모두 판독하였다. 그 책들은 모두 일본어로 씌어 있었지만 한자를 한자 한자 더듬어 읽으면 의미는 거의 통했다. 이렇게 해서 책을 완독, 세계의 대세를 거의 알 수 있게 되었다. 여기에서 우리 나라도 타국과 같이 민중의 권리를 수립해야겠다는 생각이 솟아났다. 이것이 우리로 하여금 개화파로 등장하게 한 근본이었다. 바꿔 말하자면 이동인이라는 승려가 우리를 이끌어주었고, 우리는 그러한 책을 읽어 그 사상을 몸에 익혔으니 봉원사가 우리 개화파의 온상인 것이다.

사정이 이와 같은데도 이동인은 우리 근대사의 전면으로 부상하지 못하고 있다. 학자들의 태만이거나, 역사 인식에 문제가 있음이다. 김옥균, 박영효 등 개화파의 사상은 아무 이 없이 땅에서 솟아오른 것이 아니다. 분명히 이동인이라는 스승이 있었질 않았는가.

일본에서 귀국한 이동인은 고종 임금을 배알하게 된다.

배불숭유하는 나라의 승려가 임금을 배알하기 위해 궐문을 들어섰다면 중벌을 받아서 마땅한 시절이지만, 어찌되었거나 고종은 친히 이동인을 인견하여 일본의 변화와 서구문물의 실상을 세세히 들은 다음, 그에게 금괴 세 개와 국왕의 신임장을 들려주며 다시 일본에 다녀올 것을 명한다.

이 밀파가 얼마나 위험한 것이었으면 고종 스스로,

"부산에서 떠나면 남의 눈에 뜨일 염려가 있으니 원산에서 떠나라."

라고까지 몸소 당부를 하였겠는가.

다시 일본으로 건너온 이동인은 어니스트 사토에게 군함을 구입하겠다고 교섭한 것으로 되어 있지만, 그것이 고종의 뜻인지 이동인의 개인적인 욕망인지는 확실치 않거니와 내용도 소상히 전해지지 않는 것이 유감이다.

이동인은 어니스트 사토의 소개로 고베(神戸)에 주재하고 있었던 또 한 사람의 영국 외교관(영사)인 애스턴(W. G. Aston)을 만나 우의를 다졌고, 또 어니스트 사토는 주일 영국대리공사 케네디에게 이동인을 소개하면서, 그를 조선에 있어서의 영국의 대리인(agent)으로 삼도록 권유하기도 하였다. 이로 미루어본다면 일본 땅에서의 이동인의 활동은 비밀외교관의 구실을 톡톡히 했던 것으로 보여진다.

행동파 승려였던 이동인이야말로 개항과 수구의 물결 사이에서 혼돈을 거듭하던 당시의 조선에서 개화의 필요성과 함께 외교의 중요성을 가장 정확하게 파악하고 있었던 인물임이 분명하다. 게다가 고종임금의 자문에 응하게 되면서는 그의 위치가 급격히 부상하게 되는 것은 당연하지 않겠는가.

그것은 곧 개화세력이 열망하던 신분의 벽이 무너지는 일이었으며, 따라서 원임훈구와 시임대신들 모두에게 큰 위기감을 불러일으키게 된다. 곧 이동인에 의해 조선의 외교정책이 주도될 것이기 때문이다.

그런 탓이었을까. 개화승 이동인은 애석하게도 암살로 목숨을 잃게 되지만 언제, 어디에서, 누구에 의해 살해되었는지는 지금까지도 알려지지 않고 있다.

다만 많은 사서史書가 민씨 일문이나 홍선대원군 쪽의 소행일 것이라는 짐작을 적고 있을 뿐이라 안타깝기 한량없는 노릇이지만, 실상은 조선에 대한 영향력의 상실을 우려한 청나라의 자객에 의해, 혹은 조선의 자주외교 노선을 차단하기 위해 일본의 자객에 의해 목숨을 잃었을 수도 있지 않겠는가.

*

역사는 픽션보다 더 진하고 강한 드라마를 잉태하면서 미래를 향해 줄기차게 흘러간다. 나는 평생을 픽션의 이치와 효용의 방법을 몸에 익히면서 살아온 극작가이지만, 역사가 빚어내는 절묘한 사실史實이 픽션의 위력을 훨씬 넘어설 수도 있다는 사실을 수없이 체험하게 되면서 극작가의 능력에 한계를 느낀 일이 한두 번이 아니었다.

또 역사의 흐름에도 법도가 있음을 깨닫게 되면서는 '역사를 관장하는 신'이 있다고 믿게 되었다. 그래서 역사를 관장하는 신은 언제나 내 곁을 떠나지 않고 나를 감시하고 있으며, 나는 기꺼이 그의 감시하에 들기를 원했다.

김옥균, 박영효, 서광범, 홍영식 등 개화 2세대들에 의해 주도된 갑신정변은 비록 실패로 끝난 쿠데타였지만, 역사를 관장하는 신이 연출한 열정의 드라마가 아닐 수 없다. 그만큼 갑신정변에는 픽션 작가의 능력을 비웃으면서 고조되는 서스펜스가 있는가 하면, 드라마의 법칙이랄 수 있는 기승전결의 흐름을 빈틈 없이 진행하면서도, 극劇의 상승과 하강, 그리고 반전까지도 완벽하게 갖추고 있기에 픽션의 한계를 넘어선 한 편의 명작 드라마가 아닐 수 없다.

고종 21년(1884) 10월 17일 유시酉時(오후 5~7시).

우정국郵政局 청사의 낙성을 기념하는 성대한 연회가 시작되면 안동安洞에 있는 별궁이 방화로 인해 화마에 휩쓸리게 되고, 이를 신호로 연회장에 참석한 수구세력들을 차례로 암살한다는 계획이었으나, 시간이 되어도 안동별궁의 방화가 여의치 않게 되자 이에 당황한 김옥균, 박영효 등 정변의 주도세력들은 연회정 근처의 초가집에 불을 지르면서 민영익閔泳翊의 몸뚱이를 난자하는 것으로 불안한 출발을 시작할 수밖에 없었다.

허둥지둥 창덕궁으로 달려간 정변의 주도세력들은 고종과 중전 민씨를 비롯한 왕실의 윗전들을 경우궁景祐宮으로 이어하게 하면서 일본군의 호위를 왕명으로 요청한다. 일본공사 다케조에(竹添進一郎)와 그렇게 약속한 때문이었다.

일본군이 출동하여 경우궁을 호위하는 것이 청나라의 병진을 자극하는 것은 당연하다. 우정국의 연회장에서 민영익이 피습되었다는 사실을 알고 있었던 청나라 진영의 원세개袁世凱는 중전 민씨와의 접촉을 시도하면서 일본군을 섬멸할 작전수립에 임한다. 이때 이미 갑신정변의 양상은 일본공사관과 청나라 군진 간의 대립으로 변질되어가고 있다.

10월 18일(2일째).

김옥균, 박영효 등은 고종의 탑전에 나아가 지난밤 민영익, 민영목, 민태호, 조영하 등을 참살하게 된 불가피함을 고하면서 새로운 내각을 임명하여 조정의 면모를 일신할 것을 강요, 조각의 내용을 공표하였다.

그리고 조정이 일신되었음을 알리는 이른바 '신정강新政綱' 14조를 발표하였으나, 일시에 혈족을 잃은 중전 민씨는 창덕궁으로 환궁할 것을 강청하면서 청나라 군진에도 도움을 청한다. 일본군과 청나라 병사들의 충돌이 시시각각으로 밀려오는 긴박한 순간이었다.

고종은 창덕궁으로 환궁하자는 중전 민씨의 강청을 뿌리칠 수가 없었기에, 김옥균, 박영효 등을 설득하여 우선 계동궁桂洞宮으로의 이어를 서두른다. 계동궁은 신정부의 영의정에 제수된 이재원李載元의 집이었다.

계동궁으로의 이어를 마치자, 중전 민씨는 기다렸다는 듯이 창덕궁으로의 환궁을 다시 강청하고 나선다. 계동궁이나 경우궁이 모두 협소하여 불편하기가 다를 바가 없다는 것이 표면적인 이유였지만, 실에 있어서는 2백여 명의 일본군으로는 창덕궁을 수비하기가 어려울 것이나, 1천 5백여 명의 청나라 병사들은 진격하기가 쉬울 것임을 중전 민씨는 알고 있었기 때문이다.

일본군의 선발대가 먼저 창덕궁으로 떠나고, 고종의 어가를 호위하기 위한 1백여 명의 전영군과 나머지 일본군이 전열을 가다듬는 와중에서 중전 민씨는 청군의 출병을 청하는 서찰을 적어 심상훈에게 건넸다.

마침내 운명의 날인 10월 19일(3일째).

창덕궁은 아침부터 초연 속에 묻혔다. 청나라 병사 1천 5백여 명이 화력을 앞세우며 창덕궁으로 밀려들었기 때문이다. 중과부적이었던 일본군의 패색이 짙어지면서 쿠데타를 주도했던 김옥균, 박영효, 홍영식, 서광범 등은 고종을 모시고 옥류천玉流泉으로 피했으나, 여기서 대왕대비를 비롯한 중전 민씨의 일행이 북묘北廟로 피했다는 보고를 듣고 아연실색하게 된다.

고종의 어가가 위험을 피해 다시 옥류천 뒤의 북장문北墻門으로 옮겨졌을 때, 청군과의 접전을 포기한 일본군의 패잔병과 공사 다케조에가 달려왔다. 이젠 마지막 대책을 논의할 수밖에 없다.

김옥균, 박영효 등은 강화도로 몽진할 것을 눈물로 간청하였고, 고종은 완강하게 거부하였다. 전황을 불리하게 느낀 다케조에 공사는 정변의 주역들에게 피신처를 제공할 것을 약속한다.

"전하!"

누군가가 소리내어 흐느끼기 시작하자 고종의 용안도 물기에 젖었다. 통한의 작별이 아닐 수가 없다. 이제 고종의 탑전을 떠나면 다시 만날 기약도 없을 것이지만, 김옥균, 박영효, 서광범, 서재필 등은 다케조에 공사를 따라 일본공사관으로 피신하기로 하였고, 홍영식과 박영교는 궁원에 남아서 신하 된 도리를 다하기로 하였다.

떠나가는 김옥균 등의 뒷모습을 지켜보던 고종의 어가가 청나라 병진으로 떠나가자, 20여 명의 조선 무감들이 홍영식과 박영교에게 달려들어 매질로 목숨을 앗아냈고, 자식이 개화당의 수괴였음을 알게 된 영돈녕부사 홍순목洪淳穆은 스스로 목숨을 끊어 종사에 속죄하는 결연

한 최후를 마친다.

근대화된 새로운 국가를 세워서 세계의 열강과 어깨를 나란히 하고자 하였던 갑신정변이 이렇게 3일 천하로 막을 내리게 되자, 김옥균, 박영효 등에게 개항사상을 가르쳤던 백의정승 유홍기도 행방을 감출 수밖에 없었다.

이날 이후 유홍기를 만났다는 사람은 아직 없고, 그의 최후를 적은 기록이 없는 것도 후학의 마음을 저리게 하지만, 갑신정변의 후유증도 이루 헤아릴 수가 없을 만큼 길고 잔혹하게 이어지게 된다.

*

일본군 병사들에게 호위된 다케조에 공사와 김옥균 등은 수많은 사상자를 내면서 간신히 일본공사관에 당도하였으나, 거기도 이미 난장판이나 다를 바가 없었다.

사태가 위급해지자 공사관 직원들의 가족과 거류민 3백여 명이 몰려와서 북적대고 있었고, 분노한 조선 민중들이 일본공사관으로 달려와 투석 · 방화를 하면서 충돌을 야기하고 있었기 때문이다.

이에 당황한 일본공사 다케조에는 일단 인천으로 철수하여 기회를 엿보리라 다짐하고, 김옥균, 박영효, 서광범 등에게 공사관 직원들이 입던 양복을 건네주며 일본인으로 변장하게 하고 일본인들 속에 섞여서 일본공사관을 빠져나가자고 한다. 거절할 수 없는 긴박한 상황이었다.

오후 2시, 공사관의 대문이 열리면서 1백여 명의 일본군 병사들이 허공을 향해 총격을 시작하면서 철수작전을 강행하였고, 이들이 인천항에 도착한 것은 다음날인 21일 새벽이었다. 이들을 피신케 할 일본

선박 치도세마루(千歲丸)는 이미 제물포항에 입항해 있었다.

인천에서의 사정도 이들에게는 여의치가 않았다.

조선 조정에서 김옥균, 박영효, 서광범, 서재필을 비롯하여 이미 죽고 없는 홍영식을 5적五賊으로 규정하고, 조병호趙秉鎬, 홍순학洪淳學, 독일인 묄렌도르프(穆麟德)를 인천에 급파하여 다케조에 공사를 옥박지르며 그들의 인도를 요구하였다.

"김옥균, 박영효, 서광범 등은 조선국의 역적이다. 지체 없이 우리에게 인도하라!"

이에 당황한 다케조에 공사는 김옥균, 박영효 등에게 하선, 자수해 줄 것을 청하면서 그것이 곤경에 처해진 일본과 자신을 도와주는 일이라고 강변했다. 배신도 이만저만이 아닌, 교활하고 파렴치하기까지 한 태도의 돌변이었다.

김옥균, 박영효 등은 울분을 삼키며 애원하였다. 여기서 하선하게 된다면 목숨을 부지할 수가 없을 것이기 때문이다. 그러나 다케조에 공사는 이미 조선의 고관에게 인도를 약속했다는 것이다.

이 절체절명의 순간에 구원의 손길이 뻗쳤다. 치토세마루의 선장인 스지 가쓰사부로(辻勝三郎)가 다케조에 공사의 파렴치한 행태를 격렬하게 비난하면서, 선장의 권한으로 승선을 허락하며, 안전을 책임질 것이라고 선언했던 것이다.

김옥균, 박영효, 서광범, 서재필 등 조선의 개화를 주도하였던 젊은 준재들은 치토세마루의 선저 船底 에 몸을 숨긴 채 언제 다시 돌아올지도 모르는 망명의 길에 오르게 된다.

대역부도의 죄인으로 몰렸던 개혁파 인사들이 일본으로 도주하자, 조선 조정은 그들의 가족을 박해하기 시작하였다. 특히 김옥균의 아내유씨 부인은 30대의 젊은 나이로 충청도로 끌려가 관비생활을 해야 하는 딱한 처지가 되고야 만다.

《조선의 비극(The Tragedy of Korea)》을 쓴 매켄지(F.A. Mckenzie)는 3일 천하로 끝나고 만 갑신정변이 실패하게 된 원인을 다음과 같이 적었다.

이 소동 전체가 개혁파의 성급하고도 무분별한 처사 때문이었다는 것은 조금도 의심할 여지가 없다. 그들은 너무나도 짧은 시간 내에 너무나도 많은 일을 성취하려 했고, 그와 마찬가지로 경험이 부족한 일본인 협력자들도 그들을 제지하기는커녕 오히려 일을 서두르게 했던 것이다. 그 결과는 어느쪽에 있어서도 개운치 않은 일이 되고 말았다. 그것은 중국과 일본의 알력을 격화시키고, 나아가서는 조선국 내의 중국파, 즉 수구파의 세력을 증대케 하는 결과가 되었다. 그 당시 중국은 아직 보수적이었고, 그리하여 참다운 개혁이 시작된 것은 그로부터 훨씬 뒤의 일이었다.

\*

역사를 읽으면서 편견의 함정에 빠지는 것처럼 위험한 일은 없다. 특히 어떤 인물의 해석이나 평가에 편견이 작용하게 된다면, 그들과 관련된 사건을 보는 시각도 편견에 사로잡히게 될 것이 아니겠는가.

가령, 김옥균이 친일의 거두였다는 편견에 사로잡히게 되면 그가 주도했던 갑신정변은 일본정부가 사주를 했거나 적극적으로 개입한 것이 된다. 이 같은 편견의 결과는 조선의 젊은이들이 주도한 자주적인 개항의지를 모독하는 오류를 범하게 되고, 마침내 제 나라의 역사를 비하하는 더 큰 불행으로 이어지게 된다.

나는 얼마 전 어느 일간지의 편집국장을 지낸 이 나라 최고의 지식

258

인이 "김옥균이야말로 일본제국의 앞잡이였다"고 열변하는 모습을 지켜보면서 자꾸만 허탈해지는 심정을 가눌 길이 없었다. 바로 그와 같은 편견이 식민지 사관보다 더한 해악을 끼칠 것이기 때문이다.

불과 1백여 년 전의 인물을 거론하면서 건전한 역사해석을 그르칠 정도의 편견에 빠져든다면, 우리 나라 역사학계의 인물사적인 연구가 얼마나 소홀하게 취급되고 있었던가를 입증하는 것이 된다.

비록 망명에는 성공했으나, 일본 땅에서의 김옥균은 두 가지 고통에 시달려야 했다. 첫번째 고통은 조선 조정에서 파견한 자객들의 추적을 피해야 하는 일이었다.

김옥균을 암살해야 하는 자객의 임무를 띠고 처음 도일한 사람은 장은규張殷奎였고, 그 다음이 지운영池運永, 그리고 이일식李逸植, 홍종우洪鐘宇, 권동수權東壽, 권재수權在壽 등으로 이어진다. 자신들의 입신양명을 보장받기 위해서는 김옥균의 처단에 혈안이 될 수밖에 없었다.

두번째 고통은, 사태가 이 지경이 되었음을 반증이나 하듯 일본정부에서도 김옥균의 처리를 골칫거리로 여기면서 그를 냉대하기 시작한 것이다. 그래서 찾아낸 궁여지책이 자객 지운영을 추방, 귀국시킨다는 조건으로 김옥균에게도 퇴거 명령을 내린다는 것이었다. 김옥균이 미국으로 가려 했던 것은 이 때문이었다.

그러나 이 또한 여의치 않았다. 여비를 마련할 수가 없었기 때문이다. 일본정부에서 지정한 기일까지 여비를 마련하지 못하게 되자, 또 한 번의 궁여지책으로 김옥균은 이세 산(伊勢山)에 있는 미쓰이(三井) 가문의 별장에서 연금생활을 하기에 이른다. 거기서도 두번째로 정한 기일까지 여비 마련이 어렵게 되자, 일본정부는 김옥균을 오가사와라 섬(小笠原島)이라는 절해고도로 강제 추방을 하기로 결정한다.

물론 김옥균은 이에 대해 완강한 거부의사를 밝혔지만, 일개 망명 정치가의 힘으로, 더구나 일본정부의 냉대를 받고 있는 처지로는 그들의 단호한 조처를 변경시킬 수가 없었다.

오가사와라 제도諸島는 도쿄에서 태평양 남쪽으로 1천km나 떨어져 있는데, 부도父島, 모도母島 등 여러 개의 섬으로 구성되어 있는 절해고도로, 요즘 취항하고 있는 초현대식 호화여객선으로도 편도에 28시간이 걸리는 아득히 먼 곳이다. 김옥균을 태운 당시의 돛단배는 무려 21일간을 항해하고서야 오가사와라 제도의 부도에 도착할 수 있었다.

김옥균을 오가사와라 섬으로 유폐하면서 당시의 일본 내무대신 야마가타 아리토모(山縣有朋)가 오가사와라 섬을 관장하는 가나가와 현(神奈川縣) 지사知事에게 보낸 비밀 명령서는 다음과 같다.

조선인 김옥균이 우리 영토 안에 체류하는 것은 우리 나라의 치안을 방해하고 또한 외교상 장애를 가져올 수가 있다고 인정할 수 있는 이유가 있어, 본대신은 특별히 위임받은 권한에 따라 명치 19년(1886) 6월 11일부로 명령서를 발송하여 귀하에게 명령하니 김옥균으로 하여금 일정한 기한 내에 스스로 우리 제국을 떠나지 않을 때는 필요한 힘을 사용하는 것도 가하다.

김옥균에게는 속히 퇴거를 결행하도록 명령을 내렸는데, 김옥균이 지정한 기간에 자력으로 우리 제국을 떠나지 않으므로, 귀하가 본대신의 명령을 집행하기 위하여 먼저 김옥균을 억류 처분하는 것도 승낙한다.

본대신은 이 시점에서 또다시 명령을 내리니 김옥균을 우리 제국 영토인 동경부영하 오가사와라 섬에 호송하도록 하며, 다른 명령이 있을 때까지 동도를 떠날 수 없다는 취지를 김옥균에게 전달하고, 동경부당국에 인도할 것. 이 명령서에 의한 전기의 권한을 귀하에게 부여함.

이 명령서는 일본 내무대신의 명의로 된 비밀문서이며, 또 행정명령서이다.

여기에 적힌 내용을 정밀하게 분석해보면, 김옥균은 일본정부로부터 비호를 받은 것을 고사하고 굴욕적인 수모를 당하고 있었음을 알게 되고, 따라서 김옥균은 '일본제국의 앞잡이'가 아니라 조선의 젊은 내셔널리스트임이 분명해지는 것이다.

*

김옥균은 오가사와라 섬에서 유폐와 같은 세월을 보내면서도 섬사람들의 존경을 한몸에 받게 된다. 고매한 인품과 나무랄 데 없는 학덕으로 소학교의 어린이들에게는 선생님이나 다를 바가 없었고, 섬사람들은 그를 칭송하는 노래를 지어서 부르기까지 했다. 그러나 오가사와라 섬에서 얻은 것이 있다면 뭐니뭐니해도 와타(和田延次郎)라는 일본인 소년과의 만남이었다. 와타 소년은 김옥균을 아버지라고 부르며 평생을 따르며 모실 것을 맹세한다.

진순신陣舜臣은《소설 일청전쟁》에서 김옥균과 와타는 수박으로 인연을 맺었다고 적고 있으며, 김옥균은 무척 수박을 즐겼다고도 적고 있다.

김옥균은 오가사와라 섬에서 3년 남짓한 유폐생활을 보내고 나서 이번에는 홋카이도(北海道)로 옮겨진다. 이제 막 개발이 시작된 북해도도 절해고도에 못지않게 황량한 벌판이었다.

이윽고 고종 27년(1890), 김옥균은 외형상 자유로운 몸이 되어 도쿄로 돌아왔으나, 그의 목숨을 노리는 조선인 자객들의 기승은 도를 더할 뿐이다. 이때 도일한 자객이 이일식이었고, 그에게는 박영효의 목숨도 앗아야 하는 임무가 주어져 있었다.

홍종우가 이일식에게 포섭된 것은 이 무렵이었다. 그는 프랑스에서 돌아오는 길이었으나, 귀국한다 해도 자신의 진로가 마땅치 않아 김옥균에게 접근을 시도하고 있던 중에 이일식에게 포섭이 된다. 결국 홍종우는 김옥균의 암살계획에 기담함으로써 자신의 입신을 꾀한 셈이다.

김옥균의 처리가 지지부진해지면서 조선정부와의 관계가 날로 악화되기에 이르자, 일본정부는 김옥균을 일본이 아닌 다른 나라로 밀어낼 궁리를 하게 되지만, 그를 보낼 만한 곳은 중국밖에 없었다. 그렇다고 순순히 떠날 김옥균은 더욱 아니다.

일본정부는 궁리에 궁리를 거듭한 끝에 김옥균과 이홍장李鴻章의 면담을 주선한다는 구실을 내세우기로 하였다. 당시 이홍장의 지위는 직예총독直隸總督 겸 북양대신北洋大臣이었으니 실로 막강하다 아니할 수 없다.

김옥균과 이홍장이 서로 만나서 조선의 장래에 관해 의논할 수 있다면 그야말로 대단한 명분이 아니고 무엇인가. 일본정부는 이홍장의 양아들인 이경방李經方을 이용하기로 하였다.

1890년 이경방은 여서창黎庶昌의 뒤를 이어 주일 청국공사의 지위에 있다가 1893년 7월, 이홍장의 부인 조씨가 세상을 떠나자 공사직을 사임하고 본국 땅 연호燕湖 근방에서 휴양하고 있었다. 바로 이 이경방이 김옥균에게 양부養父 이홍장과의 회담을 주선하겠다고 나선 것이다. 김옥균이 일본정부가 파놓은 덫에 걸려든 셈이다.

　김옥균이 일본 고베(神戶)에서 상해로 가기 위해 우편선인 사이쿄마루(西京丸)에 오른 것은 고종 31년(1894) 3월 23일이었고, 그는 이와타 슈사쿠(岩田周作)라는 가명을 쓰고 있었다.

　김옥균이 일본 땅에 망명한 지도 어언 9년, 그는 사지로 떠나가고 있으면서도 이홍장과 만나 조선의 미래를 토로할 수 있다는 사실에 들떠 있었다.

　김옥균이 탄 사이쿄마루에는 그의 호위 겸 서생으로 데리고 다니던 와타와 통역을 맡을 오보인吳葆仁이 함께 타고 있었고, 김옥균의 목숨을 앗아낼 홍종우도 승선해 있었다.

　사이쿄마루가 상해에 도착한 것은 고베를 떠난 지 4일 뒤인 3월 27일이다. 이들은 공동 조계租界의 철마로鐵馬路에 있는 '동화양행東和洋行'이라는 여관의 2층에 여장을 풀었다. 동화양행은 일본인 요시지마 도쿠사부로(吉島德三郎)가 경영하고 있었다.

　여기서 잠깐 부연할 것은 우리 나라에서 간행된 통사류通史類의 역사책에는 김옥균이 투숙했던 '동화양행'의 위치를 대부분 미국 조계라 쓰고 있으며, 간혹 프랑스 조계라고 쓴 것들도 있다. 그러나 이미 김옥균이 상해에 도착하기 여러 해 전에 미국 조계와 영국 조계가 합쳐져서 공동조계라고 부르고 있었다는 사실에 유념할 필요가 있다.

　어떻든 김옥균은 도착한 다음날인 3월 28일, 바로 그 '동화양행'의 2층 방에서 홍종우의 총탄에 쓰러지고야 만다. 그를 호위하고 있어야 할 와타가 외출 중에 일어난 참사였다. 이때 김옥균의 나이 마흔넷. 그를 살해한 홍종우는 물론 체포된다.

일본의 상해 총영사가 외무대신 무쓰(陸奧宗光)에게 김옥균의 암살을
보고한 문서에 다음과 같은 구절이 보인다.

김옥균의 시체에는 세 군데의 총창銃創이 있음. 하나는 왼쪽 관골(觀骨,
광대뼈) 밑을 관통하여 뇌에 이르렀고, 하나는 등 쪽의 왼쪽 견골肩骨의 밑
에 박힘.

김옥균의 죽음이 조선 조정에 알려지자, 조병직趙秉稷을 원세개에게
보내 김옥균의 시체와 홍종우를 조속히 돌려줄 것을 요청했고, 일본은
나름대로 김옥균은 일본이 보호하고 있었으므로 마땅히 일본으로 송
환되는 것이 옳다는 여론을 일으키고 있었다.

김옥균의 시체는 호위 겸 서생이었던 와타에게 인도된다. 와타는 그
들이 타고 온 사이쿄마루로 김옥균의 시신을 운구하고 있었다. 일은
여기서 다시 한번 반전된다. 조계 경찰의 태도가 돌변한다.

이홍장이 조선정부의 요청을 받아들인 결과였다. 이홍장은 김옥균
의 시신과 홍종우를 조선으로 돌려보내면서 두 가지 조건을 달았다.
하나는 범인 홍종우를 응분의 죄가로 처벌할 것과, 다른 하나는 김옥
균의 시신에 형벌을 가하지 말라는 것이었다.

김옥균의 시신은 그가 목숨을 잃은 지 열흘 뒤인 4월 7일 청국 군함
인 위정호威靖號에 실려 상해를 떠났고, 닷새 뒤인 4월 12일에 인천항
에 도착하게 된다. 문제는 여기서 다시 복잡해지기에 이른다.

김옥균의 시신이 한강 양화진楊花津 민방民房에 안치되자 조선 조정
은 병사들을 보내 이를 지키게 하였고, 일본 특명 전권공사 오시마(大島
圭介)는 본국의 훈령이라 하며 김옥균의 시체에 가해하지 말 것을 요청

했으나, 조선 조정은 이를 단호히 거부했다.

이 문제는 청나라에서도 논의되고 있었다. 주청駐淸 영국 특명 전권 공사 오코너도 조선 국민의 격양된 감정의 폭발을 염려하여 공관을 설득, 김옥균의 시체를 조속히 매장하고, 홍종우를 중용하지 말 것을 조선정부에 권고하고자 나선 것이다. 그러나 조선정부는 김옥균의 시신을 능지처참하기로 결정했다.

김옥균은 고국을 떠난 지 9년 만에 시체가 되어 돌아왔는데도 또 한 번의 모진 죽임을 당하게 된다. 그의 사지는 떨어져나갔고, 목은 효수된다.

모반대역부도죄인謀反大逆不道罪人 김옥균
당일양화진두부대시능지처참當日楊花津頭不待時陵遲處斬.

그토록 개화된 근대 정부의 수립을 염원하던 풍운아 김옥균의 처참한 종말이었다.

이 같은 조선정부의 조처에 엉뚱하게도 일본의 여론이 들끓기 시작했다. 참으로 이상한 일이 아닐 수가 없다. 김옥균이 처음 일본으로 망명했을 때부터 일본정부는 김옥균을 냉대했었다. 그를 국외로 추방하려 했던 일본인들이 이번에는 김옥균에게 가형加刑한 조선정부를 비방하고 나서는 이중성을 여지없이 드러낸다.

그들은 김옥균 추도회 또는 김옥균 기념회, 김옥균 연구회 등을 조직하여 연일 추도 모임을 갖는다. 일본측의 기록에 따르면, 4월 21일에는 간다니시키쬬(神田錦町) 금휘관錦輝館에서 '김옥균 사건 연설회'가 열렸고, 4월 23일에는 정계 유력자 1백여 명이 모여서 '대외경파대간

친회對外硬派大懇親會'라는 모임이 아사쿠사(淺草)에 있는 본원사本願寺에서 열렸는데, 대단한 성황이었다고 한다. 이 어처구니없는 작태를 살펴보면서 오늘날의 일본을 다시 생각하게 되는 연유는 무엇일까?

따지고 보면, 김옥균은 일본정부의 모진 냉대에 시달리고 분노했던 사람이다. 그가 상해로 떠나게 된 것도 일본정부에서 내몰았던 것이었는데, 그의 추모를 빙자하여 조선정부를 비방하는 것도 달갑지 않지만, 김옥균의 무덤이 일본 땅에만 두 개씩이나 있어야 할 까닭은 또 무엇이란 말인가.

아오야마(靑山)의 외인 묘지에 우뚝 서 있는 김옥균 묘의 비석에는 박영효가 비문을 짓고 이준용李埈鎔이 글씨를 쓴 것으로 되어 있지만, 실상 그 비문은 유길준이 쓴 것이다.

참으로 공교롭게도 이때 유길준은 조선에서의 또 다른 쿠데타에 연루되어 일본정부로부터 오가사와라 섬의 모도에 유배되어 있었다. 김옥균이 유폐되었던 바로 그 절해고도에서 김옥균의 비문을 써야 하는 유길준의 심정은 착잡함을 넘어서는 아픔이었을 것이다.

그리고 또 다른 김옥균의 묘는 본향구입本鄕駒込의 진정사眞淨寺에 있는데, 여기에는 김옥균의 머리칼이 묻힌 것으로 되어 있지만, 사실을 확인할 길은 없다.

# 명성황후 시해,
## 그 '여우사냥'의 비밀

우리는 더 늦기 전에, 되도록 빨리 가치 있는 삶이 무엇인가를 알고자 하지만, 미처 그것을 깨닫기도 전에 그 반대쪽 늪에서 허덕이고 있는 자신의 모습을 발견하게 되는 경우가 있다. 그럴 때 역사는 준엄한 길잡이가 된다는 사실을 나는 여러 번 경험하였다. ─ 졸저《양식과 오만》에서

 

조선조는 태조 이성계에서 순종까지 27명의 임금이 519년간 조선반도를 통치하는 것으로 파란 많았던 왕조의 막을 내리지만, 여기에 다섯 사람의 추존追尊 임금이 추가되어 형식적으로는 32명의 임금이 있었다. 추존 임금이란 왕위에 오른 아드님이 이미 세상을 떠난 아버님을 높여서 왕위에 올려 모신 경우를 말한다.

성종의 아버님이었던 덕종德宗, 인조의 아버님인 원종元宗, 영조의 아드님이었던 진종眞宗, 장조莊祖, 그리고 순조의 아드님이었던 문조(文祖, 익종翼宗이라고도 한다)의 다섯 분이 추존 임금이다. 여기서 유념해둘 점은 추존 임금에게는 '몇 대代'라는 순서가 적용되지 않기 때문에 조선왕조의 세계世系는 27대로 끝나는 것이다.

그러나 중전中殿의 경우는 다르다.

중전의 자리를 곤위坤位라고 한 데서 중전을 곤전坤殿이라고도 부르

지만, 임금이 27(추존 제외)명이 있었다 하여 중전도 27명이 있었던 것은 아니다.

중전이 세상을 떠나면, 곤위를 오래 비워둘 수 없다 하여 새 중전을 맞아들이게 되기 때문이다. 물론 양가의 규수를 간택하는 경우도 있고, 후궁 중에서 맞이하는 경우도 있다. 그렇게 맞아들인 중전을 계비 繼妃라고 부른다. 그러므로 조선왕조의 경우는 중전의 수가 임금의 수보다 훨씬 더 많은 43명이었고, 여기에는 폐비가 되었던 성종비 윤씨(연산군의 생모)와 숙종비 장옥정(張玉貞, 장희빈)은 포함되지 않는다.

왕권이 확립된 봉건전제시대의 중전은 국모의 예우를 받는다. 따라서 직접적으로 정치에 관여하지 않았다고 하더라도 그 위세가 막강했던 것은 말할 나위도 없다. 따라서 당사자의 성품이 온유하고 강경함에 따라서 행복과 불행의 교차가 클 것이지만, 우리에게 민비閔妃로 불리는 명성황후明成皇后의 생애처럼 파란과 불행으로 점철된 경우는 그리 흔하지 않다.

명성황후의 불행은 간택 과정에서부터 시작되었다.

중전으로 간택되기 위해서는 되도록 명문거가의 출신이어야 하고, 사가의 부모가 후덕하고 덕망이 있어야 하며, 형제자매들의 우애가 돈독해야 하며, 당사자의 행실이 가지런해야 하는 등의 수많은 조건을 갖추어야 한다. 그러나 명성황후의 경우는 처음부터 이에 반대되는 조건이 간택의 사유가 된다.

장김(壯金, 안동 김씨)에 의해 저질러진 60년 세도에 치를 떨었던 홍선대원군 이하응은 또다시 외척의 발호가 있어서는 아니 되겠기에 처음부터 가세가 빈한한 집안의 규수를 중전으로 간택하리라고 다짐하였다.

명성황후가 부대부인 민씨의 척분이라면 관향이 여흥驪興, 흠잡을 곳이 없는 명문이다. 그러나 일찍 양친을 잃은데다가 형제자매마저 없었고, 가세가 궁핍하여 척분들까지 신통치를 못했다.

홍선대원군 이하응은 민 규수의 이 같은 약점을 노렸기에 자신의 처남인 민승호閔升鎬로 하여금 그녀의 양오라비로 삼아서 중전으로 간택하였다. 아무리 나이가 어렸어도 총명하고 영특하였던 명성황후에게는 수치스러운 상처로 새겨질 일이다.

명성황후는 열세 살 어린 나이로 곤위에 올라 첩첩산중과도 같은 중궁전에 갇혔고, 소년 고종이 궁인 이씨(후일의 영보당永保堂)의 거처를 드나들게 되면서는 비록 어린 보령이었지만 독수공방으로 인한 고독과 정한情恨이 무엇인지를 체험하게 되었다.

명성황후의 춘추 스물한 살 때에 이르러 대망의 원량元良을 생산하여 온 왕실을 들뜨게 하였다. 정조 10년 5월 열하룻날에 문효세자文孝世子가 보령 다섯 살로 세상을 뜬 이래 오늘에 이르기까지 네 분의 임금이 바뀌면서 83년의 세월이 흘렀지만, 원자에게로 왕위가 이어진 일이 단 한번도 없었기에 그 기쁨은 더욱 헤아릴 길이 없었으나, 호사다마라는 말처럼 갓 태어난 원량에게는 항문이 없었다.

하늘의 시새움인가. 강보에 싸인 원량이 대변 불통에 시달리고 있을 때, 홍선대원군 이하응은 명성황후의 반대를 무릅쓰고 갓 태어난 원량에게 산삼을 달여 먹이게 함으로써 금지옥엽과도 같았던 원량은 태어난 지 사흘 만에 세상을 뜬다.

시아버님 홍선대원군을 향한 명성황후의 반감이 싹트기 시작한 것은 이때부터다. 왕실의 총애를 한몸에 받고 있는 완화군(完和君, 영보당의 소생)이 무럭무럭 자라고 있었음에랴.

명성황후는 가슴에 새겨진 통한의 상처를 어루만지며 다시 회임하였다가 공주를 생산하지만, 그 공주 또한 겨우 여덟 달을 살고 세상을 버렸다. 명성황후는 며느리로서의 불행, 지어미로서의 불행, 어머니로서의 불행, 그 모든 통한의 불행을 중전의 권위와 위엄을 세우는 것으로 보상받고자 하였던 철의 여인이었다.

＊

　　명성황후의 불행과 고통은 정치적으로도 잠잘 날이 없었다.

　　명성황후에게 통한으로 점철된 오욕의 세월을 안겨주었던 것은 고종 19년(1882) 6월에 발발된 임오군란壬午軍亂이었다. 이때 그녀의 연치 서른두 살, 범상한 사람으로는 견디기 어려운 수모를 겪게 된다.

　　무위영武衛營에 소속된 구 훈련도감 병사들에게 열세 달이나 밀려 있던 녹미 가운데서 겨우 한 달치의 양곡을 지급하게 되었는데, 쌀에서 냄새가 나고 모래가 섞였다 하여 구 훈련도감 병사들이 항변하자 선혜청宣惠廳의 관리들은 가증스럽게도 항의하는 병사들에게 매질을 가하면서 더 큰 불상사를 자초하였다. 가뜩이나 탄압과 핍박에만 시달려온 병사들의 분노가 폭발한 것이었다.

　　폭도화된 병사들은 부패의 온상이었던 선혜청을 때려부수고, 외척의 두령이자 선혜청 당상인 민겸호를 주살하였지만, 분노는 더욱 달아오를 뿐이었다. 그들은 경기감영으로 달려가 무기고를 습격하였다.

　　무장한 폭도들은 임금의 거처인 창덕궁을 습격하여 무자비한 살상을 자행하면서 무엄하게도 명성황후의 시해를 기도하였다. 이미 조정의 권위와 왕실의 위엄은 폭도들에게 짓밟혔고, 창덕궁은 함성과 비명이 난무하는 난장판이었다.

　　목숨이 경각에 달려 있음을 감지한 명성황후는 상궁들에게 휩싸인 채 이리저리 피해다니다가, 무예청 별감 홍재희(洪在羲, 후일의 홍계훈洪啓薰)의 등에 업혀 구사일생으로 창덕궁을 빠져나왔으나 피신할 곳이 마땅치 않았다. 그녀는 다시 경기도 용인에 있는 민응식, 민긍식 형제의 집으로 옮겨졌으나, 거기도 안전을 도모할 수 없다는 판단 하에 다시 여주를 거쳐 충청도 장호원長湖院에 이르러서야 안도의 한숨을 내뱉게 된다.

임오군란을 교묘히 이용하여 권토중래에 성공한 홍선대원군 이하응은 명성황후가 이미 폭도들에게 숨겼음을 선포하고 장례 준비에 돌입한다. 명성황후의 생매장을 시도하는 홍선대원군의 독선이었으나, 군란을 수습한 그였기에 누구도 반발하지 못했다.

살아 있는 국모의 장례를 서둔다는 어처구니없는 소식에 접한 명성황후의 분노와 상심은 미루어 짐작할 수가 있지만, 그녀에게는 자신의 생존을 입증할 수 있는 방법이 없었다.

임오군란은 청나라 병사들에 의해 수습의 실마리가 잡히고, 아이러니하게도 홍선대원군은 그토록 철통같이 믿었던 청나라 장수들에 의해 그들의 군진으로 유인되었다가 중국 땅 천진天津으로 볼모가 되어 끌려가게 된다. 나라의 주권은 유린되고, 국토는 다시 청나라와 일본의 각축장으로 변했다.

임오군란이 수습되는 와중에서 고종은 충청도 장호원에 사자를 보내 지어미 명성황후가 살아 있음을 확인하게 되고, 조정 공론을 거쳐 (장례 절차가 진행되고 있었으므로) 영의정을 보내 정중히 환궁하게 한다.

피눈물을 쏟아야 했던 수모의 세월을 감내하면서 중궁으로 돌아온 명성황후는 더 강한 자신의 모습을 드러내는 것으로 통한의 아픔을 보상받고자 하였다. 그것은 정치 표면으로 등장하여 뭇사내들을 호령하는 일일 것이었다.

＊

어떤 개인에게도 경험의 축적은 대단히 중요하지만, 한 국가의 발전에도 경험의 축적은 중대한 의미를 갖게 한다. 거기서 국가기능과 관리의 노하우가 생겨나기 때문이다.

이웃 나라 일본이 개항하는 과정인 '명치유신'은 그들 스스로에 의해 성공했다는 점에서 우리 나라의 개항과정과 자주 비교되곤 한다.

명치유신이 성사되어야 하는 근원적인 명분은 장장 3백 년 동안이나 계속되었던 도쿠가와 막부를 타도하고, 왕정을 복고하고자 하는 이른바 '존황토막尊皇討幕'이라는 선동적인 깃발을 올린다는 데 있었다. 그러므로 도쿠가와 막부의 부패와 탄압에 시달리던 사족(사무라이)과 백성들은 한마음으로 궐기할 수가 있었고, 이로 인한 3백여 회의 무력 충돌을 치러야 하는 뼈아픈 혼란도 훌륭하게 극복할 수가 있었다. 게다가 '존황토막'을 주도한 선각자들이 그대로 개항세력을 이루고 있었으므로, 명치유신의 성공이 곧 개항과 개혁으로 이어질 수가 있었던 것이다. 바로 이 체험이 신생 일본을 번영하게 하는 원동력이 되었고, 또 그 체험이 오늘의 일본을 지탱하는 노하우가 된 것임은 말할 나위도 없다.

여기에 비한다면 우리 민족의 개항과정에는 '존황토막'과 같은 혁명적인 기치를 올릴 수 있는 명분이 없었다. 다시 말하면 왕정王政을 타도하자는 기치를 세우는 것은 정서적으로 불충이 되는 것이었고, 사대부를 지배계급으로 하는 이른바 신분의 벽을 무너뜨리고자 한다 해도 발벗고 나서야 할 상민, 천민들이 머뭇거리기만 할 뿐, 스스로 궐기하고자 하지 않았다.

자신들을 인간적으로 대해준 상전들(많지는 않았지만)에게 돌을 던질 수 없다는 것이었다. 이 같은 한국인의 정서를 뛰어넘을 수 있는 명분이 없었기에 조선의 개항은 외세(특히 일본)의 영향을 받을 수밖에 없었다.

그러므로 조선의 개항은 자주 개항의 3대 요소라고 일컬어지는 항구의 개항(외국의 문물을 받아들이는 일), 철로의 개설(산업화를 앞당기는 일), 은행 설치에 의한 새로운 금융제도 확립(편리한 삶을 누리게 하는 일) 등 자주적인 개항을 실행해야만 체험할 수 있는 핵심적인 요인을 외세에 의존하게 됨으로써 나라를 경영하는 데 필요한 경험과 경쟁력을 축적할 수 있는 기회를 상실했다.

물론 동학농민혁명, 갑신정변과 같은 자주적인 개화의지가 분출된 일도 있었으나, 그 모처럼의 기회마저 외세에 의해 좌절되었다는 점은 진실로 뼈아픈 일이 아닐 수가 없다.

명치유신이 성공하자 수많은 외국인 사절들과 장사치들이 일본 땅으로 몰려들게 된다. 그것은 서양의 문물이 밀려드는 소용돌이이기도 하였다. 근대적인 학교가 세워지면서 서양식 양복이 성행되고, 석유를 사용하는 램프가 쓰여지는 등 풍물의 급격한 변화도 병행될 수밖에 없었다. 서양식 사교춤인 댄스가 추어지기 시작한 것도 이 무렵이었다.

서구열강의 풍속인 댄스 파티가 외교의 방법으로 등장하게 되자, 일본정부는 당황하지 않을 수가 없었다. 당시의 외무대신이었던 이노우에 가오루(井上馨)는 댄스 파티를 할 수 있는 건물을 짓고 이름하여 '녹명관鹿鳴館'이라 하였고, 일본정부의 고관부인들에게 애원하듯 설득하여 그녀들에게 댄스를 교습하게 하면서까지 서양의 문물을 근대국가 건설에 유용하게 쓸 줄 알았다.

*

홍선대원군 이하응에 의해 주도되었던 양이·보국정책의 빛이 바래면서 조선정부도 일본과 새로운 방식의 수교를 하게 되었고, 뒤이어 미국과도 수교조약을 체결하게 된다. 이때를 기점으로 조선 땅에도 미국인 사절들이 들어오게 되었지만, 워낙 완고하고 가난했던 조선 땅이라 서양의 문물이 싹틀 여지가 없었다. 그러나 뒤이어 들어온 미국인 선교사들은 예수교의 전파를 위해 조선인 백성들과 직접 접촉하게 됨으로써 비로소 서양의 문물이 싹트게 되는데, 결정적으로 기여한 것은 역시 서양의 의술이었다.

조선 땅에 발을 들여놓은 첫 양의洋醫, 그가 바로 스물여섯 살의 미국인 앨런이었다.

앨런(H.N. Allen), 그는 미국 오하이오 주 델라웨어 출신이다. 마이애미 의과대학을 졸업하고, 오하이오 웨슬리언 대학 신학과를 거쳐, 북장로교 외국선교부 의료선교사의 자격으로 중국 상해에서 의료선교사로 활약하다가 고종 18년(1881) 9월 22일에 인천을 거쳐 서울로 들어왔다.

앨런은 주한 미국공사 푸트의 보호를 받고 있다가 우정국 청사의 낙성을 기념하는 연회장(갑신정변의 시작)에서 온몸에 칼을 맞은 민영익을 치료하게 됨으로써 일약 그 명성을 떨치게 된다.

민영익의 몸에 난 칼자국은 무려 서른여덟 곳, 아무도 그가 살아날 것이라고 짐작한 사람은 없었다. 수술이라는 치료술이 없었던 조선 땅에서 앨런은 민영익의 상처를 봉합하는 대수술에 성공한다.

민영익이 누구인가? 명성황후가 신임하는 사가의 장조카다. 그 민영익이 서양 의술로 살아났다는 사실 하나만으로도 앨런의 명성은 하늘을 찌를 수밖에 없었고, 고종 내외의 신임을 한몸에 받으면서 전의典醫를 대신하게 된다. 그것은 또 앨런이 하는 일에 대한 조선 조정의 전폭적인 지지를 보장하는 것이나 다를 바가 없었다.

앨런은 곧 안련安蓮이라는 조선 이름을 쓰게 되면서 1년 뒤인 고종 22년(1885)에는 조선 최초의 서양 병원이자 의사 양성소인 광혜원廣惠院을 세우고 의사와 교수로 활동하였고, 고종 22년(1887)에는 조선 조정의 참찬관參贊官으로 활동하기도 하였으며, 고종 27년에는 주한 미국공사관의 서기관으로 활약하다가 마침내 1897년(광무 1년)부터는 주한 미국공사 겸 서울주재 총영사가 되어 미국의 이익을 위해 엄청난 봉사를 하였다.

고종과 명성황후가 처음부터 서양문물에 거부감을 보이지 않았던 것은 앨런이라는 선교의가 죽은 줄로만 알았던 민영익을 살려내는 의술을 보여주었고, 또 그가 아닌 다른 선교사들이 키니네를 사용하여 불치의 병으로만 알았던 학질을 예방하고 치료한다는 사실에 호감을 가졌기 때문이다.

고종과 명성황후의 곁으로 홀연히 다가선 또 한 사람의 서양 여성이 손탁Sontag이었다. 그녀는 손탁孫澤이라는 한국명을 쓰면서 명성황후를 사로잡기 시작하였고, 따라서 창덕궁을 자유롭게 출입하는 첫 서양 여성이 되었다. 조선에 있어서의 서양문물, 서양인들의 생활풍습이 사대부가를 앞질러 왕실에 전파된 것은 손탁이라는 미녀가 있었기 때문이다.

손탁의 개인사는 좀 복잡하다. 그녀의 혈통은 프랑스였으나 국적은 독일이었고, 활동무대는 러시아였다. 그녀가 러시아 인으로 오인되는 것은 당시의 주한 러시아 공사인 웨베르의 처제였기 때문이다. 웨베르

공사가 조선에 부임한 것이 고종 22년(1885) 8월 25일(음력)이니까, 손탁이 조선에 온 것도 그 무렵일 것으로 짐작된다.

서양문물에 지대한 관심을 보였던 명성황후에게 그녀가 입은 드레스는 황홀한 의상이었고, 음악과 미술에도 조예가 깊었던 서른두 살의 손탁의 아름다운 용모에서 풍기는 교양과 서구적인 매너는 명성황후로 하여금 새로운 세계로 들어서게 하는 교량 역할을 담당하기에 충분했으리라. 그러므로 명성황후가 거처하는 창덕궁에 서양 사람들을 접대하기 위한 응접실, 서양식 침실(침대를 쓰는)은 물론 서양 요리가 등장했던 것은 당연했고, 특히 고종이 즐겨 마셨던 커피도 그녀가 추천해 주었다.

명성황후도 그녀를 위해 여러 가지 특혜를 베풀어주었다. 그 대표적인 것이 한국 최초의 서양식 호텔인 '손탁 호텔'의 탄생이었다. 명성황후는 정동 29번지에 있는 왕실 소유의 대지 184평의 집 한 채를 손탁에게 하사했다. 손탁은 여기에 2층 양옥으로 된 새 집을 짓고 호텔을 개업했다.

손탁 호텔은 단순한 숙박업소만은 아니었다. 손탁 자신이 거처하는 곳이기도 했지만, 그 건물의 아래층을 '정동貞洞 구락부'라는 사교장으로 공개한 것이다. 당시 조선은 개화의 물결이 거세게 불고 있었으므로 개명한 사람들이 몰려와 커피를 마시며 서양 음식을 즐기게 되었다. 또 그것은 서양식 사교 분위기를 익히는 일이기도 했다.

이 정동 구락부에 모여들었던 면면들을 살펴보아도 그 의미를 짐작하고 남는다. 물밀듯이 들어와 있던 각국의 공사를 비롯한 외교사절들은 말할 나위도 없지만 민영환, 서재필, 윤치호, 이학균, 이상재 등 당대 최고의 지성인들의 사교장으로 등장하게 되었다.

조선의 지식인들은 앞다투어 이곳으로 모여들었다. 세계의 정세를 살피면서 조선의 개화를 앞당기자는 것이었다. 이런 점으로 미루어 앞에서 거론한 일본의 '녹명관'과 아주 흡사하지만, 한 가지 다른 것은 정동 구락부가 러시아 공사 웨베르의 거처라는 사실과, 또 손탁의 인기에서 비롯되는 친로파의 소굴이었다는 점이다.

이완용李完用, 이윤용李允用, 이범진李範晉 등은 웨베르와 더불어 여기서 러시아의 세력 확장을 기도했다. 그러자니 이들의 입에 오르내린 화제는 손탁에 의해 명성황후에게 고스란히 전해지기에 이르렀고, 이에 따라 명성황후는 자연스럽게 친로 노선으로 기울어지게 되었다.

명성황후의 영향력이 막강했던 시절이라 놀란 것은 일본 공사관이었다. 일본 공사관은 명성황후의 제거를 기도하기에 이른다. 친로 노선으로 기우는 조선 조정의 분위기를 일본 쪽으로 돌려놓기 위한 특단의 조처가 아닐 수 없다.

*

1895년(고종 23년 을미년)의 여름은 길고 잔인했다.

전국 각지에서 창궐한 콜레라로 무려 4천여 명의 사망자를 내고 있었지만, 예방이나 치료시설을 갖추지 못하고 있던 때라, 서울 천지는 그대로 연옥이나 다를 바가 없었다.

공교롭게도 같은 무렵에 학제學制 개혁이 있어 '소학교령'과 '한성사범학교령'이 공포되어 성균관의 명망이 쇠퇴되기에 이르자 민심까지 뒤숭숭한 판국이었다.

이같이 어려운 시기에 주한 일본공사의 경질이 있었다. 이노우에 가오루(井上馨)의 후임으로 새 일본전권공사 미우라 고로(三浦梧樓)가 부임해온 것이다. 신임 공사는 7월 15일에 창덕궁의 장안당長安堂에서 고종을 배알하고 국서를 올렸다.

미우라 고로는 일본군 예비역 육군중장에 정삼위 훈일등 자작子爵의 지위에 있는 강골의 무장이었다. 이 같은 강골의 미우라가 조선 주재 일본공사가 되어 부임하게 된 것에는 까닭이 있었다.

첫째는 날로 실추되어가는 일본의 위신을 다시 일으켜세우고자 하는 것이었으며, 둘째는 일본정부가 시도하고 있는 모종의 음모를 결행하려는 속셈이었다.

일본이 청·일전쟁에서 이겨 요동반도를 손에 넣기는 하였으나, 러시아와 독일, 프랑스가 합세하여 그것이 동양 평화를 해친다고 맹공하자, 일본은 이에 굴복하여 배상금 3천만 원과 교환으로 요동반도를 되돌려주기에 이르렀고, 그후 요동반도는 조차租借의 형식으로 러시아의 수중으로 돌아가기에 이르니, 조선 조정은 위세를 잃어가는 일본을 멀리하고 새로운 세력인 러시아 쪽으로 기울게 되었다.

일본정부는 이와 같은 조선 조정의 정책변화가 중전인 명성황후의 입김으로 척족인 민씨 일문에 의해 주도되는 것이라고 믿어, 무엄하게도 조선의 국모를 제거하겠다는 엄청난 음모를 꾸미게 된다. 이 엄청난 음모를 실행에 옮기기 위해서는 이노우에 가오루와 같은 민간인 조선 공사보다 강력한 공사, 작전능력을 갖춘 강골의 무장이 필요했던 것이다.

이때 미우라 고로는 온천지방인 아타미(熱海)의 한 병원에 서신병을 치료하면서 일본 외무성으로부터 조선 공사로 취임해줄 것을 교섭받게 된다. 미우라는 조선 정책을 자신에게 모두 맡길 것을 조건으로 승낙하였고, 그 조건에 명성황후의 시해가 들어 있었다.

미우라 고로의 부임에는 시바(柴四郎), 쓰키나리(月成光)와 같은 민간인이 막료로 따라와서, 쿠마모토 국권당國權堂에서 경영하는 한성신보사漢城新報社의 감독관으로 나와 있던 아타치(安達謙藏), 구니도모(國友重章)와 같은 지식인들과 후지가쓰(藤勝顯), 야마타(山田烈盛) 등의 민간인, 그리고 우익단체인 천우협天佑俠의 오사키(大崎正吉), 다케다(武田範之) 등과 합세하여 음모를 진행하려는 무리를 이루었고, 여기에 조선의 군부와 궁내부의 고문으로 있는 오카모토 류노스케(岡本柳之助)까지 가담하여 '명성황후 시해'의 비밀작전을 수행하게 된다.

　　특히 사건을 주도한 오카모토 류노스케의 신상을 확실하게 해둘 필요가 있다. 사람들은 그가 단순한 일본인 관리거나 낭인쯤으로 착각한다. 바로 여기에 '명성황후 시해사건'을 호도하는 함정이 있다.

　　오카모토 류노스케는 본시 일본군 포병소좌로 쿠데타(竹橋事件)을 주도하였다가 사형을 선고받고 복역 중에 있었다. 그는 일찍부터 문무文武의 신동이라 불렸다는 사실이 우리를 몸서리치게 하지만, 사형의 집행일만 기다리고 있는 그를 살려내어 조선정부의 고문으로 보내려고 한 일본정부의 용이주도한 계획에 또 한 번 몸서리치게 된다.

　　오카모토와 동향인 외무대신 무쓰(陸奧完光)는 옥중에 있는 오카모토에게 폐병이 들었음을 알리기 위해 극심한 기침을 쏟아놓으라는 밀명을 내린다. 그것을 증거로 오카모토는 가석방을 허가받게 되고 뒤이어 조선정부의 내무고문이 되어 조선 땅으로 건너가게 된다.

　　육군중장 출신의 강골인 미우라 공사가 작전의 신동이라고 평가받는 포병소좌 출신의 오카모토라는 걸출한 참모에게 '명성황후 시해'라는 비밀작전을 수행하게 하면서 암호를 '여우사냥'이라고 했다면 군사 작전이 아니고 무엇인가.

이웃 나라의 국모를 시해하려는 음모를 진행하면서도 미우라 공사는 태연을 가장하고 있었다. 그는 남산에 있는 일본 공사관에 틀어박혀 불상 앞에 앉은 채 염불만 외고 있었으니, 조선의 고관대작들은 그를 염불공사念佛公使로 얕잡아보는 과실을 저지르게 하였다.

오카모토 류노스케의 계책은 절묘하였다. 그는 명성황후를 시해하기 위해서는 흥선대원군의 묵은 감정을 자극하여 그를 사건의 중심으로 끌어들여야 하고, 그래서 조선인에 의해서 저질러진 사건으로 위장한다는 것이었다. 가공하게도 이 계책에 동조한 조선인이 있었으니, 그들이 바로 이주회李周會, 이두황李斗璜, 우범선禹範善 등이다.

8월 16일.

마침내 국모시해 사건의 비밀작전이 행동으로 옮겨진다. 오카모토 류노스케가 공덕리孔德里 별장에 은거하고 있는 흥선대원군을 은밀히 찾아간다.

당시 공덕리 별장은 명성황후 쪽의 감시를 받고 있었으므로, 오카모토의 방문목적은 본국으로 돌아가는 작별인사로 위장되어 있었다. 오카모토는 대원군에게 거사계획을 설명하고 다음과 같은 약조문을 제시했다.

첫째, 대원군은 궁중에 들어가서 사태정리는 꾀하나 정치에는 일절 관여하지 않는다. 둘째, 김홍집金弘集을 내각수반으로 하고 그밖의 개혁파를 기용한다. 셋째, 이재면(李載冕, 대원군의 아들), 김종한金宗漢을 궁내부대신 및 협판에 임용한다. 넷째, 이준용李埈鎔을 일본에 유학 보낸다.

홍선대원군은 이 네 가지 조건을 지그시 되씹어보고 있다가 입을 열었다.

"지금 왕비는 노국공사와 결탁하고 있어 대궐의 경비가 삼엄하고 이를 민씨의 족당이 지휘하고 있는데, 그대들이 어떻게 나를 입궐하게 하고자 하는가?"

"그 점은 염려 마십시오. 실패할 까닭이 없소. 질풍노도의 기세로 밀어붙일 것입니다."

"…."

"이달 스무 날이 지나서 거사할 것이니 며칠 더 기다려 주시고 거사 당일에 저하를 모시러 오겠습니다."

비록 문서에는 기록되지 않았다고 하더라도 자신의 며느리이자 왕비인 명성황후를 시해하게 될지도 모른다는 내용이 은연중에 풍기고 있는데, 홍선대원군이 이를 승낙했다는 사실은 그때로부터 백 년의 세월이 흐른 지금에 이르러서도 도저히 이해가 되질 않는다.

이때 홍선대원군의 연치 76세.

노탐老貪인 것일까. 설혹 노탐이라고 하더라도 이해될 일은 아닐 것이다. 다만 임오군란의 와중에서 살아 있는 명성황후의 장례를 서둘게 했던 일이 상기될 뿐이다.

*

오카모토 류노스케는 공덕리 별장을 물러나와 곧바로 인천으로 향한다. 조선정부의 방심을 유도하자는 면밀한 작전이었다. 그가 인천에 숨어 있는 동안 서울에서는 뜻밖의 사태가 발생한다. 군부대신 안경수가 미우라 공사를 찾아와 일본 교관이 조련한 조선훈련대를 해산하겠다고 통고한 것이다.

미우라 공사는 놀라지 않을 수가 없었다. 훈련대가 해산되면 흥선대원군의 입궐이 불가능해지고, 따라서 명성황후의 시해작전에도 큰 차질이 빚어질 것이기 때문이다.

미우라 공사는 황급히 스기무라(杉村) 서기관에게 명하여 인천에 있는 오카모토 류노스케와 그 일당들의 귀경을 명했고, 호리구치(堀口九萬一) 영사관보를 불러서는 오카모토 류노스케를 마중하여 작전계획을 앞당기도록 명했다. 이때의 일을 히로시마 지방재판소의 예심판사가 작성한 예심결정서는 다음과 같이 기록하고 있다.

…피고 미우라는 경성수비대의 대대장 바야하라(馬屋原務本)에게 훈련대를 조정하여 대원군의 입궐에 대한 모든 일을 지휘하게 했다. 그리고 피고 아타치와 구니토모를 공사관으로 초치하여 관련자를 규합하고 용산으로 달려가서 대원군의 입궐을 호위할 것을 명하면서, 우리가 처한 20년 내의 화근을 뿌리 뽑는 일이 실로 이 일에 있음을 믿고, 입궐하면 황후폐하를 살해할 것을 교사했으며…, 한편 피고 호리구치는 말을 달려 용산에 이르렀고, 피고 하기하라(荻原秀太郎)는 비번인 순사들에게 사복을 입고 도검刀劍을 착용하여 용산에 집합하라 명하고 자신도 달려갔다.

…피고 아사야마(淺山顯藏)는 이주회를 만나 오늘밤 대원군을 입궐하게 한다는 것을 알리고, 그로 하여금 관련 조선인을 규합하여 용산으로 가게 하고, 오카모토를 총지휘자로 하여 공덕리에 도착, 이주회의 일행과 함께 다음날 오전 3시경 대원군의 교여를 호위하고 출발했다.

이와 같은 경위에 따라 경복궁을 범궐하려는 무리들인 일본 낭인들의 몰골은 어떠했는가. 역시 앞의 글에 이어 다음과 같이 적어놓고 있다.

　일행 30여 명은 용산의 쇼시(莊司), 기타니(木谷)의 양 점포와 일본경찰서에서 잠시 휴식하고, 밤 12시가 지나서 결속을 마치고 공덕리로 향했다. 양복을 입고 있는 사람도 있었고, 허리에 칼을 찬 사람도 있었고, 몽둥이를 든 자, 짚신을 신은 자, 양복을 입고 밀짚모자를 쓴 자, 그 해괴한 모양은 초적폭도草賊暴徒의 일단과 같았다.

일국의 국모를 시해하려는 무뢰배의 몰골로는 아주 제격이지만, 외교공관에서 주도하는 비밀작전으로는 한심한 지경이 아닐 수 없다. 그러나 이들이 증언하는 당시 공덕동의 밤풍경은 아름답기만 하다.

　공덕리로 가는 길은 양쪽으로 커다란 버드나무의 가로수가 서 있어 그 그림자가 땅 위에 늘어져 있었고, 달빛은 싸느랗게 밝아지고 바람은 찼다. 오른쪽으로는 남산의 수목이 솟아 보이고, 왼쪽으로는 한강의 안개가 깔려 있었다.

8월 20일(양력 10월 8일) 새벽 3시.
이윽고 노구의 흥선대원군 이하응이 거처에서 나와 교여에 올랐다. 시간이 이처럼 지체되었던 것은 흥선대원군이 입궐을 망설인 탓으로 되어 있다.
국모이자 며느리인 명성황후를 해치기 위해 집을 나서는 일흔여섯 살의 노욕, 그 순간 흥선대원군 이하응은 무엇을 생각하고 있었을까. 그것을 입증할 수 있는 기록은 눈 닦고 찾아도 없다. 그러나 아무리 격

앙된 탐욕이라고 하더라도 지나치다는 생각, 추하고 더럽다는 생각밖에 들지 않는다.

흥선대원군을 태운 교여의 앞뒤는 경성수비대의 장병 4백여 명이 호위하고 있었고, 이들과 합세한 조선훈련대의 제2대대장 우범선(禹範善, 식물학자 우장춘 박사의 아버지)이 길을 잘못 들어 2시간가량 지체했던 탓으로 이들이 경복궁에 도착한 것은 새벽 5시, 여명이 밝아올 무렵이었다.

일본인 낭인들이 경복궁의 담장을 뛰어넘는 범궐을 감행하자, 경복궁의 수비대는 대장 홍계훈洪啓薫과 군부대신 안경수의 지휘로 출동한 시위대와 힘을 합쳐 총격전을 벌이며 사투하는 듯했으나, 홍계훈이 적탄에 맞아 쓰러지고 안경수가 도망가자 대원들은 순식간에 뿔뿔이 흩어지는 오합지졸이 되고 만다.

승기를 잡은 일본인 낭인들은 홍선대원군의 교여를 호위, 광화문을 지나 근정전 앞에 당도하여 고종의 배알을 청하는 한편, 경복궁을 유린하기 시작했다. 그것은 그대로 지옥도地獄圖나 다를 바가 없었다.

선잠에서 깨어난 상궁과 내시들은 살인귀로 돌변한 일본인 낭인들과 대적할 수가 없었다. 그들은 비명을 지르면서 이리 쫓기고 저리 쫓길 뿐이었다.

이때, 명성황후의 침전은 경복궁의 북쪽인 건청궁乾淸宮의 곤령합坤寧閤이었다. 미친 듯한 왜인들의 발길이 여기를 놓칠 까닭이 있을까. 처음 얼마 동안 명성황후는 상궁들에게 섞인 채 방안에 있었다. 천만다행으로 침입자의 눈에는 누가 명성황후인지를 판별할 수가 없었다.

궁내부대신 이경식李耕植은 문득 명성황후의 신변에 위험을 느꼈다. 그는 건청궁을 누비며 명성황후를 찾아 헤매다가 미친 듯이 날뛰는 일본인 낭인들에게 발각되면서 무참하게 살해된다. 일이 이 지경에 이르자 명성황후와 상궁들은 거처를 뛰쳐나와 뿔뿔이 흩어질 수밖에 없었다.

명성황후는 사력을 다해 달아나려 했으나, 옥호루玉壺樓의 근처에서 일본인 낭인들이 휘두르는 칼에 맞아서 목숨을 잃는 통한의 최후를 맞게 되지만, 참으로 놀라운 것은 사건 1백 년째가 되는 1995년에 이르러 당시에 사용되었던 일본도가 일본 땅 규슈에서 발견되었고, 그 도검의 칼집에 "순식간에 여우를 해치우다"라는 글자까지 새겨져 있었으니, 그날의 참상을 짐작하고도 남는다.

또 조선정부의 고문으로 있던 다치스카(立塚英藏)가 일본의 스에마쓰 (末松) 법제국장관法制局長官에게 보낸 보고서에는 명성황후의 시신을 능욕한 듯한 구절마저 보이고 있어, 일본인 낭인들의 무도한 작태가 어느 지경에 있었는지도 알게 된다.

왕비를 끌어내어 두서너 군데를 칼질한 다음, 나체로 만들어 국부검사를 하고, 석유를 뿌려 불을 지르니 필설로 형언하기 어려운 잔인함이라….

이를 어찌 분노하지 않을 수가 있을까. 일국의 국모가 타국의 무뢰배들에 의해 칼을 맞고, 옷이 벗겨지며 그 시신의 국부까지 저들에게 희롱당했다면, 그래서 불태워졌다는 사실을 무엇이라고 적어야 하는가.

춘추 마흔넷, 척분이 빈한하다 하여 중전으로 책립된 명성황후지만 조선왕조의 왕비 중에서 명성황후만큼 정치에 영향력을 행사한 여인이 또 있을까. 더구나 조선의 근대화를 눈앞에 두고 있었던 시점에서 명성황후가 시해된 것은, 그것도 일본의 주도면밀한 계획에 의해 자행되었다는 점에서 참으로 천인공노할 만행임은 더 설명이 필요하지 않을 것이다.

이후의 전말은 이 사건으로 사형에 처해진 친위대의 부위副尉 윤석우尹錫禹의 재판기록이나 또 다른 목격자의 진술을 따르면, 이날 아침 윤석우가 광화문, 건춘문의 순시를 마치고 옥호루 근처에 이르렀을 때, 시체 한 구가 타고 있었다고 한다.

그래서 하사관풍의 이만성李萬成이라는 자에게 물으니 "저것은 궁녀의 시체를 태우고 있는 것이다"라고 하더라는 것이다. 이를 의아하게 여긴 윤석우는 제2대대장인 우범선에게 보고하면서 "저같이 지밀한 곳에서 시체를 태우고 뼈다귀를 남기는 따위의 결례가 있어서는 아니될 것으로 압니다"라고 항변하듯이 말했다.

이에 대해 우범선은 "시체가 다 타면 근처를 깨끗이 치우고, 덜 탄 찌꺼기가 있으면 연못 속에 버리라"고 명령했다고 한다. 그러나 윤석우는 흩어진 유골을 수습하여 연못에 버리지 않고 숲에 묻었다고 한다.

이같이 처참한 비극이 벌어지고 있을 때 흥선대원군 이하응은 건천궁에서 자신의 아들인 고종과 마주 앉아 사태의 수습을 의논하고 있었다.

그렇다면 명성황후 시해범의 괴수 미우라는 그 시간에 무엇을 하고 있었는가? 역시 히로시마 재판소에서의 그의 진술을 요약하면 이렇다.

20일 야반에 미우라는 공사관의 누각에서 스기무라 서기관과 통역관 등 세 사람이 포도주를 마시고 있었는데, 경복궁 쪽에서 총소리가 들렸다.

"자, 일이 되어가는군"라고 그가 말했을 때, 고종의 시종이 달려와 말했다.

"큰일났습니다. 서둘러 입궐해주십시오."

시종은 떨리는 목소리로 말하고 있었는데도 미우라의 대답은 태연했다.

"무슨 일인가?"

"무슨 일인지 잘 모르겠사오나, 아무튼 큰일났습니다. 꽤 많은 사상자들도 있는 모양이올시다."

"허, 큰일났군. 곧 간다고 전해올리게."

그리고 입궐을 서둘렀다.

이 기록은 미우라 자신의 진술이므로, 그가 얼마나 교활한 자인가를 스스로 입증하고 있음이 아니겠는가. 그의 진술은 계속된다.

미우라가 어전에 당도하자 고종은 초췌한 모습으로 앉아 있었다. 고종의 밑에는 노인 한 사람이 앉아 있었다. 미우라는 정중하게 입을 열었다.

"전하의 옥체에는 별고가 없었습니까?"

그때 고종을 보고 앉았던 노인이 미우라 쪽으로 휙 방향을 돌렸다.

"뭣하는 노인인가?"

미우라가 그렇게 묻자, 통역이 대답했다.

"대원위 합하십니다."

미우라는 홍선대원군이 완전히 말려든 것이라고 믿었다. 참으로 기막힌 노릇이 아닌가.

미우라 공사는 금후 외국공사들이 배알을 청하는 일이 있어도 윤허하지 않겠다는 고종의 다짐을 받고 나서 홍선대원군과 함께 자리를 떴다.

\*

아침이 되자 각국의 공사들이 새벽에 있었던 참극의 진상을 알기 위해 벌떼같이 일어나 고종의 배알을 청했다. 서양 각국의 공사들이 지난밤에 있었던 참상을 어렴풋이나마 알게 된 것은 놀랍게도 명성황후가 시해되던 현장인 건천궁에 두 사람의 외국인이 있었기 때문이다.

한 사람은 미국인 교관敎官 윌리엄 매키 다이였고, 다른 한 사람은 러시아 인 기사技士인 세례진 사바틴이었다. 이들은 일본정부를 견제하기 위해 현장 근처에 있었던 양관洋館에서 기거하고 있었기에 그 참상을 목격할 수가 있었다.

결국 이들 두 사람의 발설로 사건의 개요가 알려지면서 외국인 공사들의 분노가 뒤따랐지만, 이미 미우라 공사와 약조가 되었던 까닭으로 고종은 그들과의 면담에 응하지 않은 채 이른바 제2차 김홍집 내각으로 일컬어지는 친일내각으로 조정을 개편하였다.

참극은 여기서 끝난 것이 아니었다. 이틀 뒤인 22일에는 더욱 기막힌 일이 있었다. "국정에 간섭하여 정치를 어지럽힌 왕비 민씨를 서인으로 삼아 폐출한다"는 조칙이 내린 것이다.

물론 홍선대원군 이하응의 해묵은 감정의 응어리가 터져나온 것이었지만, 고종도 세자도 여기에 응할 기미를 보이지 않았다. 홍선대원군도 더는 어쩔 수가 없었던 모양으로 하루 뒤인 23일에 이르러 "왕태자의 효성과 정리를 생각하여 폐서인 민씨에게 빈호嬪號를 특사特賜한다"는 정정 조칙이 다시 내려졌다.

한편, 서양 각국의 공사들이 분노하고, 세계의 여론이 비등할 기미가 보이자 일본정부로서도 모른 척할 수가 없었다. 그들이 서둘러 외무성의 정무국장 고무라 주타로(小村壽太郎)를 두령으로 한 진상조사단을 조선으로 떠나보낸 것은 사건 이틀 후인 22일이었고, 그가 주한 변리공사辨理公使에 임명된 것은 29일이다.

나는 지난 1991년 일본 도쿄에 있는 '외교문서 자료관'에 들러 당시에 작성된 고무라 주타로의 보고문서를 비롯한 〈한국 왕비 살해에 관한 자료〉라는 아주 두툼한 문서철을 살펴보았는데, 놀랍게도 명성황후가 살해되었다는 최초(양력 10월 8일 오후 2시 접수)의 전보電報를 받아 쓴 문서가 있었다. 글씨는 삐뚤삐뚤 곤두박질치고 있어 받아쓴 사람의 놀라워하는 모습이 뇌리에 그려지는 기막힌 경험을 하기도 하였다.

뿐만 아니라, 일본인 낭인들이 범궐하여 건천궁에 이르는 모든 과정을 붉은 점선으로 표시한 경복궁의 평면도도 있었고, 거기에는 다이와 사바틴이 현장을 목격한 위치까지도 선명하게 표시되어 있었다.

지난날의 '역사'를 채찍으로 읽으면, 지혜롭고 가지런한 삶을 누릴 수가 있는데도 오늘을 살고 있는 우리는 가까운 이웃 나라에 보존된 공식문서를 살피는 일은 고사하고라도 도처에 산재된 귀중한 자료를 모아서 취함, 분석하는 일조차도 게을리하고 있다. 이는 후대의 사람들에게 남겨줄 것을 챙기지 못하는 어리석음을 자초하고 있음이 아니겠는가.

\*

조선 조정은 9월 2일에 이르러서야 조선정부의 군부고문이었던 오카모토 류노스케, 시바 시로 등 일본인 낭인 30여 명에게 퇴한退韓 명령을 내렸다. 그리고 명성황후 시해사건을 주도한 주일 공사 미우라 고로의 휘하에서 일하고 있었던 스기무라 서기관, 구스노세 중좌, 구니이타 통역관, 하기하라 경부 등의 4명은 본국으로 소환하도록 조처하였다.

동시에 일본의 사법성에서는 안도 겐기치(安東謙吉), 해군성에는 이

슈잉 소좌(伊集院少佐), 육군성에서는 후쿠시마 중좌 등을 파한하여 사건의 진상과 전모를 조사하게 하였으나, 그들은 교활하게도, "…흥선대원군 이하응이 일본인 낭자들에게 부탁하여 조선정부의 개혁을 시도한 것이므로 일본 공사가 관여할 바가 아니다"라는 식의 터무니없는 공식발표를 하는 등 한심하기 짝이 없는 일이 계속되었다.

어쨌건 국제여론이 들끓는 가운데 퇴한 명령을 받은 사람들을 태운 배(加吉川丸)는 사건 열이틀 뒤인 10월 20일에 인천항을 떠났는데, 이들은 배 위에서 또다시 승리감을 불태우면서 고성방가하였다고 스스로 기록하였으니 파렴치의 극치라고 아니할 수가 없다.

이들을 태운 배는 관문해협關門海峽을 지나 히로시마의 우스나 항(宇品港)에 입항하여 동부검역소東部檢疫所 앞에서 닻을 내렸고, 낭인들은 배에서 내려 검역을 위한 목욕을 하면서도 고성방가를 그치지 않았다는 것이 그들 스스로의 기록이다.

명성황후 시해범들인 낭인들이 목욕을 마치고 나오자 수십 명의 정복 경찰이 대기하고 있다가 이들을 체포했다. 히로시마 재판소 검사국의 영장에 의한 집행이었다.

미우라 공사를 주범으로 하는 명성황후 시해사건을 심리한 히로시마 재판소는 예상했던 대로 증거 불충분을 이유로 피고인 전원을 무죄 석방하였다.

사건 당일 흥선대원군을 호위하여 입궐한 훈련대 제2대대장인 우범선은 일본으로 도망을 갔으나, 고종은 명성황후의 총애를 받았던 전 경상감사 고영근高永根을 일본에 보내 그를 살해하라는 밀명을 내렸다. 고영근은 일본 구레 시(吳市)에서 일본 여인과 결혼하여 자식까지 두었던 우범선을 암살하는 데 성공한다.

그때 네 살이었던 우범선의 아들이 후일의 식물학자 우장춘禹長春 박사였고, 또 그는 아버지가 저지른 과실을 속죄하기 위해 아내와 자식들의 반대를 무릅쓰고 연구 환경이 열악한 모국으로 돌아와 실로 엄청난 업적을 남기게 된다. 진실로 '역사를 관장하는 신'이 있음이 아니고 무엇인가.

이른바 을미사변乙未事變이라고도 불리는 명성황후 시해사건의 개요와 진상을 살펴보면서 국력이 따르지 않는 외교는 있으나마나 한 것이며, 또 우리는 꽤나 제 나라의 역사에 대해 무심했었다는 사실을 새삼스럽게 자성하게 된다.

＊

아무리 국력이 미미했고, 아무리 국제정세에 어두웠기로 어찌 그런 수난을 경험할 수 있을까 하는 비관은 말할 나위도 없고 그 처리과정에 있어서도 아무 영향력을 행사하지 못한 조선정부의 무기력에는 통분이 앞설 따름이다.

명성황후의 총애를 받으면서 조선에서의 러시아 세력을 강화하고 있었던 손탁의 좌절과 실망은 이루 헤아릴 길이 없었고, 러시아 공사관은 또 다른 음모를 꾸며서라도 실추된 위신을 다시 찾고자 했다. 모두가 휘청거리는 조선 조정에 영향력을 행사하여 자국의 실익을 도모하려는 것이었다.

명성황후 시해사건이 있은 이후 조선 조정은 제3차 김홍집 내각의 주도하에 양력의 사용, 종두법의 시행, 단발령의 실행 등 급격한 개혁정책을 펼치고 나서자 민심은 날로 흉흉해지고, 일본 세력에 대항하는 의병들이 전국에서 궐기하게 된다. 사정이 이같이 급박해지자 조정은 친위대까지 지방으로 보내야 하는 지경이었다.

친러 세력들에게는 호기가 아닐 수 없었다. 그들은 무엄하게도 고종을 러시아 공사관으로 옮겨 모시는 이른바 '아관파천俄館播遷'을 계획하게 된다. 조선의 왕실을 일본 세력으로부터 보호해야 한다는 구실이었다.

1896년(건양 1) 2월 11일.

고종과 순종은 한밤중에 여인들이 타는 가마에 몸을 숨기고 정동에 있는 러시아 공사관으로 이어한다. 이 수치스러운 일을 주도한 사람들이 앞에 거명한 젊은 친러파 인사들인 이완용, 이윤용, 이범진 등이지만, 여기에 손탁이 깊이 관여한 것은 불문가지의 일이다.

아관파천은 또 다른 혼란을 불러일으켰다.

총리대신 김홍집, 농상공대신 정병하鄭秉夏, 탁지부대신 어윤중魚允中 등은 폭도화된 난민들에게 피살되었고, 유길준, 장박 등은 일본에 망명하는 것으로 목숨을 부지할 수가 있었다.

러시아 공사관으로 피신한 고종과 순종은 침실과 접견실이 서양식으로 되어 있는 거처에서 서양식 생활을 하게 된다. 그들을 수발한 사람은 엄 상궁(영왕 이근李垠의 생모)이었다 해도, 손탁의 많은 도움을 받았을 것이 분명하다.

파란 눈의 서양 여인 손탁이 자신의 이름을 딴 손탁 호텔을 운영하면서 거기에 정동 구락부를 만들어 조선의 개화에 실로 막중한 영향력을 행사했지만, 조선이 일본에 강점되면서 그녀는 프랑스로 돌아갔다가 다시 러시아로 옮겨갔다. 그녀가 세상을 떠난 것은 1925년, 향년 일흔한 살이었다.

그후 손탁 호텔은 이화학당梨花學堂에서 매입하였다가 1971년부터는 서울예술고등학교가 그 일부를 사용하고 있다. 또 러시아 공사관의 건물은 그 일부가 정동에 위치한 옛 MBC 문화방송국 건물의 뒤쪽에 당시의 모습으로 남아 있다.

아관파천으로부터 1백 년의 세월이 흐른 지금에 이르러 한국은 러시아와의 국교를 다시 정상화했다. 들리는 소문으로는 러시아 정부는 당시 러시아 공사관 터를 다시 쓰겠다는 의사를 개진했다고 한다.

역사의 흐름이 참으로 묘미 있는 것은 이 같은 일에서도 다시 볼 수가 있지 않은가.

*

1904년 2월 4일, 일본제국은 대러시아에 개전과 동시에 국교단절을 선언한다. 그리고 8일에는 육군선발대가 조선 땅의 인천에 상륙하여 서울로 향한다. 물론 만주로 진격하기 위해서다. 때를 같이하여 일본제국은 뤼순(旅順)의 러시아 함대를 공격함으로써 러·일전쟁이 시작된다. 그런 와중에서도 일본제국은 무능한 대한제국을 제압하고, 1차 '한일의정서韓日議定書'의 체결을 강행하면서 국권약탈의 발판을 만들어간다.

전쟁의 양상이 일본 쪽에 유리하게 전개되어가자 세계는 경악한다. 신생 일본제국이 어찌하여 러시아와 같은 큰 나라를 제압할 수 있는가. 더구나 일본은 러·일전쟁에 필요한 전비를 빌려 쓰고 있는 형편이다. 아무튼 막대한 피해를 감내하면서 일본군은 뤼순을 함락함으로써 육전에서의 승리를 확인한다. 러시아는 육전에서의 패배를 만회하기 위해 세계최강을 자랑하는 발틱 함대를 조선해협에 파견하였으나, 이 또한 일본연합함대에 완패하면서 궤멸한다.

러시아는 계속되는 패전으로 사기가 침체되고, 설상가상으로 1905년 1월 '피의 일요일'에서 비롯된 군대의 반란과 농민폭동(제1차 혁명)이 일어나 혁명진압이 전쟁보다 더 급하게 된다.

약 20억 엔의 전비 가운데 12억 엔의 공채모집에 응하는 것으로 일본을 지원하였던 영국, 미국도 일본의 승리가 만주의 단독 점령으로 발전할 것을 두려워하게 된다. 결국 미국과 프랑스는 러·일 양국에 강화할 것을 종용하였고, 전비에 시달리고 있던 일본제국도 이를 수락하지 않을 수가 없게 된다.

미국의 26대 대통령 시어도어 루스벨트(재임기간 1901~1909)는 이른바 포츠머스 강화회의를 주선하게 된다. 일본제국의 전권대사는 고무라 주타로 외무대신, 러시아의 전권대사는 위테 전 재무장관으로 정해진다. 이들은 9월 5일, 남사할린의 할양을 내용으로 하는 이른바 '포츠머스 조약'을 체결함으로써 16일에는 러·일전쟁이 끝나게 된다.

참으로 어처구니없는 일이지만, 이 조약의 체결로 세계의 열강들은 일본제국의 한국 지배권과 남만주 진출권을 묵인하게 된다. 여담 한 가지…, 이로부터 2년 뒤인 1907년에는 포츠머스 회담을 주선하여 아시아의 평화에 기여하였다 하여 시어도어 루스벨트 미국 대통령에게 노벨평화상이 주어진다. 아무리 힘이 없고, 보잘것없는 대한제국이라고 하더라도 존재가치가 얼마나 미미했으면…, 그 대한제국을 말살하는 일에 공헌한 루스벨트에게 노벨평화상이 주어진대서야 말이 되는가. 정말로 약육강식의 표본을 보는 것 같아서 어이없기만 하다.

러·일전쟁을 승리로 끝낸 일본제국은 그 여세를 몰아 대한제국의 말살정책에 돌입한다. 11월 9일, 일본제국 추밀원 의장 이토 히로부미가 '대한제국 황실 위문 특파대사'라는 거창한 직함을 짊어지고 조선 땅으로 들어온다. 그로부터 열흘 뒤인 11월 17일에는 일본공사 하야시 곤스케(林權助)가 무엄하게도 대한제국의 대신들을 일본공사관 회의실에 연금하면서 '제2차 한일협약'을 체결할 것을 협박으로 강요한다. 참정대신 한규설, 탁지부대신 민영기, 법부대신 이하영, 학부대신 이완용, 외부대신 박제순, 군부대신 이근택, 내부대신 이지용, 농상공부대신 권중현 등이 그 자리에 있었다.

마침내 이들은 경운궁慶運宮(지금의 덕수궁) 수옥헌漱玉軒으로 강제로 끌려가 각의를 열게 되지만, 일본국 공사 하야시 곤스케의 강요와 협박으로도 뜻을 이루지 못한다. 오후 3시부터 시작된 어전 회의(고종은 도중에서 퇴장)는 장장 다섯 시간이 지나서도 아무 결과가 없이 끝난다. 그렇다고 조선 대신들을 돌아가게 할 수는 없었다.

격노한 이토 히로부미가 경운궁으로 달려와 회의를 속개한다. 이토는 모든 토론을 생략하고 조선 대신들의 의사를 한 사람 한 사람씩 물은 것으로 과반수가 넘는 찬성자를 확보하고, '제2차 한일협약(소위 을사보호조약)'이 체결되었음을 선포한다. 참정대신 한규설이 땅을 치고 울어도 소용없는 일이다. 기막힌 노릇이 아닐 수 없다.

제1조. 일본국 정부는 재 동경 외무성을 통하여 금후 대한제국의 외국에 대한 관계와 사무를 감독 지도케 하고, 본국 외교 대표자와 영사는 외국에 있는 대한제국 신민의 생명과 이익을 보호한다.

대한제국의 외교권은 이렇게 박탈된다. 외교권의 박탈은 대한제국의 존재를 무의미하게 만드는 일이다. 주권국가로서는 치명적인 불명예를 짊어진 것이 아닐 수 없다.

11월 18일의 날이 밝았다. 조선 민중들에게는 통한의 날이고도 남는다. 자고났더니 나라가 없어진 꼴이나 다름이 없었기 때문이다. 황성신문의 사장 위암韋庵 장지연張志淵의 논설 '시일야방성대곡是日也放聲大哭'은 사람들의 통분을 자아내게 하는 데 부족함이 없는 명문이다.

　　전날 이등박문이 우리나라에 왔을 때 백성들은 모두 말하기를 "평소에 이등은 동양 삼국을 정족처럼 안전한 태세로 올려놓은 일을 스스로 주선했던 사람이니, 그의 내한은 필시 우리의 독립을 공고히 할 방침을 권고하기 위함일 것이다"라고 하여 부산 항구로부터 한성으로 들어오기까지 관민 상하가 모두 환영하였다. 세상일이란 참으로 알 수 없도다. 천만 뜻밖에도 그 다섯 가지 조항이 어디서 나왔다는 말이더냐. 이 다섯 조항은 비단 우리 나라뿐만이 아니라 동양 삼국을 분열시킬 징조를 만드는 것인즉, 이등의 원래의 뜻은 어디로 가버렸단 말인가.

　　더욱이 우리의 대황제 폐하는 강경한 성의로 이를 끝까지 거절하였으니, 이 조약이 성립되지 아니 함은 이등 자신이 너무도 잘 알리라. 그러하거늘 아아, 저 개돼지보다도 못한 소위 우리 나라의 대신이라는 자들은 영리만을 바라고, 거짓 위협에 겁을 먹고 우물쭈물하다가 결단을 내리지 못한 채 스스로 매국노가 됨으로써 4천 년 강토와 5백 년 종사를 남에게 바치고 2천만 동포로 하여금 남의 노예가 되도록 하였구나!

　　저 개돼지만도 못한 외부대신 박제순 이하 여러 대신은 꾸짖을 가치조차 없거니와 명색이 참정대신이라는 자는 정부의 우두머리로서 어찌 아닐 부否, 한 글자로써 책임을 모면하고자 하였느냐. 김상헌같이 문서를 찢어 통곡하지도 못하였으니 구차하게 살아서 세상에 서 있은들 무슨 면목으로 강경하신 황제 폐하를 다시 뵈올 것이며 무슨 면목으로 2천만 동포를 다시 대하겠느냐.

오호, 통제라! 우리 3천만 노예가 되어버린 동포여! 살 것이냐, 죽을 것이냐! 단군, 기자이래 4천년 국민정신이 하룻밤 사이에 갑작스레 멸망해 버린단 말이냐!

분하도다, 분하도다! 동포여, 동포여!

이날 목을 매고 죽은 사람은 수는 헤아릴 길이 없다. 고관들보다 이름없는 백성들이 더 많았다는 사실은 새삼 음미해볼 만한 일이다.

이로부터 5년 뒤인 1910년에 '한일합병'의 조약이 강제로 체결되지만 그건 형식적인 것일 뿐, 사실상 조선왕조는 이른바 을사늑약乙巳勒約의 체결로 주권을 잃어버린 것이나 다름이 없다.

일본제국은 조선통감부를 설치하고 조선의 강토와 재물을 약탈하기 시작한다. 물론 초대 조선통감은 이토 히로부미다. 안중근 의사가 이토 히로부미를 쏘아야 하는 당위성이 바로 여기에 있음이 아니겠는가.

임진왜란 때 진주성의 사수를 앞장서서 주도하였던 학봉 김성일의 경구는 진실로 음미해볼 만하다.

나의 평생에 한 마디의 말을 체득하고 있는데, 그것은 나의 허물을 말해 주는 사람은 곧 나의 스승이요, 나의 좋은 점을 말해주는 사람은 곧 나의 해적害賊이라는 그 말이다.

이 구절을 읽을 때 대개의 사람들은 고개를 끄덕이며 자신도 그리 지행知行할 것을 다짐하게 되고, 또 이미 지행한 바 있는 학봉 김성일의 인품에 감동하게 된다. 그러나 실제의 삶에 있어서는 아첨하는 말에 현혹되고, 직언하는 사람을 원수같이 미워하게 되는 것이 또한 사람의 상정이다. 그러므로 배워서 익힌 바를 실행으로 옮기는 것이 얼마나 어려운 일인가를 알게 된다.

현실의 삶이나 인품을 경계하는 말이 아니더라도 '지행' 해야 될 말은 얼마든지 있다.

학문을 하는 자는 오직 정성을 다하는 것과 오래 계속하는 데에 그 뜻이 있는 것이다. 정성을 다하면 통하지 않는 것이 없을 것이요, 오래 계속하면 얻지 못할 것이 없을 것이다.

조선조 최초의 백과사전이라고 할 수 있는《지봉유설芝峰類說》의 저자 이수광의 체험적인 고백이자 충고지만, 이 말의 참뜻을 모르는 사람은 없을 것이다. 그러나 그의 말을 삶의 지표로 삼아서 지행하기는 그리 쉽지가 않다.

역사는 이미 있었던 지난날의 일을 적어서 앞날의 일을 예견하는 것이기에 배워서 익힐 만한 체험적인 가르침의 보고寶庫가 아닐 수 없으며, 또 지행함으로써 얻어지는 결과가 어떤 것인지도 세세히 적어놓고 있다. 그러므로 '역사'를 소홀히 하고서는 국가도 개인도 온전할 수가 없다.

세종대왕은 훌륭한 정치를 수행하기 위해서는 지난날의 역사를 살피는 것을 으뜸으로 여겼다.

대개 정치를 잘하려면 반드시 전 시대의 치란治亂의 자취를 살펴보아야 한다. 그 자취를 살펴보려면 오로지 역사의 기록을 상고하여야 한다.

얼마나 기막힌 말인가. 오늘 우리가 겪고 있는 모든 혼돈의 해결책이 오직 역사를 살펴보는 데 있음을 알려주는 경구가 아닐 수 없다. 그것은 또 세종시대와 같은 태평성대를 열어가는 첩경이고도 남는다.

　나는 역사를 관장하는 신이 있다고 믿는 사람이다. 그렇지 않고서는 수천 년의 역사가 이토록 온전하게 흐를 수가 없을 것이다. 역사에는 한때의 잘못이 가장 온당했던 것으로 적힌 곳도 있지만, 그 잘못은 반드시 제자리로 돌아가 응징을 받았다는 사실도 함께 기록하고 있다.

　나는 또 역사를 채찍으로 읽으면서 평생의 규범으로 삼아왔다. 그것은 스승의 앞에서 옷깃을 여며야 하는 이치와 조금도 다름이 없었기 때문이다.

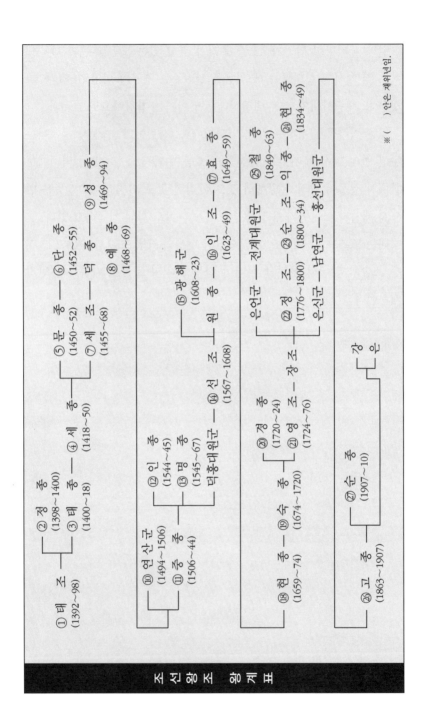

조 선 왕 조 왕 계 표

① 태 조
(1392~98)
┌ ② 정 종
(1398~1400)
└ ③ 태 종 ─ ④ 세 종
(1400~18)    (1418~50)
┌ ⑤ 문 종 ─ ⑥ 단 종
(1450~52)   (1452~55)
└ ⑦ 세 조 ─ 덕 종 ─ ⑨ 성 종
(1455~68)         (1469~94)
⑧ 예 종
(1468~69)

⑩ 연산군
(1494~1506)
⑪ 중 종
(1506~44)
┌ ⑫ 인 종
(1544~45)
└ ⑬ 명 종
(1545~67)
덕흥대원군 ─ ⑭ 선 조
(1567~1608)
┌ ⑮ 광 해 군
(1608~23)
└ 원 종 ─ ⑯ 인 조 ─ ⑰ 효 종
(1623~49)   (1649~59)

⑱ 현 종 ─ ⑲ 숙 종
(1659~74)   (1674~1720)
┌ ⑳ 경 종
(1720~24)
└ ㉑ 영 조 ─ 장 조
(1724~76)

은언군 ─ 전계대원군 ─ ㉕ 철 종
(1849~63)
㉒ 정 조 ─ ㉓ 순 조 ─ 익 종 ─ ㉔ 헌 종
(1776~1800)  (1800~34)      (1834~49)
은신군 ─ 남연군 ─ 흥선대원군

┌ 강
└ 은

㉗ 순 종
(1907~10)
㉖ 고 종
(1863~1907)

※ ( )안은 재위년임.